GOLDMANN

Buch

Von Norwegen quer übers eisige Dach der Welt bis nach Neufundland – auf den Spuren der Wikinger sucht der Amerikaner Lawrence Millman nach den letzten unberührten Paradiesen auf Erden, Orte, so abgelegen, daß sie noch die Illusion der Unberührtheit vermitteln können.
Und Millman findet sie, die einsame Wildnis und ihre karge Schönheit. Er erlebt den goldenen Glanz der Polarnacht; er badet im warmen Kratersee eines erloschenen Vulkans namens »Hölle«; auf Foula wird er von Riesenraubmöwen angegriffen, und in Neufundland widerfährt ihm das seltene Glück, einen Albino-Elch zu sehen. Die Menschen, denen er auf seiner Wanderung begegnet, sind nicht minder beeindruckend: ein schroffer Einsiedler mit magischen Kräften, ein Inuit, der ihm nach alter Sitte seine Frau für eine Nacht anbietet und tödlich beleidigt ist, als der Gast das Geschenk ausschlägt...
Mit Humor und einer tiefen Liebe zum Norden beschreibt der Globetrotter und meisterhafte Erzähler das einstige Saga-Land und was daraus geworden ist.

Autor

Lawrence Millman wurde in Kansas City geboren, war unter anderem Englischprofessor und Guggenheim-Stipendiat. Er schreibt für verschiedene Zeitungen, hat mehrere Sachbücher und Romane verfaßt und eine Sammlung von Volksmärchen über die Neskapi-Indianer von Labrador herausgegeben. Seine Reiseleidenschaft gilt seit jeher dem Norden; wenn er ihr nicht nachgibt, lebt er in Cambridge, Massachusetts.

LAWRENCE MILLMAN

AUF DEN SPUREN DER WIKINGER

Zu den letzten Paradiesen der Erde

GOLDMANN VERLAG

Dieses Buch erschien unter dem Titel
»SAGA-LAND. Eine Reise in den Norden«
als Hardcover beim List Verlag.

Umwelthinweis:
Alle bedruckten Materialien dieses Taschenbuches
sind chlorfrei und umweltschonend.
Das Papier enthält Recycling-Anteile.

Der Goldmann Verlag
ist ein Unternehmen der Verlagsgruppe Bertelsmann

Genehmigte Taschenbuchausgabe 3/1995

Umschlaggestaltung: Design Team München
Umschlagfoto: Bildagent Mauritius/Dr. Pott
Satz: IBV Satz- und Datentechnik GmbH, Berlin
Druck: Presse-Druck Augsburg
Verlagsnummer: 12406
Ba · Herstellung: Peter Papenbrok
Made in Germany
ISBN 3-442-12406-9

1 3 5 7 9 10 8 6 4 2

Inhalt

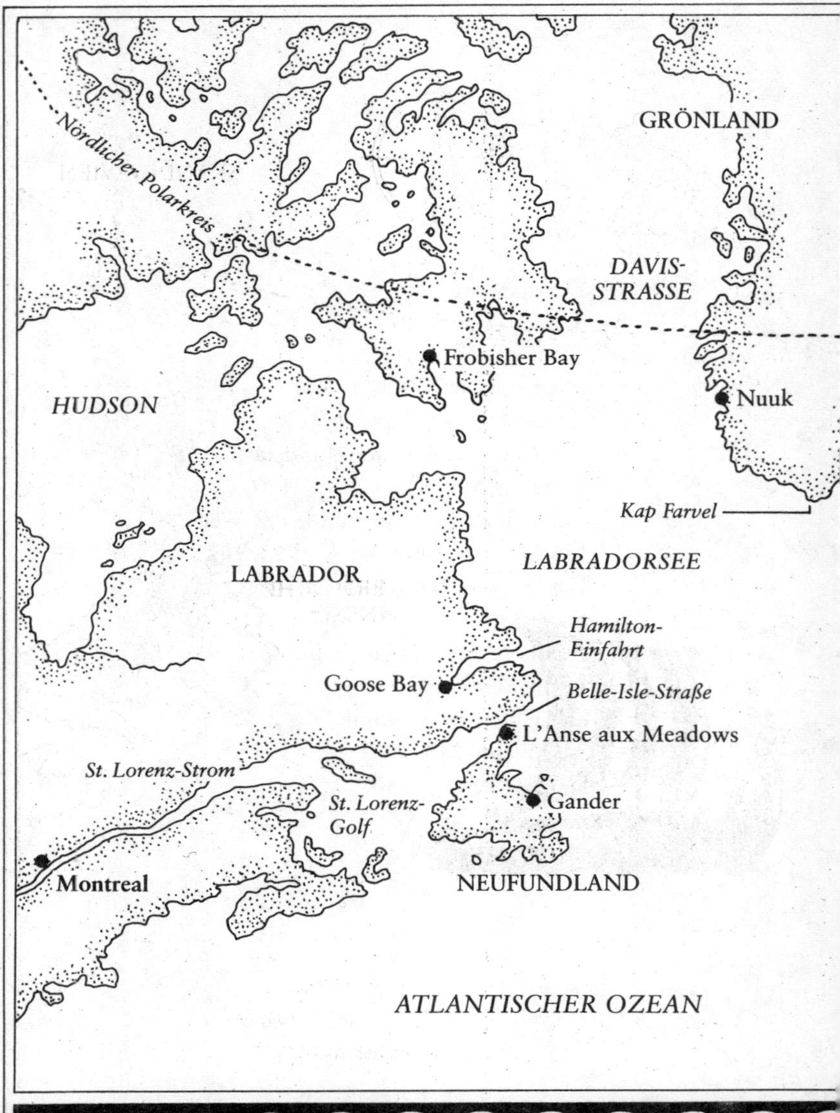
GRÖNLAND
Nördlicher Polarkreis
DAVIS-
STRASSE
Frobisher Bay
HUDSON
Nuuk
Kap Farvel
LABRADORSEE
LABRADOR
Hamilton-
Einfahrt
Goose Bay
Belle-Isle-Straße
L'Anse aux Meadows
St. Lorenz-Strom
Gander
St. Lorenz-
Golf
Montreal
NEUFUNDLAND
ATLANTISCHER OZEAN

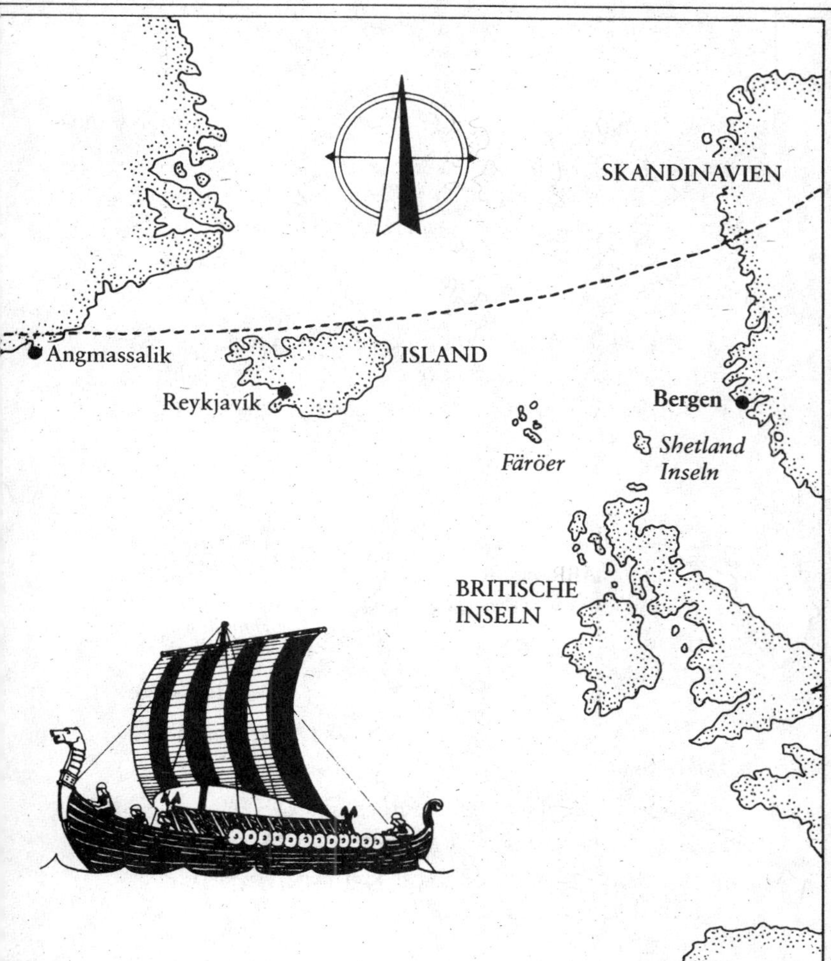
SKANDINAVIEN
Angmassalik
ISLAND
Reykjavík
Bergen
Färöer
Shetland
Inseln
BRITISCHE
INSELN
0
500
1000 km

Fortschritt schafft gerade Straßen; aber die krummen Straßen ohne Fortschritt sind die Straßen des Genies.

William Blake

Ach! Diese kommerziellen Interessen – sie verderben das herrlichste Leben unter der Sonne. Warum muß das Meer für den Handel genutzt werden – und ebenso für den Krieg?

... Es wäre um soviel hübscher gewesen, einfach herumzusegeln, hie und da einen Hafen und ein bißchen Land zu haben, um die Beine auszustrcken, ein paar Bücher zu kaufen und für eine Weile etwas Abwechslung in den Speiseplan zu bekommen.

Joseph Conrad
An Outpost of Fortune

Sie gingen an Land und blickten sich um. Das Wetter war herrlich. Tau lag auf dem Gras, und als erstes taten sie davon auf ihre Hände und führten ihn an die Lippen, und er erschien ihnen als das Köstlichste, was sie je geschmeckt hatten.

Vinland-Sagas

1 Einschiffung

Es war einmal vor langer Zeit, da fuhr ich auf einer Fähre der türkischen Seeschiffahrtslinie von Istanbul nach Trapezunt, in die Stadt der Nachtigallen, der goldenen Krummsäbel und der mysteriösen Gefängnisse, die einen Mann für immer verschlucken können. Wenig später schlug der Nordoststurm Samson zu und verwandelte die Wellen des Schwarzen Meeres in brodelnde Bergkämme, deren gewaltsame Wucht fast die richtiger Ozeanwellen erreichte. Unser Schiff bockte und rollte, bäumte sich mit wachsender Entschlossenheit auf und wand sich in Spiralen, als wollte es Anstalten machen zu kentern. Und ganz unten schlingerte und rollte ich in einer Koje der Economy Class herum. Aus dem Staatsdienst entlassene Beamte und mittellose Ziegenhirten reisen in der Economy Class – im Schiffsbauch übereinandergeschichtete Kojen an der Steuerbordseite, die jedes Anrollen der See wie die stürmische Umarmung eines lange verschollenen Bruders zu spüren bekommt. Ich lag ganz unten in einer dieser Kojen, ein Platz, der mich zu stören begann, als die Seuche der Seekrankheit erst einen Passagier, dann einen zweiten um sein Abendessen erleichterte. Kein Mensch machte sich die Mühe aufzustehen; sie beugten sich einfach über den Rand ihrer Kojen und kotzten. Ich schob mich ganz an die Wand zurück und versuchte krampfhaft, an irgendwelche prosaischen Dinge zu Hause bei den Yankees zu denken, zum Beispiel an das Parteibonzenwesen in Boston oder an die Versuche der CIA, Castro um seinen Bart zu bringen.

Und trotzdem herrschte eigentlich eine ganz fröhliche Stimmung unter meinen rund fünfzig Kojengenossen. Sie hatten allesamt schon viel Schlimmeres erlebt als dieses bißchen halbverdauten Schafshirnsalat auf dem Boden. Für den E-Class Türken ist das Leben gemein, bedrückend und barmherzig kurz. Im Gegensatz dazu ist eine Seekrankheit geradezu ein Fest. Einer war betrunken und sang (wie ich mir sagen ließ) von einer berühmten anatolischen Femme fatale. Ein alter Mann in einem blaugestreiften Pyjama und mit einem Fez auf dem Kopf langte herunter und bot mir seinen Tschibuk an; ich sog einen bitteren Geschmack ein, ähnlich dem von Tabakverschnitt und überstrapazierten Magensäften. Der alte Mann grinste. Dabei war es gar kein Grinsen. Die Lepra hatte seine Oberlippe zurückgeschoben und zwang seinem Mund eine Art Dauerlächeln auf.

Plötzlich kam ein Händler mit einem Tablett durch den Gang und bot brutzelnde Maiskolben feil. So allmählich entwickelte sich alles, angefangen vom Geschmack des Tschibuk über den bittersüßen Geruch von Achseln und Füßen bis hin zur steigenden Flut auf dem Boden, zum reinsten Horror. Noch war ich nicht seekrank, aber ich wußte genau, wenn ich jetzt dablieb, würde der Mais innerhalb von Sekunden dafür sorgen, daß die Sicherung in meinem Magen durchbrannte. Ich schnappte mir meine Sachen und rannte durch den Gang in die Schiffsbar. Mag sein, daß sich dort die betrunkenen Türken gegenseitig ihre Messer zwischen die Rippen stießen, aber wenigstens würde es da keine Maiskolben geben.

»Entschuldigen Sie«, sagte ich zum Barkeeper, der eine Reihe Rakigläser abtrocknete, »aber meinen Sie, ich könnte mich über Nacht hier hinhauen?«

»Nix Inglis sprikt«, sagte er, winkte mich dann aber zu einer Bank, auf der bereits drei Mitreisende saßen.

Der eine war, soweit ich feststellen konnte, ein Amerikaner, der geräuschvoll in eine Plastiktüte kotzte. Sein Gesicht ließ mich an Lazarus ein paar Stunden vor seiner legendären Begegnung mit Christus denken. Neben ihm hockte ein Mädchen, das den Kopf in die Hände vergraben hatte und andauernd die Knie zusammenklappte und schnell wieder öffnete, so als würde sie Botschaften ans Meer senden. Die dritte Person war ein grobknochiger Mann um die Fünfunddreißig, dessen Haare die Farbe von Hobelspänen hatten. Da er mir von den dreien noch am gelassensten vorkam, setzte ich mich neben ihn. Er war sogar so gelassen, daß er sich, als bei einem besonders heftigen Satz des Schiffes zwei Dutzend Rakigläser zu Boden krachten, nicht einmal die Mühe machte, von seinem Notizbuch aufzusehen, in das er eifrig schrieb.

Wenig später erfuhr ich, daß der Mann Gudmundur hieß. Er war ein isländischer Trawlerkapitän, der Sohn eines anderen isländischen Trawlerkapitäns und der Enkel eines dritten; sie stammten allesamt aus dem Städtchen Akureyri. Die Agrarkommission der UNO schickte ihn nach Kalkutta, wo er die Bengalen in die Feinheiten des Fischhandels einweisen sollte; er reiste über Land – übers Wasser natürlich auch –, weil ihm vom Fliegen schlecht wurde.

»Ordnest du deine Aufzeichnungen?« fragte ich ihn.

»Nein«, sagte er, »ich schreib ein Gedicht über ein Mädchen, das ich in einer Kneipe in Istanbul kennengelernt habe. Sie hatte Haare wie ein Rabe, was in Island recht ungewöhnlich ist. Ich hab sie mit in mein Hotelzimmer genommen, und wir haben bums gemacht. Und dann, dann kam auch ihr Freund ins Hotelzimmer. Er war sehr unglücklich. Er wollte uns mit seinem Messer umbringen, also mußte ich ihm das Messer wegnehmen. Dann wollte er auch bums machen. Da hab ich zu ihm gesagt, ich bin doch kein Feminist.«

»Du meinst, kein Homosexueller«, unterbrach ich ihn.

»Ja, homosexuell meine ich. Mit meinem Englisch ist es nicht sehr weit her. Also jedenfalls, jetzt war das Mädchen unglücklich. Sie fragt mich, warum ich ihren Freund nicht mag. Ich sag ihr, daß ich ihren Freund sehr gern mag, aber bums mag ich nicht mit ihm machen. Irgendwie hat der Freund das Messer wieder in die Finger gekriegt, also muß ich es ihm wieder wegnehmen. Ich wollte schon immer mal mit einem Deutschen bums machen, sagt er. Ich bin kein Deutscher, erklär ich ihm, sondern ein Isländer. Ist doch dasselbe, sagt er. Wir werden bald heiraten, sagt das Mädchen. Nächsten Monat, sagt der Freund. Und dann haben wir uns zu dritt hingesetzt und eine Flasche Raki getrunken. Und das Gedicht, das nenn ich ›Mädchen mit dem Rabenhaar‹.«

Jetzt entdeckte ich, daß er ein seltsames besticktes Pillendöschen bei sich trug. Als hätte er meine Gedanken erraten, klappte er den Deckel auf, und zum Vorschein kam ein verkohlter Holzsplitter.

»Kannst du dir vorstellen, wie ein Stück von Huckleberry Finns Floß aussieht?« fragte er.

»Das soll ein Stück von Huckleberry Finns Floß sein?«

Er schüttelte den Kopf. Nicht daß er nicht stolz darauf gewesen wäre, wenn er ein Stück von Huckleberry Finns Floß besessen hätte, aber das hier war ein Splitter von dessen isländischem Pendant. Ich hatte doch sicherlich *Njáls saga* gelesen, oder? Dieser Splitter stammte von Njáls ureigenem Kuhstall, den Flosi und seine Männer im Jahr 1011 – samt Njál – niedergebrannt hatten. Gut möglich, daß ihre Fehde in entlegenen Teilen des Landes bis heute anhielt. Er hatte von einem Mann aus Melrakkaslétta gehört, der behauptete, ein Nachkomme von Njál zu sein, und der versucht hatte, den neuen Moskwitsch eines Nachbarn von der Klippe zu stoßen, weil dieser behauptet hatte, seinerseits ein Nachkomme von Flosi zu sein.

Ich fragte Gudmundur, wie es ihm denn gelungen sei, an einen Splitter von einem derart legendären Kuhstall zu kommen. Er sagte, er habe ihn von seinem Onkel, der früher mal ein Anwesen in Bergþorshvoll besessen hatte, wo auch Njál seinen Hof gehabt hatte. Eines Tages lagerte der Onkel frischen Dung ein, und da fand er auf dem Boden diesen alten verkohlten Splitter...

Jetzt gab mir Gudmundur dieses altehrwürdige isländische Relikt, damit ich es genauer betrachten konnte. Es erinnerte mich an den Fingernagel eines Heiligen, den ich einmal in Ravenna in Italien in einer Aspirinflasche hatte liegen sehen.

»Ich trag es als Glücksbringer bei mir«, erklärte Gudmundur. »Genauso wie ihr eure Kaninchenknoten.«

»Du meinst, Kaninchen*pfoten*«, verbesserte ich ihn.

»Ja, genau das meine ich«, sagte er. »Mit meinem Englisch ist es nicht sehr weit her.« Und dann schnitt er mit seinem Taschenmesser einen winzigen Span von dem ohnehin kleinen Splitter ab und schenkte ihn mir als ganz persönlichen, tausend Jahre alten Glücksbringer. Ich war ziemlich gerührt. Normalerweise geben einem wildfremde Leute nicht unbedingt ein Stück von ihrem nationalen Erbe ab. Ich wickelte den Splitter behutsam in eine Kugel Stanniolpapier und verstaute ihn in meinem Rucksack.

Obwohl auch der Rest der Fahrt recht stürmisch war, verlief er ohne Zwischenfälle. Als die Fähre in Trapezunt anlegte, kämmte die dortige Polizei meine Sachen durch wie Hunde einen Güterwaggon, und später konnte ich den kleinen Splitter von Njáls Kuhstall nirgends mehr finden. Offenbar war er genau das gewesen, wonach die Polizei gesucht hatte. An Trapezunt erinnere ich mich nur aus einem einzigen anderen Grund: Ein Geier, der irgendwie die Orientierung verloren hatte, kam durchs Fenster in mein Hotelzimmer geflogen und landete mit lautem Geflatter auf meinem Waschbecken.

Reisen – das ist die Welt der unvermuteten Abenteuer, des schnellen Entschlusses, des in der Nacht vorbeigleitenden Schiffs. Es gibt einem das Recht und die Möglichkeit, interessante Leute zu treffen, denen man sonst nie begegnen würde, wenn man Fußangeln auslegen oder sie per Anzeige suchen würde. Und man trifft sie nicht nur, sondern sie verschwinden auch wieder, und das alles, wie es einem oft vorkommt, im Verlauf eines einzigen dichtgedrängten Abends. Da so wenig Zeit ist, neigen Menschen, die unterwegs sind, dazu, ihre Zurückhaltung fallen zu lassen und gleich zu ihren Geschichten zu kommen. Dann trennen sich die sprichwörtlichen Wege oder Schiffe, jedes fährt in seine Richtung, und keines streift je wieder das Kielwasser des anderen.

Ich habe Gudmundur nie wiedergesehen. Doch während der siebziger Jahre ging mir Island nicht mehr aus dem Kopf. Ich hielt an der Vorstellung von einem einsamen Lavaklumpen fest, auf dem dank der Ereignisse, die sich vor über einem Jahrtausend zugetragen hatten, jeder jeden fröhlich und ungeniert umbrachte; und zwischendurch schrieben sie Gedichte. Ich las die Sagas; ich las W. H. Audens *Letters from Iceland*; ich las sogar Ida Pfeiffers *Reise nach dem skandinavischen Norden und der Insel Island im Jahre 1845*, einen übellaunigen Reisebericht aus dem neunzehnten Jahrhundert, der

Islands gewaltigen, die Insel disqualifizierenden Makel enthüllt – das Fehlen von Schmetterlingen (die Autorin war Schmetterlingskundlerin). Ich beschäftigte mich eingehend mit Landkarten von der Insel. Und schließlich stellte ich fest, daß der vor langem verlorengegangene Splitter überhaupt nicht verloren war; die türkische Polizei hatte ihn nicht für illegal gehalten und ihn folglich auch nicht konfisziert. Keineswegs. Er befand sich noch immer in meinem Besitz, steckte einmal wie ein Dorn in meiner Seite und im nächsten Augenblick als giftiger Stachel in meinem Fuß. Und eines Tages wurde mir klar, daß es nur eine Möglichkeit gab, ihn loszuwerden, und so hüpfte ich mit einem kleinen Flugzeug hinüber nach Island.

Die Insel bestätigte auf Anhieb meinen Glauben an die uralte Vorstellung vom topographischen Widerhall: Der Mensch ist wie seine Umgebung. Die Schweizer sind übertrieben vorsichtig und handeln, als würden sich bei einem einzigen falschen Schritt ihre eisernen Kletterhaken lockern und sie in den Tod katapultieren. Die Australier sind vertrocknet, wettergegerbt und etwas wortkarg, genau wie ihr Buschland. Was die Isländer betrifft, so hat ihr Verhalten eine gewisse Ähnlichkeit mit ihrem verschrobenen Lavaklumpen. Nahezu jeder, dem ich begegnete, schien zum Rhythmus eines völlig anderen Trommlers zu marschieren, wie es sich für eine Insel gehört, die abwechselnd Feuer und Eis ist. Unter diesen Leuten waren Fischer, die einen Schluck Seewasser probierten, um festzustellen, ob es Fisch gab; ein Farmer namens Magnús, der jedes seiner siebenhundert Schafe mit Namen kannte; ein Landpfarrer, der für seinen Erlöser ganz bewußt den in Island von alters her üblichen Namen Jesus Josefsson benutzte; der Barde Sveinbjörn Beinteinsson, der zur Begleitung einer Rockband uralte isländische Balladen, *rímur* genannt, sang; und der bei einer Séance in Kópavogur heraufbeschworene Geist Mao Tse-tungs, der ein perfektes Isländisch sprach und dies damit rechtfertigte, daß Isländisch die Sprache des Lebens nach dem Tod sei. Ein sonderbares Eingeständnis für den großen Baumeister der chinesischen Revolution, aber keiner der bei der Séance Anwesenden widersprach ihm.

Zu den Leuten, die ich traf, gehörte auch ein Buschpilot namens Torsteinn, der mit seiner Turboprop regelmäßig die fünfhundert Meilen von Reykjavík nach Kulusuk in Ostgrönland flog, um seine Inuit-Freundin zu besuchen. Als ich Torsteinn das erste Mal bei seiner Mission begleitete, tat ich mich dadurch hervor, daß ich in der kalten Novembersee eine eiskalte Pirouette drehte; beim zweitenmal wurde ich sterbenskrank, weil ich verdorbenes Robbenfleisch gegessen hatte, dasselbe verdorbene Zeug, das den dänischen Polarforscher Knud Rasmussen zur Strecke gebracht hatte, wie mir ein einheimischer Robbenjäger lächelnd erklärte. Andauernd schien irgendein Mißgeschick zu winken, wenn ich nach Grönland fuhr, und doch übte diese riesige leere Kühltruhe von einer Insel einen solchen Reiz auf mich aus, daß ich, nachdem mein Geldbeutel der gigantischen Inflation auf Island nicht mehr gewachsen war, für sechs Monate dorthin fuhr.

Ich stellte fest, daß mich der Norden zunehmend in seinen Bann schlug. In einem Jahr kampierte ich in den Barrengrounds von Labrador und beobachtete drei Wölfe – gewitzte Profis – dabei, wie sie Karibukälber aus einer Herde rissen. In einem anderen Jahr begab ich mich auf die Färöer und aß dort seitenweise Walspeck, der so viel Fett enthielt, daß man damit einen Neunachser hätte abschmieren können. Wieder in einem anderen Jahr fuhr ich abermals nach Grönland, wo ich heftig unter erfrorenen Zehen litt.

Für das Reisen gilt dasselbe wie fürs Essen: Was für den einen der Kaviar ist, ist für den anderen ein glitschiger Knödel. Einer, der den Taj Mahal langweilig findet, empfindet die Kornkammer von Mitchell in Süddakota vielleicht als wonnevollen Anblick. Wer von Paris entzückt ist, rümpft womöglich die Nase über das stinkende Rom oder das geruchlose Kopenhagen. Ein Wüstenliebhaber zieht unter Umständen die Wüste von Maine der schamlos herrischen Sahara vor. In mir riefen die kalten Wasser des Nordatlantik ein tiefes und vertrautes Gefühl wach – eines, wie ich zu behaupten wage, das die Wasser des unendlich weiten und unendlich viel älteren Pazifik nicht wachriefen. Von Gletschern glattgescheuerte Steine versetzten meine Füße in angeregte Stimmung; Wäldern und Grasland ist das nicht gelungen. Ausgesprochen unfruchtbare Inseln brachten meine Seele zum Klingen; je unfruchtbarer, um so ausgelassener die Melodie. Warum, so fragte ich mich, hatte ich eine solche Vorliebe für hochgelegene Orte? Einfach nur, weil mich die dünne Luft und der kräftige Wind in Euphorie versetzten? Weil die knallharte, krebserzeugende Sonne weniger in Erscheinung trat? Weil die Menschen im Norden vielleicht wirklich aus mindestens drei Teilen strahlendem, diamanthartem Fels bestehen? Ich wußte es nicht. So entschloß ich mich, diese merkwürdige Seite meines Wesens zu erforschen, indem ich eine sehr viel längere Reise unternahm, eine Reise, die mich quer über die gesamte Breite des Nordatlantik führen sollte, von der Alten Welt bis in die Neue, von Norwegen bis nach Neufundland.

Von Norwegen bis nach Neufundland! Schnell wurde mir klar, daß die Route an sich schon ein Thema war, denn es war genau die Route, die die Wikinger genommen hatten, als sie ihre in Klinkerbauweise konstruierten Boote ins Wasser ließen. Ich beschloß, in groben Zügen der Fährte dieser verschrobenen, rastlosen Menschen zu folgen, über dieselben ausgemergelten Klippen zu wandern, über die sie gewandert waren, auf denselben windgepeitschten Felseninseln zu kampieren, auf denen sie kampiert hatten, dieselbe gesunde Luft zu atmen. Aber gelegentlich spielte ich auch eine Art Reiseroulett. Da ich nicht gut auf denselben Booten fahren konnte wie Erich der Rote und seine Kameraden, fuhr ich eben auf den Booten, die ich gerade erwischte, auch wenn sie etwas vom Kurs abwichen. Und wenn ich die Wahl zwischen einem schnellen und einem langsamen Boot hatte, entschied ich mich für das langsame. Konnte ich ein langsames Boot nehmen oder zu Fuß gehen, wählte ich die zweite Möglichkeit, da beim Gehen die Welt wieder so weitläufig und angenehm wird, wie sie es vor längst vergangenen Zeiten war.

Den Spuren der Wikinger zu folgen bedeutete, der Sonne in der Richtung zu folgen, die die Geschichte des weißen Mannes genommen hatte. Wie unzählige Auswanderer nach ihnen ließen sie das alte, korrupte Europa zurück und machten sich auf in Länder, in denen Milch und Honig floß. Der einzige Unterschied bestand darin, daß ihre Vorstellung von Milch und Honig zufällig geologischer Natur war – störrische und unfruchtbare Klippen statt sanfter Ebenen, wie Klauen geformte Inseln statt Städten und vor allem urtümlicher Fels. Fels, der ihnen neue Welten erschloß, schon bevor er ihnen die Neue Welt erschloß. Denn erst während der zwischeneiszeitlichen Wärmeperiode im späten Quartär, vor 10 000 bis 17 000 Jahren also, tauchte der Nordatlantik allmählich unter seinem gewaltigen Eisschild auf. Mit ganz wenigen Ausnahmen – Seevögeln, Robben, ein paar Küstengewächsen – hatte das Eis sämtliche Lebewesen von Kanada bis nach Grönland, Island und dem nördlichen Teil Großbritanniens umgebracht oder nach Süden verjagt. Erst nachdem sich das Eis zurückgezogen hatte, konnten Säugetiere (die Wikinger eingeschlossen) in die freigelegten Gegenden ziehen, moränengerippte und mit Geschiebelehm überzogene Landschaften. Landschaften, in denen das Wasser kleiner Gletscherseen die Milch war und der Duft der mit Vögeln übersäten Meeresklippen der Honig.

Der Fährte der Wikinger zu folgen bedeutete auch, von einem weiten, offenen Areal in das nächste zu ziehen:

Im neunten Jahrhundert litt die Fjordlandschaft an der Westküste Norwegens an einer durchaus üblichen Krankheit – zu viele Leute und zu wenig Land. Sie litt auch unter der besonderen Aufmerksamkeit eines diktatorischen Monarchen, nämlich Harald Schönhaar (862–930), der eine Vorliebe für hohe Steuern und Zentralregierungen hatte – eine Vorliebe, die im skandinavischen Wohlfahrtsstaat späterer Zeiten ihre Fortsetzung fand. Die Norweger mußten damit leben, daß sie sowohl politisch wie auch rein räumlich eingeschränkt waren. Nachdem König Harald bei der Seeschlacht von Hafrsfjord einen beachtlichen Sieg errungen hatte, beschlossen einige seiner Untertanen, den Bug ihrer Langschiffe *vestan um haf* – westlich übers Meer – in Richtung Sonnenuntergang zu wenden.

Die erste Gruppe der Abwanderer segelte in den Norden Großbritanniens, wo sie sich auf den Orkneys, den Shetlandinseln und den Färöer niederließen. Bald schon herrschte auf diesen Inselgruppen (zusammengenommen ist ihre Fläche kleiner als die des Staates Connecticut) leichtes Gedränge, denn in jener geräumigen Zeit empfand man zwei- oder dreitausend Menschen als einen gewaltigen Pulk. Viele Abwanderer zogen weiter, und so kam es, daß Island besiedelt wurde. *Zu* besiedelt: Bis zum Jahr 950 waren die wenigen brauchbaren Fleckchen Weideland auf der Insel besetzt. Im Jahr 982 segelte Erich der Rote von Island aus zweihundert Meilen nach Westen und entdeckte Grönland. Später kam er mit allen möglichen Geschichten über ein grünes und fruchtbares Land zurück (dichterische Freiheit, vielleicht dadurch zu rechtfertigen, daß sich Island in den Klauen einer Hungersnot befand), unbewohnt (in dieser Beziehung irrte er sich gewaltig), das nur darauf warte, kolonisiert zu werden. Und die Kolonisten kamen mit einer ganzen Fuhre von Langbooten. Bald schon war Erichs Ansiedlung selbst zu dicht bevölkert, und so kam es, daß ein paar hundert Meilen weiter oben an der Küste, in der Nähe des heutigen Nuuk, eine neue Siedlung Wurzeln schlug. In der Zwischenzeit zog Erichs Sohn Leif aus, um die Küsten von Labrador und Neufundland nach immer neuen Ländern, neuen Heiligtümern zu durchkämmen.

Lebensraum, Autonomie, Ellbogenfreiheit. Im Rahmen ihrer niemals endenden Jagd nach diesen Idealen sind die Wikinger möglicherweise bis zum Memorial Drive in Cambridge, Massachusetts, nach Süden gezogen, wo eine Gedenktafel an einen angeblichen Besuch von Leif Eriksson erinnert. Gut möglich, daß sie sogar noch weiter nach Süden vorgedrungen sind: Ich weiß von einem Geographen und Gelehrten, der hartnäckig behauptet, das Vinland der Wikinger habe sich nur ein paar Meilen nördlich von Fort Lauderdale in Florida befunden. Zweifellos wäre es für Leif und seine Mannen *möglich* gewesen, bis dorthin vorzudringen oder sich an irgendeinem anderen Ort niederzulassen, auf den sie ein Auge geworfen hatten, die Côte d'Azur eingeschlossen; diese kannten sie von ihren Großvätern, die die Französische Riviera in Schutt und Asche gelegt hatten. Statt dessen fiel ihre Wahl auf Orte, die den Elementen ausgesetzt, ungepflegt, abschreckend oder schlicht und einfach leer waren. Ihre Wahl fiel auf jene einsamen Orte ganz am Rande des Globus, jenseits deren sich das Meer plötzlich in einen abwärtsfließenden Strom verwandelte; doch statt zu schwanken oder selbst hinunterzustolpern, segelten sie einfach weiter und entdeckten neue einsame Orte. Ihre Reisen waren ein Loblied auf die Wüste des Nordatlantik. Und auch meine Reise sollte...

Und so kam es, daß ich meine Sachen zusammenpackte, ein paar Kleidungsstücke zum Wechseln in meinen Rucksack stopfte und von Boston nach Bergen in Norwegen flog. Am Tag nach meiner Ankunft in Bergen ging ich die aus einer Planke bestehende Gangway des Zwanzig-Knoten-Hochseedampfers *MS Norröna* hinauf, der unter färingischer Flagge segelte und die Shetlandinseln und andere Orte im Norden anlief. Es war ein herrlicher Frühlingstag, regnerisch und schiefergrau, genau jene ehrwürdige Sorte von Nordatlantiktag, die einen so richtig spüren läßt, wie schön doch das Leben ist.

2 Schräge Vögel

Zehn Stunden nachdem die *Norröna* von Bergen abgelegt hatte, kamen die Shetlandinseln in Sicht.

Die Hauptinsel (Mainland) ist ein wie ein Dolch geformter langer, schmaler Rücken aus Torf und Stein, der genau auf Großbritannien zeigt. Die Inseln vor der Küste liegen wild durcheinander im Meer, wie ein Trupp Söldner, die sich nicht entschließen können, ob sie den britischen Löwen erdolchen oder davonschwimmen sollen, um sich irgendwo anders anheuern zu lassen. Eine dieser Inseln liegt, unempfänglich für derlei Unsinn, ganz für sich allein, eine klobige, nachdenkliche Masse, die ausschließlich über ihren eigenen, zähen und unnachgiebigen Rhythmus nachbrütet: Foula. Tatsächlich liegt Foula so weit entfernt am Horizont, daß man es einst für das legendäre Thule hielt. Das war es nicht und das ist es nicht. Das einzig echte Thule ist der gigantische amerikanische Luftwaffenstützpunkt Cape York in Grönland, dessen Radarschirme Schwärme dahinziehender Wildgänse meistens als sowjetische Atomangriffe deuten.

Foula lag schon immer ein bißchen zu weit abseits. So wurde es einfach übersehen, als Norwegen im Jahr 1469 die Shetlands und die Orkneys als Teil einer königlichen Mitgift an Norwegen verpfändete, ein Schnitzer, der es Foula gestattete, bis zur Mitte des siebzehnten Jahrhunderts mit seinem eigenen altnordischen Königspaar weiterzuleben. Britisch wurde es in erster Linie durch geographische Nachlässigkeit, da Norwegen kaum noch wußte, daß es im Bereich der Britischen Inseln noch eine Kolonie besaß. Daß Foula britisch (oder schottisch) wurde, hatte keinerlei Bedeutung für den trockenen kleinen Brocken alten roten Sandsteins, der vom Rest der Welt so hermetisch abgeriegelt war, daß man ihn auf einer beträchtlichen Anzahl von Landkarten einfach vergessen hatte.

Foula lag nicht auf dem Weg nach irgendwohin. Selbst heutzutage ist Foula nach wie vor die überzählige Insel in einer Gruppe überzähliger Inseln, den Shetlands, die zu Schottland gehören und selbst am Rande des Vereinigten Königreichs liegen. Das Öl in der Nordsee hat die Aufmerksamkeit der Öffentlichkeit in gewisser Weise auf Shetland gelenkt. Nicht aber auf Foula: Das wird noch heute auf einigen Landkarten vergessen.

Ich beschloß, meine Wikingerfahrt auf Foula zu beginnen, weil das der letzte Fleck im Bereich der britischen Inseln war, wo Altnordisch gesprochen wurde, die uralte Sprache der Wikinger. Im Jahr 1759 besuchte ein Engländer namens Low die Insel und lernte von einem gewissen William Henry von Guttorm eine aus fünfunddreißig Strophen bestehende altnordische Ballade, die von der Tochter eines norwegischen Königs im Mittelalter erzählt. Im neunzehnten Jahrhundert trat Altnordisch als gesprochene Sprache ab, doch kamen mir bei einer früheren Reise nach Shetland Gerüchte zu Ohren, es gebe noch einen Klüngel geheimniskrämerischer alter Männer, in deren dickwandigen Häusern an der stürmischen Küste noch der eine oder andere Brocken dieser Sprache gesprochen würde. Wenn das stimmte, wäre das in einem Großbritannien der Pakistanis verdreschenden Fußballrowdies und der Punks wirklich bemerkenswert, etwa so, als würde man heutzutage in einem Zoo eine Wandertaube entdecken.

»Foula?« sagte der Skipper der *Norröna* bei einem Glas Schnaps. »Sind da die Lichter nicht längst ausgegangen?«

»Noch nicht ganz«, sagte ich.

Dieser Mann war bis zu den Roaring Forties* nach Süden und bis nach Sisimiut in Westgrönland nach Norden gesegelt. Daß er so wenig über diese spezielle Erhebung im Meer wußte, verschaffte mir, wie ich gestehen muß, eine gewisse Genugtuung und bestätigte (so ich überhaupt Bestätigung brauchte) mich in meinem Entschluß, diese Insel aufzusuchen. Später schauten wir auf der Brücke in sei-

---

* Stürmischer Teil des Ozeans zwischen dem 39. und dem 50. Breitengrad (Anm. d. Ü.)

nen Karten nach, und tatsächlich, da war Foula – zumindest von einem Kartographen geographisch noch nicht vergessen. Rings um die Insel legten alle möglichen WKS (Wracks), RKS (Felsen), LDGS (Unterwasserriffe) und OBS (Schiffahrtshindernisse) dem sich anpirschenden Seemann nahe, fernzubleiben. Die Gewässer von Foula waren ein verwirrendes Minenfeld, das die Insel zu einem ungastlichen Ort für Sportsegler, Tagesausflügler und sogar Ihrer Majestät Bauarbeiterbrigaden machte, nicht allerdings – wie ich ein paar Tage später erfuhr – für die Zeugen Jehovas.

Um zwei Uhr morgens stieg ich in Lerwick aus, der winzigen Hauptstadt der Shetlandinseln, einer Enklave aus grauen steinernen Reihenhäusern und soliden Kirchen, die von ihrem erhöhten Standort an den Hügelflanken auf die stachligen Antennen der Fischereiflotte hinabblickten. Wie alle anständigen Städte schlief Lerwick zu dieser Tageszeit tief und fest, doch wie alle Hafenstädte war es gleichzeitig hellwach. Russen und Norweger, die von ihren Fabrikschiffen Landurlaub bekommen hatten, zogen in kleinen Grüppchen umher und hielten Ausschau nach Vergnügungen. Ein Russe trat mir in den Weg und fragte etwas hilflos, wo denn die ganzen Mädchen seien. »Zu Hause in ihren Betten«, entgegnete ich. Da schaute er noch hilfloser drein. Offenbar war er der Ansicht, daß es in einem Hafenviertel wenigstens ein oder zwei Huren geben mußte, die der Stadt ein gewisses Renommee verliehen.

Die Norweger hingegen kamen schon zu lange hierher, um von einem Hafen auf Shetland mehr zu erwarten als etwas zu saufen. Vor tausend Jahren boten ihnen die Inseln Zuflucht vor König Harald; vor weniger langer Zeit, in den vierziger Jahren, wurden sie von der sogenannten Shetlandfähre über die Nordsee hierher verfrachtet, nachdem die Nazis in Norwegen einmarschiert waren. Inzwischen hatten ihre Besuche eher unpolitische Gründe, es sei denn, man betrachtete es als ein Politikum, daß die Gewässer der Shetlandinseln leergefischt wurden. In Lerwick mit seinem norwegischen Rettungsboot, seinen norwegischen Sozialeinrichtungen und seiner mit norwegischem Geld finanzierten Fischmehlfabrik müssen sie sich ausgesprochen heimisch gefühlt haben. Die einheimischen Geschäftsleute nehmen dieses norwegische Geld mit Freuden an – sehr viel lieber als Mrs. Thatchers abgewertete Pfunde.

Nachdem sich am Hafen nichts tat, mal abgesehen von ein paar Teenagern, die versuchten, herumzuknutschen und gleichzeitig fettige Pommes frites zu essen, machte ich mich auf die Socken. Statt den Frühbus zu nehmen, beschloß ich, die vierzehn Meilen nach Walls, dem Anlaufhafen des Postschiffes von Foula, zu Fuß zurückzulegen. Schließlich wollte ich meine Bekanntschaft mit dem kahlen, vergletscherten Boden der Shetlands erneuern, wollte ihn an meine Gegenwart erinnern, ihn das Leder meiner Stiefel und meinen Tritt spüren lassen, so daß mich dieser Boden, wenn es an der Zeit war, Foulas steil abfallenden Klippen einen Besuch abzustatten, wiedererkennen und nicht versuchen würde, mich vierhundert Meter weit ins Meer hinunterzustoßen. Wer weiß, vielleicht hat der Sklave eines Motorfahrzeugs ohne Stiefel nicht soviel Glück; vielleicht wird er als unerwünschter Eindringling betrachtet und, sobald er seinen Metallkäfig verläßt, ins Verderben katapultiert.

Ich schulterte meinen Rucksack, stieg die kopfsteingepflasterten Sträßchen hinauf, die so steil waren, daß an den Seiten Geländer angebracht waren, und schlängelte mich durch ein Labyrinth finsterer Gassen und aneinandergereihter Häuser. In der Nähe des Brochs von Clickhimin, eines runden Steinturms aus der Eisenzeit, der sich gegenüber einer modernen Wohnanlage erhebt, blieb ich stehen, um mit einem Mann zu plaudern, der seinen Hund spazierenführte. Er sagte, er sei Bäcker, und auf den Shetlandinseln gebe es keinen schrecklicheren Beruf (»*Schurrrecklich,* mein Junge«). Es war praktisch unmöglich, noch Lehrlinge zu bekommen. Die jungen Kerle zogen alle hinauf zum Ölhafen Sullom Voe, wo sie dreimal soviel verdienten, wie sie in seinem Laden jemals verdienen konnten. Aber, so fragte er mich, war denn ein guter Laib Brot nicht viel mehr wert als ein dicker Tropfen Nordseeöl? Er sperrte sein Geschäft auf und gab mir einen Laib Brot, der das spezifische Gewicht von Blei haben mußte. Dann gingen wir beide unserer Wege, ich auf dem Landweg nach Walls, er – allem Anschein nach – in einen vorzeitigen Ruhestand.

Ich traf noch einige andere Einheimische, die einen heftigen Widerwillen gegen die Begleiterscheinungen des Öls hegten. In ihre Bierkrüge murmelnd, beschwerten sie sich über die Verbreiterung der Straße, tote Seevögel, überfüllte Pubs, überfüllte Läden, häßliche Wohnsilos, überteuerte Waren und die schrecklichen Akzente der aus Großbritannien und Amerika importierten Ölarbeiter. *Akzente!* Wenn sich Einheimische über den Akzent von jemand aufregen, dann weiß man, daß mehr dahintersteckt. Man weiß, daß sie sich nicht nur aufregen, weil sich ihr schottisches Erbteil eben gerne aufregt. Vielmehr haben sie Angst vor einem Angriff, der nicht weniger tödlich verlaufen würde als der eines in dichtgeschlossenen Reihen heranmarschierenden Heers: den Angriff auf den Kern ihrer überholten und altmodischen Lebensweise, auf die sie so stolz sind. Vielleicht versuchen sie auch, etwas Unterstützung für eine vom Aussterben bedrohte Spezies – sich selbst – zusammenzutrommeln. Das, was das Öl in die Gemeindekasse bringt, entzieht es dem Mark der Einwohner.

Doch je weiter man sich von Lerwick entfernt, um so weniger macht sich der Emporkömmling Öl bemerkbar. Der nahezu einzige Akzent, den man hört, ist der der Shetlands, auftrumpfend und unergründlich. Und mit Ausnahme der in Nordsüdrichtung verlaufenden Hauptstraße nach Sullom Voe handelt es sich bei sämtlichen Straßen um schmale, gewundene Gassen, auf deren Asphaltbelag ein dahindonnernder Öltanker eine Unverschämtheit wäre. Außerdem hätte er gar keinen Platz.

Nachdem ich diese Hauptstraße verlassen hatte, kletterte ich ein paar mit Heidekraut und Riedgras bewachsene Hügel hinauf und wieder hinunter, glattgescheuert von Shetlands eigenem winzigem Eiskäppchen in der letzten Eiszeit. Ich überquerte einen Serpentinenpfad und verscheuchte ein paar Schafe, die das Gras eifrig bis zu den Wurzeln abfraßen und mir ins Gedächtnis riefen, warum es auf den Shetlandinseln keine Bäume und nicht einmal Büsche oder Sträucher gibt. Wenig später kam Wind auf (noch ein Grund, warum es keine Bäume gibt) und fegte meine Mütze in ein kleines Loch, wie hier die Seen heißen. Fünf Minuten später wurde sie wieder davongeweht, diesmal in einen Torfstich. Fünfzehn Minuten später schaffte ich es nicht einmal mehr mit meinen angeblich windfesten Streichhölzern, mir meine Pfeife anzuzünden. Nach einer halben Stunde fühlten sich meine Ohren an, als hätte sie mir jemand bei einem Rockkonzert an den Lautsprechern festgebunden. Dabei war dieser Wind eine sanfte Brise im Vergleich zu den Orkanstürmen, die von Island nach Osten fegen und die Shetlandinseln im Tiefflug mit ihrer Artillerie angreifen. Im Jahr 1963 wurden in Saxavord auf der Insel Unst 95 Knoten (das sind 177 Kilometer pro Stunde) gemessen, bevor der Wind das Windmeßgerät erfaßte und an einen unbekannten Ort trug. Ich hatte von kräftigen Männern erzählen hören, die umgeblasen, und von Babys, die aus den Armen ihrer Mütter gerissen worden waren. Als ich bei meinem ersten Besuch auf den Shetlandinseln auf die Insel Fetlar gefahren war, um Schnee-Eulen zu beobachten, hörte ich folgende Geschichte:

Anfang der siebziger Jahre wurde das Dach eines Hauses weggeblasen, das einer älteren Inselbewohnerin gehörte. Als ob das nicht schon schlimm genug gewesen wäre, fuhr der Wind auch noch hinein, erfaßte einen Teil ihrer Habe, darunter ein gut verstecktes Bündel Briefe, und verteilte sie über die Insel. Die Frau stand in dem Ruf, ein ausgesprochen asketisches, wenn nicht gar absolut jungfräuliches Leben geführt zu haben. Die Briefe, vor Jahren geschrieben, besagten etwas anderes. Sie enthielten glühende Liebeserklärungen an einen gewissen Kapitän zur See samt detaillierten Angaben, die bewiesen, daß diese Verbindung durchaus nicht rein platonischer Natur gewesen war. Alle Leute auf der Insel besaßen jetzt eindeutige Beweise für diese Tatsache, die sie der alten Frau gegenüber, durchaus nicht mißbilligend, erwähnten. Die Folge war, daß sie vor Schande allmählich dahinstarb. (Ihr Liebhaber war bereits vor vielen Jahren im Weltkrieg gestorben.)

Hinter Þingvellir, dem Sitz des ehemaligen wikingischen Parlaments, wand sich die Straße um arthritische Einbuchtungen und tänzelte oben auf grauen Sandsteinklippen entlang, kurvte durch ein Torfmoor nach dem anderen. Wollgras flatterte wie davonfliegende Gischt über das Pflaster. Ich sah ein paar der berühmten Shetlandponys, deren Fohlen wie zerlumpte Puppen auf der Erde lagen. Sie waren genauso scheckig rehfarben oder gebrochen weiß wie die Schafe, und genau wie die Schafe verloren sie auch jetzt im Frühsommer ihr Fell. Haarbüschel hingen an ihren Sprunggelenken oder schwebten hinter ihnen im Wind.

Die Dämmerung zog mit dem für den hohen Breitengrad charakteristischen Licht herauf, einer Art gleichmäßigem, gedämpftem Grau, das aus Gründen der Abwechslung mit ein paar helleren Flekken durchsetzt war. Um sieben Uhr morgens kam das erste Auto, das ich seit Stunden gesehen hatte, und hielt an. Ein rötlicher Kopf mit kohlschwarzen Augen spähte aus dem Fenster. Offenbar ein Kopf, der deshalb so massig gebaut war, damit ihn die berüchtigten Shetlandwinde nicht vom Körper wegtragen und über Hügel und Moore kullern lassen würden.

»Spring rein, mein Junge.«

Ich war zu nahe an meinem Ziel, um seiner Einladung zu folgen. Wären Mallory, Irvine oder gar Hillary an dieser Stelle hineingesprungen? Doch der Mann ließ sich nicht so leicht abwimmeln. Mit einem feixenden Grinsen im runden Gesicht saß er da und schaute mich an. Ich fragte mich, ob die Gastfreundschaft auf den Shetlandinseln, ein Erbe aus den Zeiten der Wikinger, es *verlangte,* daß er mich mitnahm, weil ihn sonst der Gott Thor dafür, daß er einen einsamen Wanderer auf der Straße hatte stehenlassen, ganz ungeheuer grausam bestrafen würde. Doch dann hörte ich ihn lustvoll schnauben und stellte fest, daß sein Atem ziemlich hochprozentig war – noch ein wikingisches Erbe.

Bei Bridge of Walls kam ich an ein paar verfallenen, vom Wind abgedeckten kleinen Gehöften vorbei, die, wenn das hier die Tropen gewesen wären, längst unter dem alles vereinnahmenden Unterholz vergraben oder zumindest von ein paar Schlingpflanzen stranguliert worden wären. Hier waren sie ein Memento mori, das ihre eigene Vergänglichkeit Lügen strafte, da sie nicht auf natürliche Weise mit den Jahren verfielen, sondern verfallen *blieben,* während weniger sture organische Materie wieder von der Erde absorbiert wurde. Dann gelangte ich in das eigentliche Walls, ein winziges Dorf, das seit der Zeit, als der Handel mit gesalzenem Fisch einschlief, dahinsiecht. Walls wurde 1912 wie Bernstein konserviert. In seinen Straßen herrschte jener ewige Friede, der den Orten, die durch gewinnträchtiges Streben vorwärtszukommen suchen, versagt bleibt. Ich sah nur eine einzige uralte Frau; sie hütete eine uralte Kuh. Als ich sie fragte, wo denn die anderen seien, antwortete sie: »Die anderen, die sind im Meer ertrunken oder reparieren Hubschrauber in Sullom Voe…«

Am Pier angekommen, setzte ich mich hin, um auf die *Westering Homewards,* das Postschiff aus Foula, zu warten. Es kam ganz pünktlich, mit zweieinhalb Stunden Verspätung.

Foula liegt sechzehn Meilen von Walls entfernt, aber das Meer läßt den Abstand mindestens doppelt so groß erscheinen. Zwischen der Insel und dem Mainland herrscht eine starke Tide, die die merkwürdige Angewohnheit hat, nicht etwa in eine Richtung zu steigen und in die Gegenrichtung zu fallen, sondern abwechselnd aus sämtlichen Himmelsrichtungen zu kommen. Infolgedessen war die Fahrt so turbulent wie für ein Teeblatt in einem Kessel mit sprudelndem Wasser. Die Tatsache, daß das Boot, ein zwölf Meter langes ehemaliges Rettungsboot der Royal Navy, allem Anschein nach schon die Schlacht bei Trafalgar miterlebt hatte, machte die Sache nicht unbedingt besser. Einer von der zweiköpfigen Schiffsbesatzung mußte sich während der ganzen Zeit um den Einzylinder-Dieselmotor kümmern, damit er nicht abstarb. Der andere steuerte nach dem Kompaß und erklärte mir feierlich, Radar sei reiner »Aberglaube«. Der einzige andere Passagier außer mir war ein Isländer namens Tom, der in Lerwick seinen auf einem Abszeß sitzenden Zahn hatte behandeln lassen (so etwas Exotisches wie einen Zahnarzt gibt es auf Foula nicht). Wir plärrten uns an, um uns über den Motor hinweg zu verständigen, der unentwegt lautstark knallte und an Zauberei grenzende Mengen von Rauchringen ausstieß.

Tom bezeichnete sich selbst als einen »antipodischen Aussteiger«, da er ursprünglich aus Wellington in Neuseeland stammte. Als Junge hatte er sechzehnmal *Die Schatzinsel* gelesen; anscheinend hatte sie ihn für sein späteres Leben geprägt. Gute Bücher, behauptete er, seien noch heimtückischer als schlechte Eltern. Er war fertiger Epidemiologe – die Männer in seiner Familie waren bis zurück zu den Maori-Kriegen Ärzte gewesen – und hatte sein Medizinalpraktikum bei den Fore, einem Stamm im Hochland von Neuguinea, absolviert. Damals wurden die Fore durch eine seltene, ungewöhnliche Krankheit dezimiert, die sie die Kuru-Krankheit nannten und die durch rituellen Kannibalismus übertragen wurde; Kinder und schwangere Frauen aßen die Gehirne ihrer verstorbenen Angehörigen, um sich deren Tugenden anzueignen – und damit gleichzeitig das tödliche Kuru-Virus. Als man den Fore beibrachte, keine Gehirne mehr zu essen, war die Krankheit geheilt. Tom war von seinem Interesse an einer medizinischen Karriere ebenfalls geheilt. (»Im Laufe eines Jahres, nämlich 1971, hat sich Albert Schweitzer in Long John Silver* verwandelt«.) In Port Moresby heiratete er eine australische Krankenschwester und überredete sie dazu, sich mit ihm auf der abgelegensten Insel, die er auf seinem Taschenatlas entdecken konnte, häuslich niederzulassen. Diese Insel war Pitcairn, die Heimat der Meuterer von der *Bounty.* Sie ließen sich dort nieder, kamen aber offenbar nicht sonderlich gut mit den Einwohnern von Pitcairn aus, lauter Adventisten vom Siebenten Tag, die so dunkle, satanische Gebräue wie Tee und Kaffee mieden und sich statt dessen an ein gottgefälliges Getränk aus Kleiehülsen hielten. Tom und seine Frau verließen Pitcairn, reisten eine Weile im Schottland ihrer Vorfahren herum und – siehe da – landeten auf Foula.

---

* Einbeiniger Schiffskoch in der *Schatzinsel* (Anm. d. Ü.)

Jede Insel erlegt ihren Bewohnern bestimmte Schikanen auf, etwa daß es keine Pünktlichkeit geben darf, daß der einzige Kramladen keine anderen Lebensmittel hat als Sardinen oder daß der einzige dort wohnhafte Arzt keinen Unterschied zwischen einem chirurgischen Eingriff am offenen Herzen und dem Entfernen einer Warze kennt. Entweder paßt man sich den oftmals perversen Anforderungen des Lebens auf einer Insel an, oder man wird verrückt, oder man geht nach Hause. Die Folge davon ist, daß Inselbewohner in der Regel ein dickeres Fell und mehr Geduld haben als andere Menschen. Sie leben gleichzeitig nach außen und nach innen, mit dem Rhythmus der Jahreszeiten und der Selbstzufriedenheit und Einsamkeit ihrer eigenen Gedanken. Oft ist ihr Tanz unbeholfen und etwas stumpfsinnig, aber zumindest hat er seine eigenen Schritte.

Vor elf Jahren setzte mich einmal ein alter Hummerfischer namens Hektor auf Mingulay ab, einer bergigen Felsinsel der Äußeren Hebriden. Mingulay ist seit 1908 völlig menschenleer, und aus den ehemals belebten Wegen ist ein kompliziertes Geflecht von Kaninchengängen geworden. Achtzehn Meilen von der nächsten Behausung entfernt, war die Insel ein hinreißender Ort, wenn man wußte, daß man wieder wegkam, weniger hinreißend, wenn man das Gefühl hatte, daß das nicht möglich war. Hektor kam nicht, wie versprochen, am selben Abend zurück und auch nicht am nächsten und ebensowenig am übernächsten. Sechs Tage vergingen, bis sein Neffe kam, eingehüllt in den Geruch heißen Schmieröls, das die Ventile im Hummerboot des alten Mannes ausgespuckt hatten. Hektor hatte einen Schlaganfall erlitten, als er die steile Helling in Castlebay auf der Insel Barra hinaufgegangen war, und hatte erst am Tag zuvor im Krankenhaus das Bewußtsein wiedererlangt. Seine ersten verzweifelten Worte waren: »Ich habe einen Mann auf Mingulay gelassen...«

Am ersten Tag, an dem Hektor nicht kam, geriet ich in Panik. Ich hatte nur zwei Riegel Cadbury's Trauben-Nuß-Schokolade mitgenommen. Ich stellte mir vor, daß ich sie auf eine Mäuseportion alle paar Tage rationieren und dann das Handtuch werfen würde. Mein

Knochenhaufen würde von denselben Dohlen sauber abgepickt werden, die sonst an den Knochen der auf Mingulay mehr oder minder wild lebenden Schafe herumzupften und diese Abwechslung im Speiseplan sicher begrüßen würden. Erst allmählich wurde mir klar, daß das Verhungern nicht unbedingt die nächstliegende Lösung für mein Problem war. Ich begab mich auf Nahrungssuche und stellte bald fest, daß ich auf den nesselbewachsenen Hügeln Sauerampfer und wilden Sellerie sammeln und bei Ebbe von den Felsen Muscheln abpflücken konnte. In einem alten verrosteten Tiegel, den ich beim Herumstöbern auf einem fünfundsiebzig Jahre alten Misthaufen entdeckt hatte, kochte ich mir ein Gulasch aus Napfschnecken. Ich erlegte sogar einen Papageitaucher, doch irgendwie brachte ich es fertig, die eine Hälfte zu lang und die andere zu wenig lang zu kochen, was bei einem derart kleinen Vogel gar nicht so einfach ist.

Während der ganzen Zeit, die ich auf Mingulay verbrachte, regnete es ununterbrochen. Der einzige Zufluchtsort war ein verfallener Schafstall, der ein paar tote Mutterschafe in zusammengekrümmter Stellung beherbergte. Nach einiger Zeit machte mir der scharfe, an eine Gruft erinnernde Geruch nicht mehr so viel aus (wenngleich ich ihn noch immer in der Nase habe). Auch mein persönliches Schicksal – nur wenige Tage zuvor war ich eine Mischung aus Selbstmitleid, Angst und Zorn, weil man mich auf einer verwaisten Insel zurückgelassen hatte, um dort zu krepieren – spielte keine so große Rolle mehr. Es zählten einzig und allein die klassischen Tätigkeiten wie essen, schlafen und am nächsten Tag wieder aufstehen. Jeder neue Morgen zerrte an mir wie die Schwerkraft, und jeden Abend beglückwünschte ich mich dazu, den Tag überstanden zu haben. Als das Boot endlich angetuckert kam und mich rettete, war ich erleichtert und voller Freude, aber auch etwas verwirrt. Mein Puls schlug im Rhythmus des Überlebens, nicht meiner Rettung. Mingulay hatte mir ein kleines Stück meiner selbst entrissen, und jetzt wollte es den Rest. Ich glaube, ich habe mir in dieser recht kurzen Zeitspanne eine Einstellung angeeignet, die der eines Inselbewohners nicht unähnlich ist.

Die Fahrt nach Foula war gefährlich (Felsen, Felsbänke, Riffe), und ich konnte mich mit eigenen Augen davon überzeugen, daß eine Schikane der Insel darin bestand, daß es keinen guten Hafen gab, ja nicht einmal einen schlechten. Es gab nur eine schmale Landzunge, Ham Voe genannt, die bewirkt, daß die Tiden jäh ansteigen. Bei Ebbe weicht das Wasser von Ham Voe zurück, so daß die *Westering Homewards* jedesmal von kranartigen Gebilden, Davits genannt, hochgehievt und auf einen Schlitten gesetzt werden muß, der dann von Hand mit einer Winsch hochgezogen wird. Foulas Überleben hängt von diesem mühseligen Manöver und von den Muskeln der Rentner ab, die an der Winsch kurbeln.

Es wurde schon einmal vorgeschlagen, die ganze Insel zu evakuieren, denn die Winsch macht einen ebenso altersschwachen und verrosteten Eindruck wie die Inselbewohner, und außerdem gibt es offenbar niemanden, in dessen Zukunftsplänen Foula einen Platz hätte. Doch seit im Jahr 1936 ein Film mit dem Titel *The Edge of the World* (Am Rande der Welt) hier gedreht wurde, hockt der Insel der Gedanke an eine Evakuierung wie ein Sturmvogel im Nacken. Dieser Film, in dem Michael Powell Regie führte, war eine rührselige Liebesgeschichte, in der es um die Aufgabe einer einsamen Insel vor der Nordküste Großbritanniens ging. Die britische Öffentlichkeit verstand ihn als rührselige Dokumentation und schloß daraus, daß das menschliche Leben auf Foula erloschen war oder bald erlöschen würde. Die Bewohner von Foula geben dem Film die Schuld an zahlreichen Mißständen, darunter der Tatsache, daß die Bank von England ihre Existenz offenbar gar nicht zur Kenntnis nimmt.

Doch sie existieren tatsächlich, auch wenn ein vorüberziehender Regenschauer dafür sorgte, daß sich nur ein paar vereinzelte alte Männer in dickem, dunklem Wollzeug am Pier eingefunden hatten. Schließlich gab es an einem Tag wie diesem nicht viel anderes zu tun, als das Postboot anzustarren, und das taten sie mit sichtlicher Verwunderung, so als wären sie ganz erstaunt, daß es nicht gesunken war. Nachdem wir gegen den Pier gekracht waren, sprang ich an Land und fragte einen dieser Männer, wo ich mein Zelt aufschlagen konnte, ohne mir den Zorn irgendeines Grundeigentümers zuzuziehen. Unter heftigen Klagen über das Wetter, den Fischfang und die Engländer riet er mir, mein Lager in South Ness aufzuschlagen, an einem Ort, der Guttorm hieß. Das erschien mir durchaus passend, da Guttorm der Fleck war, an dem der erste wikingische Siedler auf Foula – ein Mann, der, wie sollte es anders sein, Guttorm hieß – zur Zeit König Haralds *sein* Lager aufgeschlagen hatte.

Also schulterte ich meinen Rucksack und machte mich wieder auf die Beine. Schon nach kurzer Zeit stieß ich auf ähnlich verfallene kleine Gehöfte, wie ich sie auf dem Mainland gesehen hatte; bei einigen fehlte lediglich das Dach, andere lösten sich in ihre steinernen Bestandteile auf. Viele dieser Ruinen wurden von Eissturmvögeln bewohnt, andere hingegen hätten nicht einmal der Thule-Feldmaus, einer nur auf Foula vorkommenden Subspezies, eine anständige Unterkunft geboten. Es waren nur noch Haufen roher Steine, die man herumliegen ließ, weil man sonst nicht viel mit ihnen anfangen konnte, vielleicht auch, weil sie wegzukarren bedeutet hätte, Erinnerungen wegzukarren.

Plötzlich hörte ich etwas herabzischen und sah verschwommen etwas Zimtfarbenes, und im nächsten Augenblick versetzten mir ein paar kräftige Schwingen Schläge auf den Kopf. Ich wurde von einer weiteren Schikane Foulas angegriffen – zwei Großen Raubmöwen oder Skuas *(Catharacta skua)*, die man hier als »Bonxies« bezeichnet. Diese Skuas mit einer Flügelspannweite von eineinhalb Metern und ausgesprochen garstigen Manieren bombardieren im Sturzflug jeden, der in das von ihnen beanspruchte Revier eindringt, mit dem Ingrimm von im Federkleid wiederauferstandenen Fliegerassen aus dem Ersten Weltkrieg. Während sie herunterschießen, stoßen sie ihren Kriegsschrei aus: *Skar-r-r-ri! Skar-r-r-ri! Skar-r-r-ri!* In sanfteren Augenblicken hocken sie auf ihren Nestern und gurren: *Uk! Uk! Uk! Uk!* Im gesamten Vogelreich gibt es keinen Laut, der unschöner wäre als die liebevollen *Uks!* eines Skuapärchens.

Der englische Genetiker J. B. S. Haldane wurde einmal von einem Theologen gefragt, welche Schlüsse er aus seiner lebenslangen Beschäftigung mit der Schöpfung auf die Mentalität ihres Schöpfers ziehen könne. »Er hat eine ungewöhnliche Vorliebe für Käfer«, meinte Haldane. Hätte man ihm diese Frage auf Foula gestellt, hätte er vielleicht eine besondere Vorliebe des Schöpfers für gewalttätige Seevögel diagnostiziert. Denn die Insel kann sich nicht nur rühmen, die größte Skuakolonie auf der ganzen Welt zu besitzen – mehr als 8500 Vögel, das sind 225 auf jeden Inselbewohner –, sondern sie beherbergt auch noch eine Kolonie Schmarotzerraubmöwen *(Stercorarius parasiticus)*, eine etwas kleinere zweifarbige Vogelart, die noch niederträchtiger ist als ihre großen Vettern. Die Schmarotzerraubmöwe liebt es, ihre Klauen spielen zu lassen, und ihre Flügel setzt sie ein wie ein fliegender Faustkämpfer. Zwei von diesen Vögeln können einen gesunden, ausgewachsenen Mann zwar wohl kaum umbringen, aber vermutlich schaffen sie es, ihn so weit zu treiben, daß er jammernd und heulend zum Schürzenzipfel seiner Mutter zurückrennt.

Ich marschierte weiter. Die Attacken hielten an. Allmählich dämmerte mir, daß wir die Skuas vielleicht durch das falsche Ende des Fernglases betrachten, denn sie weisen eine ungleich größere Ähnlichkeit mit den Flugsauriern auf als beispielsweise mit den sanften amerikanischen Meisen. Sie würden lieber verhungern, als in Samen oder Getreidekörnern herumzupicken, und sie zeigen eine eindeutige Vorliebe nicht etwa für sorgfältig gepflegte Reihenhausgärtchen, sondern für die abscheulichsten, unglaublichsten und einsamsten Gegenden. Die Skua ist der einzige Vogel, der freiwillig sowohl in der Arktis als auch in der Antarktis lebt, und mit Ausnahme verrückter Polarforscher ist sie das einzige Lebewesen, das man je in der Nähe des Südpols angetroffen hat. Die Brutalität ihres Lebensraums spiegelt sich in der Brutalität ihres Verhaltens wider.

Zum Glück lag Guttorm direkt am Meer, und Skuas haben nicht viel für den direkten Biß der Salzluft übrig. Ich stellte also mein Zelt auf und zog ringsum Gräben, in diesen gelegentlich recht feuchten Regionen ein Muß. In Island habe ich es einmal versäumt, einen Graben um mein Zelt zu ziehen, und als ich aufwachte, schwamm meine Luftmatratze auf einer nicht unbeträchtlichen Wasserschicht. Mein Schlafsack hatte sich mit Wasser vollgesogen und war infolgedessen nicht mehr zu gebrauchen. Die Schrift in meinem Notizbuch hatte sich so verwaschen, daß sie aussah wie antikes Gekritzel. Meine Lebensmittel waren eine einzige Brühe, und die Streichhölzer, die ich in eine leere Patronenhülse gesteckt hatte, waren davongeschwommen, vielleicht stromabwärts ins Nordpolarmeer. Ich fühlte mich, milde ausgedrückt, hundeelend.

Tom, mein Freund vom Postschiff, lud mich an diesem Abend zu sich zum Essen ein. Er und seine Frau Flossie lebten in einem Steinhaus mit dicken Mauern, das wie fast alle Häuser auf Foula ganz für sich stand und die für diese Insel, auf der kein vernünftiger Mensch leben mag, typische unabdingbare Abgeschiedenheit beanspruchte. Vor der quergeteilten Tür waren Lämmer, Katzen, Hühner und Kinder ausgelassen damit beschäftigt, sich derart dreckig zu machen, daß sie aussahen wie die Bewohner eines Schwarztorfmoors.

»Erstklassige Mauern«, sagte ich, während ich die dicke Steinmauer betastete.

»Nicht dick genug«, meinte Flossie.

»Nicht dick genug? Wofür denn? Um einen Sprengkopf abzuwehren?«

»Nein, um die *flanns* abzuwehren. Sie kommen direkt durch die Wand, daß das Geschirr klappert.«

Diese sogenannten *flanns* entstehen, wenn atlantische Sturmwinde auf die Klippen der Insel treffen und dann darüber hinweg abgelenkt werden, so daß sie, wenn sie schließlich unten bei den kleinen Anwesen ankommen, fast die Stärke eines Tornados erreicht haben. Heuschober, Dächer und Hühner werden ins Meer geschleudert, als wären sie von einer fliegenden Ansaugpumpe erfaßt worden. Einer Legende zufolge sollen sich alle kleinen Gehöfte von Foula einst in einem Dorf befunden haben, doch dann kam ein ungewöhnlich heftiger *flann* daher und verstreute sie über die ganze Insel.

Ein Nachbar mit Namen Bobby leistete uns beim Essen Gesellschaft, da, wie er meinte, kalter Hammel sein Leibgericht sei. Bobby war ein hohlwangiger Mann um die Siebzig, dessen Beiträge zur Unterhaltung aus einer Mischung von einheimischem Aberglauben und bissigen Spitzen gegen das Königreich und die Staatsoberhäupter bestand. Er erzählte von einem Vorfahren von der Insel Yell, der auf dem Scheiterhaufen verbrannt wurde, weil die Fische, die er fing, bereits gekocht waren. Maggie Thatcher hatte seiner Ansicht nach dasselbe falsche Krämerlächeln wie die Mona Lisa. Nichts, was dieser alte Arschlecker Heath anfaßte, hatte jemals Erfolg. Dann hatte es da noch so einen Mann auf Foula gegeben, der bei einer Trollhochzeit aufgespielt hatte und am nächsten Tag, als er die heilige Kommunion empfing, zu Staub zerbröselt war. Und dieser blöde Esel Charles I. heuert einfach einen Bauchredner an und läßt ihn schreien wie ein Schaf, wenn es abgeschlachtet wird. Dieser perverse Sack hat bekommen, was er verdient! Und wenn wir schon in einer so fortschrittlichen Zeit leben, mein Junge, dann sag mir doch eines: Warum können *wir* nicht fertiggekochte Fische aus dem Wasser ziehen?

Bobbys Gelächter klang wie das einer munteren alten Hyäne. Er, Tom und Flossie waren anscheinend ganz damit zufrieden, auf den äußersten Fingerspitzen der Erde zu leben. Natürlich stimmte es, daß Bobby von den Abgasdämpfen von Toms Traktor Durchfall bekam und daß Bobby einmal aus Versehen zwei von Toms Schafen die Kehle durchgeschnitten hatte und daß die *Westering Homewards* die Insel im Nebel manchmal völlig verfehlte und in Richtung Grönland davontuckerte, aber das war eben Foula, Mann. Was erwartest du denn vom Ende der Welt? Toms Kinder hatten mehr als sechzehn Quadratkilometer Hügel und Moor als Spielplatz. Was machte es da schon, daß das Schulhaus im Jahr 1956 für einsturzgefährdet erklärt, aber trotzdem noch benutzt wurde? Was machte es da schon, daß von den in Öl schwimmenden Shetlandinseln Foula die vermutlich höchsten Brennstoffpreise im ganzen Vereinigten Königreich hatte? Schließlich konnte sich die Insel rühmen, daß ihre Torfvorräte bis zum Jüngsten Tag reichen würden. Und ein mit

Torfqualm gefüllter Raum galt bei den alten Leuten als fast schon zu gesund. Sie konnten nie genug davon in ihre Augen, Haare und Kleider kriegen und schrieben sogar ihre Langlebigkeit dem Qualm von Torffeuern zu.

Nach dem Essen begaben wir uns ins Wohnzimmer (wo auch ein paar Hühner hockten), und ich erkundigte mich nach Leuten, die Altnordisch sprachen. Tom nannte mir ein oder zwei ältere Männer, sagte aber gleich, ich müsse mir Zeit lassen, da die meisten alten Leute äußerst argwöhnisch gegenüber Besuchern seien. In ihren Augen war die Außenwelt eine Brutstätte für Seuchen und Epidemien, gegen die sie keine Widerstandskräfte besaßen. Diese Überzeugung stammte daher, daß einmal vor langer Zeit die Pocken alle Inselbewohner bis auf sechs dahingerafft hatten. Sie würden mich erst verstohlen durchs Fenster beobachten und sich davon überzeugen müssen, daß ich ein gesunder und kräftiger Mensch war, der weder Keuchhusten noch eine ganz gewöhnliche Erkältung hatte, bevor sie sich bereit erklären würden, mit mir zu reden.

»Aber die Pocken, das war doch so um 1720«, sagte ich. Eine Minute später wurde mir bewußt, daß Bobby stets für einen Abstand von mindestens zwei Metern zwischen sich und mir gesorgt hatte.

1. Juni. Ein strahlender Morgen, glänzend wie der letzte Penny eines armen Schluckers. Feiner Dunst hängt an den kegelförmigen, in Heidekraut gehüllten Hügeln, die nur deshalb so kahl wirken, weil es hier keine Bäume gibt. Inmitten dieser Hügel zu kampieren bedeutet, im Paradies zu kampieren, nur ohne dieses ganze verdammte Kriech- und Kletterpflanzenzeug.

Nach dem Frühstück ziehe ich los, um ein oder zwei Tage auf den Hügeln herumzukraxeln. Meinen Wanderstecken trage ich nicht auf die übliche Art, sondern halte ihn über den Kopf, da die Skuas stets den höchsten Punkt für den Kopf halten, auch wenn er noch so dürr und unkonventionell geformt ist. Bald schon bemerkt ein Pärchen Schmarotzerraubmöwen, daß ich durch ihr Nistgebiet trample. In althergebrachter Manier fangen sie an, obszönes Zeug zu plärren, und nachdem sie meine Aufmerksamkeit erregt haben, gehen sie dazu über, mit hängenden Flügeln die Gekränkten zu mimen. (Die Leute von Foula behaupten, sie seien nicht etwa gekränkt, sondern schlichtweg empört darüber, daß ein unbedeutender Sterblicher es wagt, in ihr Revier einzudringen.) Sobald ich in sicherer Entfernung von ihren Eiern bin, ändern sie die Taktik und gehen dazu über, mich abwechselnd im Tiefflug anzugreifen, nicht etwa von vorne, wo ich sie sehen könnte, sondern von hinten. Sobald ich mich umdrehe, ändern sie ihren Anflugwinkel so, daß sie wieder von hinten kommen. Ich lege eine Hand schützend über die Nase; auf Island traf ich einmal einen Mann, dessen Nasenspitze einem dieser Vögel zum Opfer gefallen war.

Weiter oben komme ich ins Reich der Bonxies; jedes Pärchen steht samt seinem Gelege aus olivgrünen Eiern auf seinem eigenen, dicht mit Gras bewachsenen Hügel, natürlichen Hügeln, die der Guano über viele Jahre hinweg fruchtbar gemacht hat. Ein Pärchen erblickt mich und watschelt los, um sich schwungvoll in die Luft zu erheben, ein rasanter Katapultstart wie bei Kampfflugzeugen. Sobald sie in der Luft sind, wenden sie dieselbe Taktik an wie Wanderfalken, kreisen in gegenläufiger Richtung, bis sie über mir sind, drehen sogar noch einmal ab, bevor sie herabstoßen und mich gleichzeitig im Tiefflug angreifen. Ein Flügel erwischt mich an der Schläfe, eine Ladung Vogelmist landet in meinem Genick. Etwa alle fünfzig Schritte geht ein neues Pärchen zum Angriff über, während das alte, die Flügel wie zum Zenturionengruß hebend, auf seinen Hügel zurückkehrt.

Verglichen mit diesem Skuaszenario wirken Alfred Hitchcocks *Vögel* so lieb und nett wie auf einer Teeparty bei Jane Austen; trotzdem gehe ich weiter, abwechselnd kletternd und stolpernd, weil das nun mal das ist, was man auf Foula macht. Ich gehe weiter über den öden, heidekrautbewachsenen Rücken von Hamnafield und komme an einer Gruppe sogenannter *planticrubs* vorbei, kreisförmigen Steingebilden, die ein bißchen an die irischen Bienenkorbhütten erinnern, wenngleich man sie zum Aufbewahren von Weißkohl und Winterkohl und nicht von Mönchen gebaut hat. Wie alles andere auf der Insel wahren die *planticrubs* ein ideales Gleichgewicht – halb verfallen, halb noch in Gebrauch, so daß man sich gleichzeitig an Leben und Tod, an Kohlsuppe und an Sterblichkeit erinnert fühlt. Ich komme an den steinernen Überresten eines alten Wikingerbrunnens vorbei, der einst für seine Heilkraft berühmt war, inzwischen aber ausgetrocknet ist. Dann mache ich an dem Steinhügel halt, der das sogenannte Loch von Liorafield kennzeichnet, das sich Gerüchten zufolge durch den Erdmittelpunkt bohrt. Die Leute erzählen sich eine Geschichte von einem Hund, der hinter einem Schaf herlief, und als das Schaf in das Loch sprang, folgte ihm der Hund, und beide kamen in Madagaskar wieder ans Tageslicht.

Jetzt fegen zwei Bonxies an mir vorbei, die eine Hetzjagd auf eine Dreizehenmöwe veranstalten und dabei auf- und niedersausen wie zwei böse Geister, die es darauf abgesehen haben, eine arme Seele ins Verderben zu stürzen. Plötzlich spuckt die Dreizehenmöwe einen Fisch aus, und einer der beiden Bonxies stößt herab und schnappt sich die Beute mitten im Flug. Die Skuas haben zuviel Piratenstolz, um sich ins Wasser hinabzulassen und selbst zu fischen. Sie beklauen andere Vögel (daher das Attribut »kleptoparasitär«), und häufig verspeisen sie auch andere Vögel. Auf den Färöer-Inseln habe ich einmal beobachtet, wie eine Skua einen Papageitaucher aus seiner Höhle zerrte und mit dem unglücklichen Vogel im Schnabel zum Meer hinunterflog, um ihn zu ertränken. Dieses Ertränken dauerte ziemlich lange: Das Gesetz des Dschungels hat einen ebenso anspruchsvollen Geschmack wie ein Stammgast des Maxim.

Jetzt erklimme ich eine weitere Schikane: den Sneug. Vierhundert Meter unter mir donnern Brecher mit solcher Wucht gegen die senkrecht abfallende Klippe, daß feiner Sprühnebel bis zu mir hochfliegt. Ich werfe einen Felsbrocken hinunter; es dauert ganze zwölf Sekunden, bis er unten ankommt. Ein Mann in seinen besten Jahren würde etwas länger brauchen, da er wiederholt auf den guten alten roten Sandstein knallen würde, bevor er seine klatschnasse Belohnung bekommen würde. Viele Foula-Männer in den besten Jahren sind tatsächlich auf diese Art umgekommen, und alle wegen ein bißchen Seevogel im häuslichen Eintopf. Sie ließen sich an Seilen aus Pferdehaar hinunter, und vielleicht riß so ein Seil oder war schon ausgefranst, oder vielleicht versuchten sie sogar einen Abstieg ohne Seil, um irgendwelchen Damen zu imponieren. Auf Foula gibt es ein altes Sprichwort: »*'is granfaither guid over, 'is faither guid over, and 'e must expect to gee over Da Sneug, too.*« (Sein Großvater ging drüber, sein Vater ging drüber, und er muß damit rechnen, daß auch er über den Sneug geht.) Es galt als die gröbste Beleidigung, zu einem Mann zu sagen: »*Mein* Vater ist über den Sneug gegangen, aber *dein* Vater ist wie ein Hund in seinem Bett gestorben.« Auf diese Weise wurde einem mit ein paar raschen Zungenschlägen sein ganzes Geburtsrecht als Mensch abgesprochen.

Ich biwakiere über Nacht auf der Kame, der höchsten oder zweithöchsten Meeresklippe Großbritanniens, je nachdem, ob ein Bewohner von Foula oder einer von St. Kilda die Meßlatte ansetzt. Mein Abendessen besteht aus einem Stück leicht stinkendem Gloucesterkäse, einem Kanten Brot (den verdanke ich dem Bäcker von Lerwick), der so hart ist, daß sich ein Rhinozerosbulle die Zähne daran ausbeißen würde, und einer Flasche Newcastle-Dunkel. Ein fürstlicheres Mahl und ein verlockenderes Ambiente lassen sich selbst in einem mit noch so vielen Michelin-Sternen ausgezeichneten Steakhouse nicht denken. Dann rolle ich mich auf einem Bett aus einmalig zarten blauen Kuckucksnelken, von denen keine größer ist als ein Babyzehennagel, zum Schlafen zusammen.

2. *Juni.* Wieder ein wunderschöner Tag, mit einem Gefieder aus milder Luft über dem Meer. Brot und Sardinen zum Frühstück. Inzwischen ist das Brot so hart, daß sich ein Urelefant den Mahlzahn daran ausbrechen würde. Was ließe sich vergleichbar Löbliches über die Sardinen sagen? Höchstens daß gewisse gebildete Londoner einst glaubten, es gäbe für Sardinen ähnlich wie für Weine bestimmte Reifejahre, und daß Oscar Wildes Sohn Vyvyan in Holland einen exklusiven Sardinenclub gründete, dessen Mitglieder in ihren

Kellergewölben ehrfurchtsvolle Verkostungen abhielten. Sie kamen zu dem Schluß, daß 1959 ohne Zweifel das beste Sardinenjahr nach dem Krieg war...

Einen steilen, feuchten Heidekrauthang hinunter, auf dem überall Glimmer an die Oberfläche tritt. (Foulas einziger Erwerbszweig in früheren Jahren war der Export von Mühlsteinen aus Glimmerschiefer auf die Orkneys.) Irgendwann mache ich halt, um etwas auszuruhen, und stelle fest, daß mich zwei grauschwarze Shetlandschafe anglotzen, deren Wolle in wirren Klumpen, Knäueln und Büscheln davonfliegt. Aber sie brauchen sich nicht zu schämen, daß sie so unordentlich aussehen: Die Shetlandschafe sind Nachkommen der Torfschafe, die sich die Menschen im Neolithikum hielten, und damit die primitivsten domestizierten Schafe, die es heutzutage auf der Welt gibt. Offenbar schämen sie sich auch gar nicht. Sie stehen unverändert vor mir, unerschütterlich, ja sogar etwas geringschätzig, so als würde sich ihre Rasse noch irgendwie an meine Vorfahren erinnern, die mit einem Lendenschurz über ihrer Männlichkeit herumhockten. Oder vielleicht betrachten sie mich – zerzauster Bart, Brotkrümel, Vogelmist und dergleichen – lediglich als den primitivsten domestizierten Menschen, den sie je zu Gesicht bekommen haben.

Wieder unten im Flachen angelangt, mache ich Bocksprünge über ein Feld mit wuschelköpfigen, aus aufgeworfenem Riedgras und frischem Gras zusammengesetzten Grasbüscheln, die die Franzosen wenig galant als *têtes de femmes* bezeichnen. Ich komme an ein Moor, das sich um eine Spur besser zum Gehen eignet, und begegne einer alten Frau, die Torf sticht. Obwohl sie mindestens achtzig Jahre alt ist, hat sie die Statur eines Bantamgewichtsringers, und ich bin überzeugt, daß sie mich mit höchstens zwei Niederwürfen gefügig machen könnte. Sobald sie mich erblickt, zieht sie eilig ihr Tuch über Nase und Mund (Pocken? Lepra? Mundgeruch? Außenwelt?), sagt aber durch den Stoff: »Joo, mein Lieber. An schööna Tag im Moor is an Stück Himmel.«

Zwischen den außerhalb von Soberlie und Harrier gelegenen Feldern wandere ich durch eine ganze Großstadt herrenloser kleiner Gehöfte. Herrenlos heißt in diesem Fall ohne Menschen, denn hinter jedem Herd, in jedem Winkel und auf jeder eingesunkenen Schwelle hockt ein nistender Eissturmvogel. Auf Foula wird die Einsteinsche Physik in ein Vogelhaus umgesetzt: Nichts geht verloren, denn früher oder später geht alles in den Besitz der Vögel über. Der erste Eissturmvogel kam im Jahr 1878 auf dem Rücken eines toten Wals hier an, und seitdem hat diese Spezies so gut wie jedes heruntergekommene Anwesen auf der Insel mit Beschlag belegt, oft auf Kosten der ansonsten furchtlosen Skuas, die schon ein ganz junger Eissturmvogel in Angst und Schrecken versetzt. Er sieht zwar ziemlich harmlos aus, nur ein weicher, flauschiger, flaumiger Ball, aber er spuckt einen halbverdauten, öligen Saft aus, der wie verwesender Fisch im letzten, apokalyptischen Stadium riecht. Das Küken beginnt sein Leben damit, daß es seine Eltern anspuckt, und bald schon hat es gelernt, alles anzuspucken, im wahrsten Sinne des Wortes alles, außer seine Eltern. Selbst wenn man sich noch soviel Mühe gibt, kann man dieses üble Zeug nicht mehr aus seinen Klamotten waschen. Aber seine Klamotten kann man wechseln. Wenn einer jedoch nur ein Federkleid hat, dann sind seine Flugtage ebenso sicher vorüber, wie wenn er in eine Öllache plumpst.

Auf dem Weg nach Guttorm sehe ich einen Raben und einen Bonxie, die um die Nachgeburt einer Kuh raufen. Der Bonxie gewinnt. Wenig später beobachte ich zwei Schmarotzerraubmöwen, die einen Bonxie mit einer brillanten Rücken- und Schräglageflugtechnik jagen, die mich an fliegende Zirkusartisten erinnert. Anschließend fliegen die beiden kreischend und quietschend davon, als wollten sie zueinander sagen: Beim nächstenmal erwischt es den großen Kerl. Dann begegne ich einem falkengesichtigen Mann auf einem Traktor, der aussieht, als hätte ihn irgend etwas Nukleares getroffen. Der Traktor hat einen kaputten Morris Minor im Schlepptau, der noch schlimmer aussieht. Der Mann erzählt mir, daß er das Gefährt auf dem Mainland aufgetan und für zehn Pfund auf die Insel geschippert habe und jetzt auf dem Weg sei, es ins Meer zu werfen, weil der Gemeinderat der Shetlandinseln jedem elf Pfund bezahlt, der sich ein schrottreifes Auto auf diese Weise vom Hals schafft. Der Nettogewinn bei diesem Unternehmen beträgt, wie er mir nicht ohne eine Spur Stolz erklärt, genau ein Pfund.

So leben die Menschen auf Foula.

3. Juni. Besuch beim hiesigen Schmied, Harry Isbister, der Gegenstände aus Kupfer anfertigt, das aus dem Wrack der *RMS Oceanic* geborgen wurde; die *Oceanic* war das Schwesterschiff der *Titanic* und lief im Jahr 1914 vor Foula auf ein Riff. Ein Wrack von dieser Größe war so ziemlich das Erfreulichste, was der Insel in diesen notleidenden Zeiten passieren konnte, meinte Harry. Er hätte seine Frau und seine Kinder drum gegeben, um das selbst mitzuerleben. Ich fragte ihn nach Guttorm. »Mir nie nich begegnet, der Mann«, meint er, aber dann fügt er hinzu, daß dort, wo Guttorm und ich kampiert hatten, ein kleines Anwesen gestanden habe, in dessen Herd seit der Zeit der Wikinger bis zu Beginn der sechziger Jahre ununterbrochen ein Feuer gebrannt habe. Jetzt, nachdem das Feuer erloschen war, war das Haus verschwunden, die Menschen waren zu Staub geworden, und der Grund und Boden bestand aus Farngestrüpp und Nesseln. »Nu joo«, meint er, »da kann ma ehm nischt machn.« Und dann brät er mir ein Kaninchen.

4. Juni. Schwere Regenfälle und ein pfeifender Sturmwind. Letzte Nacht drohte der Wind mein Zelt mit Stangen und allem Drum und Dran hochzuheben und ins Meer zu setzen. Mußte es mit Felsbrokken von der Größe eines Findlings sichern. Während ich wachlag, dachte ich über die Näherin nach, die das Zelt in irgend so einem armseligen Ausbeutungsbetrieb in der dritten Welt zusammengenäht hatte. Vielleicht war das an einem Freitagnachmittag gewesen, und sie hatte es eilig, nach einer harten Woche nach Hause zu kommen, und hatte sich deshalb nicht die Mühe gemacht, diese eine kritische Naht ordentlich zu steppen. *Presto!* Aug in Auge mit einem wütenden Shetlandhurrikan.

Bis zum Nachmittag war der Wind von Stärke 9 (Sturm) auf Stärke 6 (starker Wind – Schirme lassen sich nur schwer öffnen) abgeflaut. Verbrachte einen ruhigen Tag zu Hause und las ein Buch über – ausgerechnet! – Kamelwettrennen in Arabien, das mir Tom geliehen hatte. Die leichtesten und besten Kameljockeys sind offenbar fünfjährige Jungen, die ihren Eltern im wilden Belutschistan abgekauft und dann direkt auf die Arabische Halbinsel geflogen werden. Anstelle ihrer Namen bekommen sie Personalnummern, die zusammen mit Klettbändern auf ihre Hemden genäht werden. Ihre Sättel bestehen aus Klettflächen, desgleichen ihre Hosenböden, damit sie nicht herunterfallen. Das typische Geräusch bei einem Kamelwettrennen ist das scharfe Ratschen dieser Klettverschlüsse, wenn ein jugendlicher Reiter von seinem Roß abgeworfen wird.

Abenddämmerung um Mitternacht. Eine Sternschnuppe zeichnet eine Parabel aus weichem Blau an dem plötzlich klaren Himmel.

Nach ein paar Tagen auf Foula gewöhnte ich mich an die Skuas. Allmählich wußte ich es sogar zu schätzen, daß sie mich ein wenig auf Trab brachten. Da sie mir das Recht auf ihr Territorium streitig machten, gab es nur wenig, was ich als selbstverständlich betrachten konnte. Meine Wahrnehmungsfähigkeit schärfte sich; von der Angst getrieben, lernte ich, wie durch ein Fernglas die jeweilige Persönlichkeit fast jedes Vogels zu erkennen, der mich im Tiefflug angriff; einige waren so stolz auf den weiten, athletischen Schwung ihrer Flügel, daß sie mich mit narzißtischer Ausgelassenheit zu attakkieren schienen, andere stießen so rasch herunter, als wollten sie das Ganze möglichst schnell hinter sich bringen, und ein paar hatten ihre Doppelangriffe so ungeschickt aufeinander abgestimmt, daß sie sich beim Herabsausen auf Kollisionskurs befanden.

Auf einem meiner Spaziergänge sah ich in der Nähe des Mill Loch einen Mann, der mit einem *tushkar* Torf stach, einem doppelseitigen Spaten, der es dem Benutzer gestattet, in den Moorboden zu stechen und dabei gleichzeitig mühelos ein trapezförmiges Stück Torf auszuhebeln. Ich beobachtete, wie er mit diesem *tushkar* selbst dann weitergrub, als er von einer Staffel Bonxies angegriffen wurde. Offenbar waren seine Bewegungen zeitlich perfekt abgestimmt; ohne sich auch nur die Mühe zu machen aufzublicken, duckte er sich jedesmal, wenn ein Bonxie herabstieß, so als wären Mensch und Vogel durch ein unsichtbares Band verbunden. Mag sein, daß ich nach dreißig Jahren auf Foula dasselbe hervorragende Timing und dasselbe Band entwickelt hätte.

Dieser Mann erklärte mir, daß das Wort »Bonxie« im schottischen Dialekt »fettes altes Weib« bedeutete und sich auf die Art und Weise bezog, wie diese großen plumpen Vögel um ihre Grasbüschel herumwatschelten. Ich empfand das als eine merkwürdig großzügige Betrachtungsweise für derart niederträchtige Wesen, aber an einem Ort wie Foula muß man wohl großzügig sein, sonst würden einem die geballten Schikanen dieser Insel zu arg zusetzen.

Inzwischen hatte Tom ein paar Nachforschungen über Sprecher des Altnordischen eingeholt. Nahezu alle Leute, mit denen er gesprochen hatte, schienen übereinstimmend der Meinung zu sein, daß ich einen Mann namens Andrew Isbister aufsuchen sollte. In den gut siebzig Jahren seines Lebens hatte Andrew Foula nur ein einziges Mal verlassen, und das war unmittelbar vor dem Zweiten Weltkrieg gewesen, als er auf einem Trampschiff um die Welt segelte; er hatte sich an Orten wie den Seychellen und den Malediven herumgetrieben, jedoch nie einen Fuß auf die britische Insel gesetzt. Bei einem Unfall mit einem Hebekran wurde sein rechtes Bein verstümmelt, so daß er hinkend auf die Insel zurückkehrte, wo er sich um seine Schafe und bis vor kurzem auch um das Paraffin für den Leuchtturm kümmerte. Im Jahr 1979 rezitierte er eine Begräbnisformel, das Vaterunser und ein Gedicht, das von Adlern handelte, für den deutschen Philologen Reinhold Weber, der die Forschungsarbeiten des um die Jahrhundertwende tätigen färingischen Sprachforschers Jakob Jakobson fortsetzte, um festzustellen, wieviel von der altnordischen Sprache auf den Shetlandinseln überlebt hatte. Wie der letzte *native speaker* des Manx-Gälisch, der diese inzwischen ausgestorbene keltische Sprache nur mit seinem Papagei sprach, redete Andrew nur mit seinen Schafen Altnordisch, um seine Zunge beweglich zu halten. Das jedenfalls erzählten sich die Leute. Und sie erzählten sich auch, daß seine Schafe mit dem ihnen eigenen unnachahmlichen Akzent auf altnordisch zurückbähten.

Ich besuchte Andrews Behausung in Mucklegrind. Das kleine weißgetünchte Cottage, das auf einer Hügelkuppe balancierte, hatte in den Stürmen des letzten Winters die Hälfte aller Schindeln eingebüßt (die andere Hälfte machte den Eindruck, als wollte sie sich bei der nächstbesten Gelegenheit ebenfalls aus dem Staub machen). Drinnen befand sich ein wackeliger Eßtisch, auf dem nur eine Flasche Stockholm Tar stand, sonst nichts. Ob er diesen Teer aß? Er konnte auch nicht viel schlimmer schmecken als der Lehm, der noch heute in südlichen Gegenden Amerikas wegen seines Nährwerts gegessen wird.

Schließlich erschien Andrew, noch immer humpelnd. Er hatte ein Gesicht wie windzerfressener Granit, und seine weißen Haare standen vom Kopf ab wie 13-Ampere-Sicherungsdrähte. Er trug einen uralten Wollmantel, der ein hervorragendes Nest für eine Rattenfamilie abgegeben hätte. Er schaute mich mit zusammengekniffenen Augen an und sagte: »Nuu, Mann. Dann bissa wohl so 'n Zeuge Jehovas, was?«

Offenbar kam es gelegentlich vor, daß Zeugen Jehovas mit der *Westering Homewards* herüberfuhren. Ähnlich wie sie die Barakkensiedlungen in Großstädten und die dritte Welt nach bekehrbaren Seelen durchstöberten, so missionierten sie auch auf der entlegenen Insel Foula für ihren Glauben. Aber sie hatten selten Glück, denn meistens verschworen sich die Skuas, um sie zu vertreiben, bevor sie irgendeinen Einheimischen in ein langes Gespräch verwikkeln konnten. Andrew zeigte mir ein Exemplar des *Wachtturms*, das jemand vor ein paar Monaten auf seine Türschwelle gelegt hatte. (Eine Woche später bekam ich auf den Färöer ein Exemplar des *Vagnóp* zu Gesicht und zwei Monate später in Nuuk in Grönland ein Exemplar des *Vagttoramet*.)

Während des ganzen Gesprächs hielt sich Andrew stets ein paar

Schritte entfernt an meiner Steuerbordseite. Ich stand in der Ecke beim großen offenen Kaminfeuer, und er stand an der Tür, als sei er auf dem Sprung, um der Pestilenz, die ich ihm ohne Zweifel anschleppte, zu entfliehen. Als ich einmal husten mußte, rang er deutlich hörbar nach Luft.

»Joo, joo, mein Junge. Von sona kräftjen Portschon Stockholm Tar, da kriegen Fisch und Kohl 'n feinen rauchigen Geschmack. Das hasse noch nie probiert? Nuu, Mann. Wo bisse bloß gewesen?«

Als ich sagte, ich würde gern ein paar Worte Altnordisch von ihm hören, erklärte er sich bereit, ein paar Sätze herunterzurattern, allerdings durfte ich ihm nicht näher kommen, denn offenbar befand ich mich schon fast an der Schwelle zum Tod. Dann begann er ein Lied zu singen, das er 1929 von zwei vierundneunzigjährigen Zwillingsschwestern gehört hatte. (»Pfunnige Frauen warn das, wo se doch schon bannich alt warn.«) Seine Stimme klang wie das krächzende Zetern einer Krähe. Er hatte keine Zähne mehr, und sein Akzent war fast nicht zu verstehen. Trotzdem hatte die Vorführung etwas Wunderliches, Ergreifendes, ja sogar Jenseitiges an sich, so daß man das Gefühl hatte, hier stimmte nicht ein Mensch, sondern vielmehr ein Stein auf dem Sneug plötzlich ein Lied an.

Nachdem er seinen Gesang beendet hatte, erklärte mir Andrew, daß es sich um ein Wiegenlied handelte. Eine Mutter versucht, ihr quengelndes Baby zu beruhigen. Sie wiegt es in ihren Armen und sagt zu ihm: »Schlaf ein, schlaf ein, mein süßes kleines Kindchen, und wenn du nicht einschläfst, dann knall ich dir den Kopf an die Wand, und dann, dann wirst du endlich einschlafen.« Eine recht wikingische Einstellung, wie Andrew fand.

Etwas später schaute Andrews Schwester herein und berichtete, daß *The Earl of Zetland* gerade schnaufend in Ham Voe einlief. *The Earl* war ein Frachtschiff, das besondere Fahrten zu den abgelegenen Inseln unternahm, und die heutige Fahrt war etwas ganz Besonderes, weil heute Foulas allererster Wohnwagen angeliefert wurde. Wir liefen hinunter zum Hafen, wo sich der Rest der Inselbevölkerung bereits zu diesem feierlichen Ereignis versammelt hatte. Auf

Foula gibt es kein Kino, aber das Ausladen eines Wohnwagens war vermutlich das Nächstbeste – vielleicht nicht mit so großer Starbesetzung, aber ebenso spannend wie ein guter Krimi. Wird es funktionieren, oder wird es nicht funktionieren? Die Winsch wollte nicht greifen, der blau-weiß glänzende, längliche Kasten schien keine Lust zu haben, das Boot zu verlassen, und als er es verließ, verlief sein Weg über die Bohlen, die man extra für ihn auf den Pier gelegt hatte, bestenfalls planlos. Dieser wichtige Bestandteil der britischen Meeresküste sollte das neue Zuhause für einen Inselbewohner abgeben, den seine Frau vor kurzem vor die Tür gesetzt hatte, doch es war derart schwierig, das Ding zu seinem endgültigen Standort in Hametoun zu verfrachten, daß ich mich fragte, ob das zerstrittene Paar seine Ehe nicht vielleicht doch noch mal überdenken würde.

»So 'n armer Kerl, der«, meinte Andrews Schwester. »Wird ganz schön friern im Winter, könnt ich mir denken. Wo doch der *gro* da durchpfeift wie nuscht.«

Dann kam Andrew zu mir herübergehoppelt und sagte: »Alle Einheimischen könn Altnordisch. Frag den da.« Er zeigte auf einen sommersprossigen kleinen Jungen, der möglicherweise einen ausgezeichneten Kameljockey abgegeben hätte, im Augenblick allerdings mit der Konzentration eines Schatzgräbers in seiner Nase bohrte.

Andrew hatte recht. Am Ende wurde mir klar, daß fast jeder auf der Insel über ein paar Brocken der alten Wikingersprache verfügte. Sie überlebte in den Bereichen, die hier am wichtigsten waren: bei den Tieren, beim Wetter, beim Meer. Ein *blægit* Schaf war weiß mit schwarzen Flecken; ein *katmoget* Schaf hatte ein dunkles Unterteil; die minderwertige Wolle eines *katmoget* Schafes nannte man *aliplukkens;* ein *gaats* war ein kastrierter Bulle (oder auch ein weichlicher Mann). *Gro* war der Wind, *stoor* eine leichte Brise und *gooster* eine steife Brise; *daggastö* nannte man einen feuchten Wind; *guzzel* war der trockene, heiße Märzwind aus Südosten, *pirr* der leichte Wind im Juli und August; *ungasstö* war ein widriger Wind, und die *flanns* kamen mit der Wucht von Tornados angebraust.

So ging es weiter und weiter, ein ganzes Vokabular, bestehend aus harten, präzisen, instinktiven Wörtern: Wörtern, die es seit tausend Jahren gab und die es, dank ihres kraftvollen, eindringlichen Klangs, vielleicht noch tausend Jahre lang geben würde. Und wenn nicht, falls Foula evakuiert oder von einem gewaltsamen *flann* vom Rand der Welt weggeblasen werden sollte, dann würde es noch immer das *Skar-r-r-ri! Skar-r-r-ri! Skar-r-r-ri!* der Bonxies geben, das eine ganz eigene, besondere Art von Eindringlichkeit besitzt.

An meinem letzten Tag auf Foula wanderten Tom und ich dreihundert Meter oberhalb von Mucklegrind herum, um ein paar verlorene Schafe zu suchen. Als wir an einem scharfkantigen Spalt in den Klippen Rast machten, erzählte er mir folgende Geschichte:

Im letzten Jahrhundert hatte sich eine Frau namens Maggie auf dem Mainland verdingt, wo sie sich mit Lepra ansteckte. Als sie nach Foula zurückkehrte, weigerte sich ihre Familie, sie wieder aufzunehmen, und so baute sie sich eine kleine Steinhütte auf den Klippen. Ihr Vater kletterte regelmäßig hinauf und legte ihr Brot und Milch auf die Schwelle, dafür mußte sie ihm versprechen, sich mit ihrer Lepra nicht blicken zu lassen. Als er eines Tages wieder einmal hinaufstieg, stellte er fest, daß das Stück Klippe, auf dem Maggies Hütte gestanden hatte, ins Meer gestürzt war. Wenn man genau hinhört, kann man noch heute den Schmerzensschrei des alten Mannes hören, den er ausstieß, als er begriff, daß er seine Tochter verloren hatte.

»Ein paar Wochen später«, fuhr Tom fort, »begab sich der alte Mann mit einer Bootsladung Heringen auf das Mainland. Er fing sich eine Erkältung ein und starb innerhalb von drei oder vier Tagen – was wieder einmal beweist, daß das Mainland eben doch ein ziemlich schädlicher Ort ist.«

3 Waljagd

In Lerwick erwischte ich wieder die *Norröna* und fuhr nach Norden auf die Färöer. In einer der drei Schiffsbars – das waren drei Bars mehr als auf den gesamten Färöer – machte ich die Bekanntschaft eines englischen Filmemachers, der Pinnock hieß und am Fluß Ouse geboren war, nur wenige hundert Meter von der Stelle entfernt, an der sich Virginia Woolf ertränkt hatte. Als kleiner Junge hatte er Alpträume gehabt, in denen sie als Leiche klatschnaß aus dem Fluß stieg und seinen Eltern beim Nachmittagstee höflich Gesellschaft leistete. Er hatte sogar für die BBC einen Film über Virginia Woolf gedreht, um, wie er sagte, die Erinnerung an diese feuchte und aufgedunsene Gestalt loszuwerden.

Ich wollte Pinnock einen Whisky spendieren. Er lehnte ab mit der Begründung, er sei gerade erst aus Bhutan, dem Land des Feuerdrachens, zurückgekehrt, und sein Magen befinde sich noch in einem fürchterlichen Zustand. Amöben seien das Nationalgericht von Bhutan, meinte er. Um sich Erleichterung zu verschaffen, war er über die Grenze nach Nepal geeilt, und als ihn in Katmandu ein Kellner fragte: »Apfelkuchen oder Opium, Sir?«, hatte er den Fehler begangen, den Apfelkuchen zu nehmen. Die Äpfel, behauptete er, seien an knorrigen alten Mikrobenbäumen gewachsen, die in den Klostergärten eigens gezüchtet würden.

Da saßen wir nun, in den springlebendigen Gewässern des Nordens, und unterhielten uns über die von der Ruhr befallenen Gebiete des Erdballs. Ich berichtete von der unangenehmsten Zeit meines Lebens, als ich, von einer Krankheit heimgesucht, die die Schleusen an beiden Körperenden öffnete, auf einem Pferd durch die Anden ritt. Pinnock erzählte, er sei einmal bei einer Privataudienz des somalischen Präsidenten Mohammed Siad Barre gewesen, in deren Verlauf ihn plötzlich ein höchst peinliches Magenvirus überfallen habe. Ich parierte darauf mit einem recht unerquicklichen Erlebnis, das ich einmal in Mexiko im Anschluß an einen gemischten Salat hatte, und er erzählte mir, daß in Bhutan nicht Ratten, sondern gemischte Salate die Pest übertragen. Dann fragte er mich, was man auf den Färöer denn so aß, da er offenbar befürchtete, daß sich sein Erlebnis aus Bhutan wiederholen könnte. »Wal«, antwortete ich. »Wal, Wal und nochmals Wal. Sie nennen ihn *grind*. Das einzige Obst, das dort gedeiht.«

»Scheiße. Und ich hab meine Magenpumpe in Cheltenham gelassen.«

Pinnock war zu dem damals (1980) neu eingerichteten Fernsehsender auf die Färöer als Berater eingeladen worden. Vierzehn Tage lang war seine Sachkenntnis (»Alles, was die Somalis über Dokudramen wissen, hab ich denen beigebracht«) auf Gedeih und Verderb den färingischen Fernsehgewaltigen ausgeliefert. »Auf Gedeih und Verderb« war meine Formulierung, nicht seine. Als er sie mit einem Runzeln seiner fast augenbrauenlosen Stirn in Frage stellte, sagte ich ihm die Wahrheit: Das färingische Fernsehen stellt die Welt etwa so dar, wie Humpty Dumpty sie nach einem Besäufnis am St.-Olafs-Tag vielleicht dargestellt hätte.

Man nimmt seinen ganzen Mumm zusammen und schaltet die Röhre ein. Ein Nachrichtensprecher berichtet über das amerikanische U-Boot, dem mitgeteilt wurde, daß es in der Hauptstadt Tórshavn nicht anlegen darf. Die Fernsehkamera liefert einem eine Nahaufnahme vom linken Ohr des Sprechers. »*Já, já*«, sagt er, »was unter nuklearen Bedingungen einsetzbare amerikanische Seeüberwachungsflugzeuge betrifft, folgt das Lagting dem Beispiel von Neuseeland.« Jetzt bleibt die Kamera bei den Zwillingslöchern seiner Nase stehen, wo sie unbeabsichtigt lange verweilt, bevor sie zum Premierminister, dem Ehrenwerten Atli Dam, weiterschwenkt, welcher sagt: »Wir haben keine Angst vor einer möglichen Konfrontation mit Dänemark über dieses Thema. Wir wollen in den Auseinandersetzungen zwischen Ost und West nicht zum Faustpfand werden.« Die Kamera filmt ihn aus einem Winkel, den sich ansonsten nur der späte Orson Welles in einem extrem launigen Augenblick hätte ausdenken können. Von unten aufgenommen, sind des Ehrenwerten Mr. Dams Beine erheblich länger als sein restlicher Körper, und sein Kopf wirkt wie ein winziger Stecknadelkopf. Schwenk zu einer Schafherde. Der Nachrichtensprecher berichtet über eine Waljagd in Klakksvík. Eine Herde von einhundertzwölf Walen, sagt er. Die Kamera richtet sich auf ein wiederkäuendes Schafsgesicht. Inzwischen berichtet der Nachrichtensprecher über eine neue Fischfabrik in Fuglafjördur. Die Kamera präsentiert den Zuschauern eine Aufnahme von der neuen öffentlichen Bedürfnisanstalt auf der Insel Svínoy. Auf diese Toiletten kommt der Nachrichtensprecher just in dem Augenblick zu sprechen, als die Wetterkarte eingeblendet wird, auf der eine dicke Wolkendecke über allen achtzehn Inseln zu sehen ist.

»Klingt ausgesprochen surrealistisch«, meint Pinnock.

»Ist es auch. Und versuchen Sie um Gottes willen nicht, daran etwas zu ändern.«

Ich war schon früher zweimal auf den Färöer, die auf halbem Weg zwischen den Shetlandinseln und Island liegen, wo sie sich wie eine Armada verrutschter Schichttorten aus dem Meer erheben. Bei meinem ersten Besuch war ich gezwungen, in der Schule von Fugloy, der nördlichsten Insel des Archipels, zu übernachten, weil so dichter Nebel herrschte, daß ich die Stelle, an der ich mein Zelt aufgeschlagen hatte, nicht mehr finden konnte. Beim zweitenmal machte ich auf dem Weg nach Island dort Station und landete irgendwie bei einer silbernen Hochzeit in Klakksvík. Nun ist eine Party anläßlich einer Silberhochzeit auf den Färöer kaum weniger handfest als ein Treffen der Hell's Angels im fernen Kalifornien. An jenem Abend machte ich bei einem Kettentanz mit und stampfte zu den Balladen über berühmte mittelalterliche Persönlichkeiten wie etwa den norwegischen König Olaf Tryggvason, der so aufmerksam war, die heidnischen Bewohner der Färöer zu christianisieren. Wir stampften und stampften bis zu den ersten grauen Sprenkeln der Morgendämmerung – der Morgendämmerung *zwei Tage später*. Danach taten mir meine Füße mehr weh als nach einer Kletterpartie über das Geröll und den Porphyr der färingischen Klippen. Meine Zähne taten mir auch weh, denn bei all dem Getrampel hatte sich eine Füllung gelockert.

Auf Fugloy hatte ich den verräterischen Schrei *grind!* gehört – einen Schrei, der dazu angetan ist, den Adrenalinspiegel eines jeden Färingers ohne Rücksicht auf Alter, Geschlecht oder Gebrechlichkeit hochschnellen zu lassen. Die erste öffentliche Wahl auf den Färöer mußte 1850 verschoben werden, weil in dem Augenblick, als die ersten Stimmen abgegeben wurden, der Schrei *grind!* ertönte. Jemand hat mir von einem Chirurgen aus Tórshavn erzählt, der irgend jemanden *grind!* brüllen hörte und auf der Stelle zum Hafen hinunterraste, obwohl sein Patient mit aufgeschnittenem Bauch auf dem Operationstisch lag. (Jemand anders erzählte mir fast dieselbe Geschichte, nur rannte diesmal der Patient mit offenem Bauch zum Hafen hinunter.) Ich lief auch zum Hafen von Fugloy hinunter, aber es war falscher Alarm. Der *grind* entpuppte sich lediglich als ein paar Haie, die im Kanal zwischen Fugloy und Svínoy herumschwammen, und so erlebte ich keine *grindadráp* oder Waljagd mit. Eigentlich schade. Denn auf den Färöer eine *grindadráp* mitzuerleben ist so eindrucksvoll wie die Chinesische Mauer oder die Wachablösung vor dem Buckingham Palast, nur daß es sich um ein blutigeres Spektakel handelt.

Bei meinen früheren Besuchen auf den Färöer war ich einigermaßen überrascht über den dort herrschenden Wohlstand. Als Gemeinwesen mit einer Selbstverwaltung innerhalb des dänischen Hoheitsgebietes sind die Färöer vermutlich die einzige Kolonie in der ganzen leidvollen Kolonialgeschichte, der es besser geht als dem Mutterland. Die glücklichen Bewohner der Färöer haben beides: Von Dänemark erhalten sie finanzielle Unterstützung und von einem Verkäufermarkt jede Menge Kronen für ihren Fisch, den sie mit einer hochtechnisierten Trawlerflotte (die Köder werden computergesteuert zerstückelt) aus dem Meer baggern; dabei durchstreifen sie die Gewässer von den Inseln bis Spitzbergen, zur Westküste Grönlands und den kanadischen Atlantikprovinzen.

Dieser Wohlstand ist ziemlich jungen Datums. Vor weniger als zwei Generationen wurde hauptsächlich im Küstenbereich gefischt, so daß auf den Färöer ein so niedriger Lebensstandard herrschte, wie man ihn normalerweise nur mit sizilianischen oder albanischen Bauern assoziiert. Selbst heutzutage behandeln die Färinger die Auswüchse dieses Wohlstands mit einer gewissen unbekümmerten Gleichgültigkeit, so als seien alle Automobile, Elektrogeräte und technischen Apparaturen lediglich Spielzeuge, die sich leicht ersetzen lassen. Ein Färinger bringt es fertig, sich (trotz einer rasanten Einfuhrsteuer von hundert Prozent) einen neuen Mercedes zu kaufen und damit, egal ob eine Straße da ist oder nicht, auf seinem kahlen Tertiär-Hinterhof herumzukurven, als sei so ein Auto zum Viehtreiben gedacht und nicht Accessoire eines eleganten Lebensstils. Mit sechzig Meilen pro Stunde in einem Mercedes oder BMW über eine Endmoräne zu preschen ist offenbar das Ziel eines jeden jungen Mannes; das Gefährt auf einem Findling aufzuspießen das alternative Ziel. Ein solches Verhalten ist jedoch verständlich. Die ersten Straßen wurden auf den Inseln erst in den zwanziger Jahren angelegt; es dauert eben ein paar Jahre, bis man sich an sie gewöhnt.

Um sechs Uhr morgens lief die *Norröna* in Tórshavn ein, einer Stadt mit zwölftausend Einwohnern, die sich an die Basalthänge der Insel Streymoy klammert. Am Dock wartete eine Kollektion von Mercedes und BMWs, von denen einer mit Pinnock zum Kampf mit den Kobolden des färingischen Fernsehens davonflitzte. Kaum war ich an Land, da umarmte mich auch schon ein Betrunkener, dessen Atem mich, ähnlich wie Proust die Madeleines, an vergangene Zeiten erinnerte. Ich stellte fest, daß er das ortsübliche, mit Achseldeodorant versetzte Pils getrunken hatte, eine auf den Inseln nicht ungewöhnliche Getränkemischung, da der leicht alkoholische Beigeschmack der ersten Zutat der nahezu alkoholfreien zweiten etwas auf die Sprünge verhalf.

Der Mann war plump und unrasiert, und sein Gesicht sah aus wie ein toter Planet. Er umarmte mich abermals und nannte mich seinen Bruder. Ich hatte ihn noch nie im Leben gesehen.

Armer Kerl, dachte ich. Er hockt zwischen zwei Zuteilungszeiten fest. Hochprozentiges wird viermal im Jahr zugeteilt. Nur dann und auch nur gegen Vorlage eines Formulars, das besagt, daß der Betreffende sämtliche Steuern bezahlt hat, kann sich ein Färinger Schnaps kaufen, den er dann sofort verkonsumiert, wobei er nicht wie die Franzosen wohlerzogen daran nippt, während er über das Theater plaudert, sondern ihn wie die Russen in großen Zügen *verschlingt*. Die restliche Zeit über trinkt er alles, was ihm in die Finger kommt, Wasser eingeschlossen.

Der Gedanke der Rationierung stammt aus dem letzten Jahrhundert, als die Färinger eine irritierende Vorliebe dafür entwickelten, ihr Land – zugegeben schlechtes, saures und an Mineralien armes Land – gegen große Flaschen Weinbrand einzutauschen. Heutzutage sind die heftigsten Befürworter der Alkoholrationierung die enthaltsam eingestellten Plymouth Brethren und die sogar noch enthaltsamer eingestellten Lutheraner der Inneren Mission (ich fuhr einmal mit einem dieser besonders Enthaltsamen in einem Taxi, und am Ende der Fahrt meinte er dann: »O nein, das geht auf *Gottes* Rechnung…«), aber ich bin auch ein paar extrem gewissenhaften Atheisten begegnet, die diese Maßnahme ebenfalls unterstützen. Alle scheinen davor Angst zu haben, daß zu viele Skipper ihre Trawler gegen lauter Flaschen Haig & Haig oder Stolichnaya eintauschen könnten.

So ist es nicht überraschend, daß Tórshavn keinerlei Bars, Pubs, »Tränken«, Branntweinschänken, Schnapsbuden, Spelunken, Gasthäuser, »Neunzehnte Löcher« oder Wirtshäuser aufzuweisen hat, die anderen Städten dieser Größe eine gewisse derbe Anständigkeit verleihen. Nach sechs Uhr abends herrscht hier auch sonst keinerlei sichtbares Leben, es sei denn, man rechnet die Knabenchöre der Inneren Mission dazu, die den Passanten auf der Straße gelegentlich düstere Kirchenlieder vorsingen. Beim weltweiten Rennen um den Titel der langweiligsten Stadt würde ich Tórshavn direkt hinter Guaranda in Ecuador plazieren, wo die einzig mögliche Abendbeschäftigung darin besteht, zum Parque Montufar hinunterzugehen und den Wespen dabei zuzusehen, wie sie in ihr Nest in der Achselhöhle einer Statue – ich glaube, sie stellt die Freiheit dar – kriechen und wieder heraus.

Da ich nicht in der Stimmung für düstere Gesänge war, nahm ich das letzte Boot zu dem grünen Dromedarhöcker Nólsoy, jener kleinen Insel, dank deren Tórshavn ein Hafen ist, weil sie das Städtchen vor den Sturmwinden aus dem Osten abschirmt. Dort angekommen, machte ich mich auf den Weg zu einem alten Bekannten, Marner Poulsen, einem stämmigen, spaßigen Menschen, der sich seinen Lebensunterhalt mit dem Verkauf ausgestopfter Papageitaucher verdiente. Marner war einer von vielen Färingern, die nach dem berühmten Geburtshelfer Marner Simensen genannt worden waren, der sich auf Geburten spezialisiert hatte, bei denen Mutter *und* Kind am Leben blieben. In alten Zeiten schienen die Ärzte der Ansicht zu sein, daß es genügte, wenn man einen von beiden durchbrachte.

»Gab's hier in letzter Zeit irgendwelche *grindadráps?*« fragte ich Marner.

»*Nej, nej*. Sie haben den Hafen von Tórshavn für die Jagd dichtgemacht, weil sie nicht wollen, daß irgendwelche Besucher sehen, wie wir das Blut von Walen vergießen. Nach Tórshavn kommen jetzt jedes Jahr ein bis zwei Kreuzfahrtschiffe. Das wäre nicht gut.«

Na ja, ganz so schlimm wäre es auch wieder nicht. Schließlich erlegen die Färinger die Wale nicht wie die Japaner mit elektronischen Harpunen und verarbeiten sie dann auf Fabrikschiffen weiter. Sie jagen keine edlen Meeressäuger wie den Blauwal, den Grönlandwal oder diesen stets zu verliebten Possen aufgelegten Troubadour der Tiefe, den großen Buckelwal. Sie jagen ausschließlich den langflossigen Pilot- oder Grindwal *(Globicephala melaena)*, der nicht auf der von der Internationalen Walkommission veröffentlichten Liste gefährdeter Tierarten steht und in den Gewässern rings um die Färöer tatsächlich ebenso gesund lebt und so gut gedeiht wie die Rinder auf einer texanischen Ranch. Vielleicht noch gesünder: Zumindest hat er die Möglichkeit, überall herumzuschwimmen, wo es ihm Spaß macht, und das zu fressen, was ihm schmeckt, bevor die Menschheit den Schlußvorhang über ihn fallen läßt.

Marner und ich setzten uns zu einer aus *grind* (was sonst?) und *spik* (Speck), Walfleisch und Walfett bestehenden Mahlzeit nieder.

Marner berichtete, daß seit meinem letzten Besuch eine Menge Fremde hergekommen seien, um die Färinger über gesunde Ernährung aufzuklären. Sie führten die Gehirngröße des Wales an und meinten, Marner und seine Landsleute sollten sich auf weniger intelligente Kost umstellen. Ein Großteil dieser Leute gehörte diversen amerikanischen Organisationen zur Rettung der Wale an, für die Flipper der Inbegriff aller empfindungsfähigen Wesen war. Sie gaben jedem einzelnen Wal einen Namen und trugen T-Shirts aus einem Baumwoll-Polyester-Gemisch, auf denen stand: ICH LIEBE MEINEN WAL; ausgesprochen liebe Leute. Die Mitglieder der Environmental Investigation Agency (Agentur für Umweltnachforschungen) hingegen, einer Art FBI für Meeressäuger mit Hauptsitz in England, waren überhaupt nicht lieb. Bei einer *grindadráp* auf den Vestmannæyjar hatten sie kürzlich Gasflaschen eingesetzt, um die Wale aufs offene Meer hinauszutreiben. Und Paul Watson, der Kamikaze aus dem Film *Sea Shepherd,* war eine Klasse für sich. Er hatte vor kurzem den Versuch unternommen, sich mit seinem Boot zwischen die Jäger und die Wale zu zwängen; jetzt versuchte er, einen internationalen Boykott färingischer Fischprodukte anzuzetteln (McDonald zum Beispiel verwendet für seinen Fish Mac färingischen Fisch). Statt nachzugeben, waren die Färinger dazu übergegangen, ihre eigenen T-Shirts zu tragen, die mit folgender Anweisung bedruckt waren: VER FORØYINGUR – HVAL EN WATSON (Sei ein echter Färinger – erleg einen Watson). Es war jedoch unwahrscheinlich, daß sie Watson umbringen würden. Seit 1877 hatten sie nur zwei ihrer Mitmenschen umgebracht, und in dem einen Fall handelte es sich um einen Gnadenakt.

Viele dieser ungeladenen Gäste, erzählte Marner, waren äußerst stimmgewaltige Vegetarier. Das überraschte mich nicht im geringsten. Die Vegetarier haben sich angewöhnt, über sämtliche Grenzen hinweg für ihre Kost zu werben, als wäre die Welt überall ein einziger Lehmacker mit einer glatten Oberfläche wie in Ohio oder den englischen Midlands. Aber auf den Färöer sind weniger als sechs Prozent der Gesamtfläche bebaubar. Nachdem sie schon einmal von den Gletschern gerodet wurde, kann sie kein zweites Mal gerodet werden. Die meisten zarten Keime würden einfach ihren Geist aufgeben, statt den ewigen Kampf mit dem schlechten Wetter und dem noch schlechteren Boden aufzunehmen.

»Ich *hasse* Karotten«, sagte Marner und schüttelte die Faust.

Ich beobachtete ihn, wie er das Fleisch seiner wikingischen Vorfahren in den Mund schob, und fragte mich, welche Krankheiten seinen Verdauungstrakt wohl befallen würden, wenn er gezwungen wäre, seine Ernährung umzustellen. Mit seinem großen muskulösen Körperbau erinnerte er mich ein bißchen an einen riesigen Pandabären, und dabei fiel mir das traurige Schicksal des Panda ein. Obwohl er von Fleischfressern abstammt und einen auf Fleisch abgestimmten Verdauungsapparat besitzt, ernährt sich der arme Pandabär nur von Bambusblättern – mit dem Ergebnis, daß er ein risikoreiches Leben führt, weil er versuchen muß, eine ausreichende Menge solcher Blätter zu erwischen, um damit die Unfähigkeit seines Körpers wettzumachen, ihnen Nährstoffe zu entziehen. Ich würde Marner und seine Landsleute höchst ungern in derselben kulinarischen Klemme oder, wie den Panda, vom Aussterben bedroht sehen.

»Würdet ihr die *grindadráp* aufrechterhalten, wenn McDonald oder Long John Silver aufhören würden, euren Fisch zu kaufen?« wollte ich wissen.

»Aber sicher.«

»Aber das wäre eine Katastrophe, eine Rückkehr ins finsterste Mittelalter.«

»Du vergißt, mein Freund, daß wir sehr lange Zeit im finsteren Mittelalter verbracht haben. Irgend etwas muß uns daran interessant vorgekommen sein.«

Auf Marners Rat hin nahm ich die Busfähre in Richtung Westen auf die Insel Vágar und kletterte dann nach Gásadalur hinauf, einen winzigen Flecken auf der Landkarte (fünfundzwanzig Einwohner), das letzte Dorf ohne Straße auf den Färöer. Sogar das kleine Fugloy besitzt eine Straße, die es ein paar Jahre nach einem meiner früheren Besuche bekam; ein Inselbewohner ging hin und kaufte sich ein Auto, was das eifrige Baureferat dazu bewog, ein Stück nahezu senkrechten Abhang zu roden, damit das Auto dort weiden konnte. Im letzten Jahrzehnt sprengte man durch bis dahin unberührte Berge schnittige neue Tunnel zu jedem noch so entlegenen kleinen Dorf, in der Vorstellung, die alten traditionellen Orte lebendig und in Schwung zu halten. Aber die Straße nach innen wird stets auch zu einer Straße nach draußen, und inzwischen siedeln sich, angespornt durch »Pfefferminzbonbons«, wie es in einer alten Ballade heißt, offenbar fast alle Leute wieder in Tórshavn an.

Erst senkte sich Nebel herab – dem auf den Färöer alles, von Inzest bis zu Verkehrsunfällen, in die Schuhe geschoben wird – und verhinderte, daß ich meinen Weg fand, dann lichtete sich der Nebel, und ich stellte fest, daß es gar keinen Weg nach Gásadalur gab, sondern nur hie und da einen abgebröckelten Steinhaufen als Wegmarkierung. Auf allen vieren kletterte ich eine Reihe steiler, steiniger Felsplatten, *hamrar* genannt, hinauf, die von irgendeinem geologischen Schweiß feucht waren. Lose Steine und zermalmter Basalt knirschten unter meinen Füßen wie zerbrochenes Glas. Einmal krabbelte ich in die falsche Richtung weiter und wäre um ein Haar etwa dreihundert Meter tief in ein kahles, hübsches Bergtal gestürzt. Ein andermal schaltete ich in eine Dreipunkt-Hocke zurück und kroch, ohne mit der Wimper zu zucken – und ohne zu schauen –, in einen eiskalten Bergsee, der schwarz war wie ein Wolfsrachen. Daß jeder, der nach Gásadalur wollte, dieselbe alpine Route nehmen mußte, tröstete mich nicht im mindesten.

Nachdem ich oben angekommen war und mich wieder an den Abstieg machte, fiel ich tatsächlich hin – zum Glück landete ich auf meinem Rucksack wie auf einem Kissen. Aus dem Nichts tauchte ein braungraues Schaf auf und betrachtete mich mit derselben Herablassung wie die Schafe auf Foula; ohne Zweifel dachte es, daß ich, wenn ich die üblichen vier Beine anstelle der ziemlich nutzlosen zwei mitbekommen hätte, den Weg durch die Senken und Mulden des Lebens leichter geschafft hätte. Selbst während es mich betrachtete, mampfte es die ganze Zeit ununterbrochen Gras; in diesen Höhenlagen gibt es so wenig zu fressen, daß ein Schaf, das zu essen aufhört, eingehen würde. Die verzehrte Menge muß mindestens der Energie entsprechen, die für die Nahrungsaufnahme aufgewendet wird, was zur Folge hat, daß die Schafe eine unermüdliche Kaumuskulatur und eine Zunge mit der Kraft eines Bizeps haben.

Endlich kam ich unten an und erreichte Gásadalur, eine Handvoll dichtgedrängter Steinhäuser und Nebengebäude, die auf drei Seiten in die Höhlung eines tiefen Tals eingebettet waren und auf der vierten zu schweben schienen, als wollten sie jeden Augenblick in den Mykinesfjördur plumpsen. Kurz nachdem ich mich selbst neben dem Schulhaus, das derzeit für einen einzigen Schüler diente, niederplumpsen ließ, war ich von den Bewohnern von Gásadalur umringt; sie benahmen sich, als hätten sie seit zehn Jahren mit keinem Fremden mehr gesprochen. Vielleicht traf das ja auch zu.

»Bist du Amerikaner?« fragte eine alte Frau. »*Já, já,* ich war mal vier Tage in Liverpool, und da hat's mir ausgezeichnet gefallen...«

Ihr Mann meinte: »Auf den Spuren der Wikinger? *Já, já.* Es gab mal einen Wikinger, der hieß Grim Kamban und lebte hier in diesem Tal. Er war berühmt dafür, daß er sich ein Schaf schnappte, ihm die Kehle aufschlitzte, das Blut direkt daraus trank und ihm dabei die Rippen mit den Knien zusammenpreßte, um auch noch den letzten Tropfen zu erwischen. Ein feiner, höflicher Mensch war das, und er war mein Vetter.«

Der Sohn der beiden krabbelte unter einem querschnittsgelähmten Traktor hervor und sagte: »Ich lese euren Zane Grey in der dänischen Übersetzung. Als nächstes fange ich mit dem *Hite Report* an. Aus Amerika kommt ja soviel Literatur.«

»Grim Kamban hatte sein Haus neben Heinanøy«, sagte die alte

Frau. »Er hatte ein gutes Auge und ein schlechtes Auge, und seine Frau hieß Tove.«

»*Nej,* Frau«, rief ihr Mann dazwischen und zeigte nach Osten. »Grim wohnte *da drüben,* und seine Frau hieß Ingrid.«

Der Sohn sagte: »Grim Kamban war überhaupt nie verheiratet. Das ist alles, was ich von ihm weiß. Übrigens, meinen Sie, ich sollte den neuen Harold Robbins lesen?«

Dann wieder der Mann: »Grim war ein Zauberer; er konnte gutes Wetter machen, und er konnte schlechtes Wetter machen. Keiner, der nach ihm gelebt hat, konnte überhaupt irgendein Wetter machen.«

Darauf der Sohn: »Wußten Sie, daß eine halbe Tasse Sperma genügen würde, um alle Frauen auf der Welt schwanger zu machen? Das hab ich in einem Buch gelesen.«

Einige Zeit später ging ich zu den Klippen, setzte mich nieder und verzehrte etwas Löffelkraut *(Cochlearia officinalis)*, eine von der Salzluft arg mitgenommene Pflanze, von der ein einziges Blatt angeblich soviel Vitamin C enthält wie eine ganze Orange. Da bemerkte ich einen Mann mit einem Vogelnetz, der unter mir in einer Art Hinterhalt hockte. Er hatte ein paar tote Eissturmvögel als Blickfang für die lebenden aufgehängt, die um diese Lockvögel herumschwebten, als seien sie neidisch auf deren phantastischen neuen Nistplatz (bei dem es sich natürlich um eine tödliche Falle handelte). Mit einem blitzschnellen Ruck schnappte sich der Mann zwei Vögel gleichzeitig; den einen erwischte er am Flügel, den anderen knallte er auf den Boden, wo er wie eine übergewichtige, betrunkene Witwe herumtorkelte. Der Eissturmvogel – ein recht primitiver Vogel, der weder schwimmen noch tauchen kann – ist kaum in der Lage, auf dem Boden zu laufen, was er in der Luft eindrucksvoll dadurch ausgleicht, daß er sich selbst gegen die grimmigsten Sturmwinde behauptet. Der Mann nahm den zappelnden Vogel, drehte ihm flink den Hals um und hängte ihn dann zu den anderen. Auf dem Markt in Tórshavn würde ihm jeder fünfzehn Kronen einbringen. Die Färinger haben eine große Vorliebe für Eissturmvögel – ich weiß nicht so recht, warum, denn das Fleisch dieses außerordentlich fetten Vogels schmeckt wie ein in Kerosin eingetauchter alter Autoreifen.

Als mich der Mann erblickte, stand er auf und bot mir aus einer Thermoskanne Kaffee an, der zehnmal stärker war als der Java in Fernfahrerkneipen. Dann begann er mir von seinen vierzehn Verwandten in Minnesota zu erzählen, seinem Neffen in Kopenhagen, der ein Computeras war, und seinem geistig zurückgebliebenen Stiefsohn im Irrenhaus von Tórshavn. Er erzählte mir auch von Rasmus, einem Cousin zweiten Grades, der einst auf Tindholmur gelebt hatte, einer kleinen Felsinsel in der Nähe, deren bergiges Rückgrat von einem Stegosaurus hätte stammen können. Eines Tages stieß ein Seeadler herab und trug Rasmus' zweijährigen Sohn auf die höchste Spitze der Felsinsel. Rasmus und seine Frau schafften es trotz des beißenden Wintersturms, irgendwie hinaufzugelangen, doch als sie den Gipfel erreichten, war ihr kleiner Junge bereits erfroren. Sie waren völlig verzweifelt, und so landeten auch sie in Tórshavn. Heutzutage hauste auf Tindholmur nur noch eine Familie verschrobener und äußerst ungeselliger Trolle.

»Trolle? Glauben Sie an Trolle?«

»*Nej*, aber sie leben trotzdem dort.«

Ich wanderte weiter, bis es Abend wurde. Der Nebel kehrte zurück – ein wirbelnder, in Fetzen wie feine Gaze durch den Sonnenuntergang fliegender Nebel. Vier Meilen von Gásadalur entfernt stellte ich mein Zelt im Glazialschutt am Fuß des Berges Eysturtindur auf, ein unglaublich friedliches Fleckchen Erde, so still und ruhig, daß der einzige Lärm weit und breit das Brüllen meines Campingkochers war, dessen verdampfender Brennstoff sich wie ein durchstartender Jet anhörte.

13. Juni. Zwei Tage später halte ich mich noch immer am selben Ort auf, einem zweifellos reizlosen Ort, aber das ist nur eine seiner Tugenden; die andere besteht in seiner hübschen, aufrichtigen Gleichförmigkeit. Sämtliche Berge ringsum haben die gleichen von der Eiszeit abgeschrägten Gipfel, die gleichen Wasserfälle und genau die gleiche wie Elefantenhaut aussehende, erodierte Oberfläche. Die einzigen Lebewesen hier sind zwei Raben, die mich immer wieder besuchen, für den Fall, daß ich gestorben sein sollte und sie sich an meinen leckeren Augen gütlich tun könnten. (Raben haben ein erstaunliches Sehvermögen, angeblich wegen ihrer Vorliebe für Augen). Die einzige Flora, die diese Bezeichnung verdient, ist ein einsames, womöglich schon hundert Jahre altes Polster aus Stengellosem Leimkraut. Abgesehen davon gibt es hier kein weiches Fleckchen zum Abweiden, nicht einmal eine versprengte Faser. Keine Bäume, keine Büsche, keine Sträucher, keine Ranken, kein Fingergras und keine duftenden Blumen. Gestern kletterte ich die mit Gesteinsschlacke bedeckte Flanke des Eysturtindur hinauf und warf eine Angelleine in den Fjallavatn: auch keine Fische.

Ich befinde mich in einem Land, das so tot ist wie ein totgeborenes Kind. Mit jeder Sekunde scheint es weiter zu verkümmern: Vom Artindur hängt ein Wasserfall wie ein schmaler Spitzenschal herunter, sein dunstiger Sprühnebel wirkt erstarrt wie auf einem Gemälde. Eigentlich sollte ich so etwas wie Verlassenheit empfinden, aber das tue ich nicht. Statt dessen bin ich von einer Art neolithischer Liebe erfüllt, die die vertrauten Gegenstände in kräftigeren Farben oder vielmehr kräftigeren Nichtfarben erscheinen läßt und meinem Denken eine neue, gewitztere Schärfe verleiht. Mir kommt der Gedanke, daß ich hier eine nicht weiter reduzierbare Landschaft vor mir habe, in der sich nicht die Vielfalt – die oberflächliche Dienstmagd der Tropen –, sondern deren Fehlen in äußerster Schlichtheit darbietet. Gut möglich, daß unser Planet einst so ausgesehen hat, als seine Kruste in die jetzige Form gepreßt wurde. Es kommt mir vor, als würde ich den ersten Moränenschutt erblicken, den ersten Berghang, den ersten Wasserfall, die erste aufkeimende Gewißheit, die ersten Flechten überhaupt. Von einem Stück porphyrhaltigen Felsen kratze ich ein paar Fasern dieser Flechten ab – dürre, glanzlose Landkartenflechten – und betrachte sie voller Bewunderung. Es fällt einem schwer, keine Bewunderung für ein Gebilde aufzubringen, das nicht mehr als ein paar nahrhafte Staubteilchen, ein oder zwei Tropfen Wasser und ein paar verirrte Sonnenstrahlen braucht, um fünfzehn oder zwanzig Jahre lang absolut glücklich und zufrieden zu sein.

Ich habe ein bißchen Epiktet gelesen und das Kondenswasser in meinem Zelt mit dem Schwamm aufgesogen. Heute morgen wühlte ich in einem Steinhaufen herum, der wie von Menschenhand gemacht aussah, da ich mir irgendwie einbildete, es handelte sich vielleicht um etwas Archäologisches, was der längst verstorbene Grim Kamban zusammengeschustert haben könnte. Doch außer der toten Hülle eines Eissturmvogels und einem Regenwurm fand ich nichts. *Ein Regenwurm!* Irgendwie hätte ich mir nie vorstellen können, daß es auf den Färöer einen Regenwurm gibt...

Nachdem ich Gásadalur verlassen hatte, nahm ich das Postschiff *Solan* von Vágar auf die Insel Mykines, die zehn Meilen weiter draußen im Meer liegt. Die Gezeitenströme machen das Navigieren im Bereich der Färöer schwierig und nirgends schwieriger als zwischen Vágar und Mykines, wo die Strömung zwischen sieben und acht Knoten erreicht und der Wind normalerweise in die Gegenrichtung bläst. An schönen Sommertagen ist es manchmal unmöglich, die Insel anzusteuern, selbst wenn nur eine leichte südliche Brise weht. Die Bewohner von Mykines haben dafür eine griffige und hübsche Erklärung parat: Das Meer ist ungewöhnlich reizbar und schüttelt sich vor Aufregung, sobald ein Schiff darübergleitet.

Ob diese weit hinausgeworfene, westlichste Insel des Archipels jemals eine Zufluchtsstätte der Wikinger war, ist wie der Großteil der färingischen Frühgeschichte nach wie vor ein Rätsel. Den ersten Siedlern lag daran, sich zu verstecken oder Anspruch auf ein Fleckchen unantastbaren Lebensraum zu erheben, und deshalb waren sie keineswegs darauf versessen, über ihre Aufenthaltsorte Buch zu führen. Es gibt ein paar alte Geschichten, die jedoch nicht von Wikingern, sondern von irischen Mönchen handeln. Das paßt ins Bild; die irischen Mönche des Mittelalters errichteten ihre steinernen Bienenkörbe mit Vorliebe auf hartnäckigem Fels und suchten sich für ihre gottesfürchtigen Andachtsübungen die entlegensten und gottverlassensten Inselchen wie etwa die Skelligs aus. Und wirklich ähnelt der Gründungsmythos von Mykines durchaus den Gründungsmythen so mancher irischer Inseln, vor allem dem von Inishbofin, wo ich einmal einen ganzen Winter bei Windstärke 9 festsaß. Inishbofin (so behauptet die Legende) war eine verzauberte Insel, die knapp über dem Meer schwebte, bis ein Fischer eine Pfeife voll glühender Asche auf ihre Küste kippte und damit den Zauber brach. Auch Mykines war einst eine schwebende Insel, aber ein ziemlich kurzsichtiger Fischer hielt sie irrtümlicherweise für einen Wal und schleuderte einen Klumpen dampfenden Ochsendung darauf. Die Insel verlor ihren Zauber und bekam dafür ihren jetzigen Namen, der »Ochsendung-Vorgebirge« bedeutet.

Bei meinem ersten Besuch auf den Färöer verbrachte ich zwei Tage auf Mykines und gelangte zu der Erkenntnis, daß das Leben auf der Insel unmöglich weiterbestehen konnte. Es war dieselbe alte Geschichte wie überall: Die älteren Leute starben weg, und die jungen zogen nach Tórshavn und kamen nur noch im Urlaub zurück. Die Schule hatte nicht einmal einen Schüler vorzuweisen wie die von Gásadalur; ich erinnere mich noch, daß ich durch ein Fenster hineinschaute und auf dem Lehrerpult einen unglaublich einsamen, ausgestopften Papageitaucher stehen sah. Im Jahr 1970 wurden durch die Automatisierung des Leuchtturms die letzten offiziellen Arbeitsplätze abgeschafft, so daß nur noch das Schafehüten übrigblieb, eine etwas beschränkte Arbeit, die sich offensichtlich keiner so großen Beliebtheit erfreute wie das Boogietanzen in der Kreml-Disco in Tórshavn.

Bei meinem letzten Besuch hier hatte ich einen verhutzelten Mann um die Sechzig namens Oskar kennengelernt, dessen Rücken fast wie ein U-Häkchen gekrümmt war, weil er Tag für Tag hundert, manchmal auch zweihundert Papageitaucher von den Vogelklippen ins Dorf hinunterschleppte. Auf Mykines mußte man einen krummen Rücken haben, erklärte er mir, sonst war man kein richtiger Mann. Ich fragte ihn, ob die Insel seiner Meinung nach irgendeine

Zukunft habe. Er rauchte seine Zigarette zu Ende und trat sie mit dem Absatz aus. »Hat diese Zigarette irgendeine Zukunft?« sagte er, wobei seine Worte von Husten unterbrochen wurden.

Als ich nun wieder nach Mykines kam, suchte ich als allererstes Oskars rotes Wellblechhaus am Dorfrand auf. Von seiner Schwiegertochter, die zusammen mit ihrem Mann den Sommer über hier wohnte, erfuhr ich, daß Oskar vor fast fünf Jahren gestorben war. Lungenkrebs, nahm ich an. Ich irrte mich. Er war die Stufen am Pier hinaufgeklettert, auf Tang ausgerutscht und rückwärts wieder hinuntergefallen und hatte sich dabei die Hälfte aller Knochen im Leib gebrochen. Es war schon eine Ironie, daß ein Mann, der sein ganzes Leben lang auf halsbrecherischen Vogelklippen herumgeklettert war, ausgerechnet von ein paar Betonstufen erledigt wurde. Aber schließlich hatte ich einmal bei einem Vortrag von Sir Edmund Hillary auch miterlebt, wie der berühmte Himalaja-Bergsteiger stolperte und hinfiel, als er die vier Stufen zum Rednerpult hinaufstieg. Offenbar waren diese häuslichen Stufen für ihn ungleich tückischer als die Schnee- und Eiswächten auf dem Gipfelkamm des Mount Everest.

Nachdem ich einen Tag auf Mykines verbracht hatte, änderte ich meine Ansicht darüber, daß das Leben dort nicht weiterging. Eine gewisse Sorte Leben ging tatsächlich weiter, pulsierte mit einer ganz vernünftigen Frequenz, doch bestand dieses Leben zumeist aus Besuchern, wie ich einer war. Davon gab es vielleicht ein Dutzend; ein Drittel der Inselbevölkerung. Unser Stamm konnte sich nur vergrößern, während der Stamm der Einwohner dahinschwand – ein paar fielen irgendwelche Treppen hinunter, die meisten wanderten einfach ab –, bis es nur noch, eine traurige Feststellung, umherziehende Leute wie uns hier geben würde. Wir waren die Zukunft aller Orte, die durch ihre Abgeschiedenheit zu einem schleichenden, fotogenen Tod verurteilt waren.

Wir waren fast alle an den Rändern des Erdballs gewesen und hatten von dort Geschichten mitgebracht, die wir am Lagerfeuer zum besten gaben. Da war der Deutsche, den vor Tierra del Fuego ein See-Elefant in den Oberschenkel gebissen hatte und der seine Hose herunterzog, um uns stolz die große rosige Narbe zu zeigen. Da war der Schwede, der behauptete, er habe durch seine Aufenthalte bei den luchsohrigen Lappen im hohen Norden seiner Heimat gelernt, die Aurora borealis zu hören (»Ein leises raschelndes Geräusch«). Da war der Däne, der recht kenntnisreich über die afrikanische Methode berichtete, Entfernungen anhand der Anzahl der auf einer Reise gerauchten Zigaretten auszurechnen. Und dann war da noch ein zweiter Däne, der von seinen Reisen ins kriegsgebeutelte Afghanistan einen kurzen, gebogenen Gurkha-Dolch mitgebracht hatte. Damit, so behauptete er, konnte man einem Mann die Kehle so sauber durchtrennen, daß das Opfer glaubte, das Messer hätte es verfehlt – bis es lächelte. Ich borgte mir das Messer aus und schnitt damit mein *skerpikjøt* (windgetrocknetes färingisches Lamm), das doppelt so zäh ist wie kanadischer Pemmikan oder südafrikanisches Biltongue. Für Kehlen kann ich mich nicht verbürgen, aber mit dem *skerpikjøt* wurde das Messer ziemlich gut fertig.

Am zweiten Tag wanderte ich mit einem schwedischen Mädchen namens Gretta (sie hatte einen besonders hübschen Hintern) rund um die Insel. Sie hatte eine herzliche und ausgelassene Art, die darauf schließen ließ, daß sie anderswo auf der Welt einfach ihre Kleider abwerfen und nackt durch die Wälder tollen würde. Aber auf Mykines gab es keine Wälder (auch keine Bäume), und so hatte sie keinen anderen Wunsch, als ganz verzückt die Seevögel anzustarren. Und sie starrte sie wirklich an. Alle beide starrten wir. Wir beobachteten eine Schar Papageitaucher, die wie Lichtstreifen von Leuchtspurgeschossen aus ihren Höhlen spritzten. Nach der Landung ließen sie ihre Körper schnalzen und zucken wie Kabuki-Schauspieler. Ein Papageitaucher vollführte mit seinem Kopf eine fast vollständige 360-Grad-Drehung, so daß ich an den Papageitaucher denken mußte, den ich auf Mingulay getötet hatte und der sich ganz lässig umdrehte, um mir zuzusehen, wie ich ihn erdrosselte. Irgendwann schaute mir Gretta tief in die Augen und fragte: »Gibt es bei euch eigentlich auch Papageitaucher?«

»Nur eine Handvoll, in Maine.«

»Zu schade. Dann fahre ich nie nach Amerika.«

Wir tasteten uns einen schmalen, aus der Felswand gehauenen Steig hinunter, überquerten auf einer hoppelnden Brücke einen Abgrund und gelangten so nach Mykinesholmur, eine kleine Insel, die durch eine etwa sieben Meter breite Meerenge von Mykines getrennt ist. Als wir an einem einsamen, mit Gras bewachsenen Feld vorbeikamen, begannen plötzlich zwei Austernfischer hysterisch zu kreischen und uns wie über einen Gotteslästerer empörte Sonntagsschullehrer zu beschimpfen. Der Austernfischer ist wirklich eine derartige Nervensäge, daß die Färinger ihn in dem vergeblichen Bestreben, ihn damit zum Schweigen zu bringen, zu ihrem Wappenvogel erklärt haben.

Schließlich gelangten wir zu der riesigen Tölpelkolonie, die Mykinesholmurs *pièce de résistance* darstellte. Hunderte dieser großen schwanenähnlichen Vögel kreisten wie Schneeflocken in einem Schneesturm um uns herum, flogen über unseren Köpfen geradewegs nach Norden und dann wieder nach Süden, um den Kreis zu vollenden. Etwa alle zwanzig Sekunden scherte einer aus und segelte näher heran, um uns mit seinen kalten, orangefarbenen Augen zu betrachten. Da er uns offenbar uninteressant fand, flog er weg und schloß sich wieder dem restlichen Schneesturm an. Unter uns befand sich das Tölpelpendant zum Hongkonger Stadtteil Mong Kok – Tausende nistender Vogelpaare, in einem erstickend engen städtischen Ghetto zusammengepfercht, die sich heiser klappernd wie Mähdrescher abwechselnd miteinander unterhielten oder zankten. Jedes Pärchen hatte seinen eigenen aus Gras und Tang aufgetürmten Hügel, der dafür sorgte, daß die Küken in sicherer Entfernung über der anschwellenden Guanoflut blieben, deren kräftiger, durchdringender Geruch, vermischt mit dem Gestank von verdorbenen Fischen und toten Vögeln, zu uns hochwehte und uns beinahe aus den Latschen warf.

Jeder, der an die unendliche Anmut von Vögeln glaubt, hat vermutlich nie zugesehen, wie ein Tölpel versucht, auf seinem Nest zu landen. Er kommt so graziös wie ein herabfallender Felsbrocken vom Himmel herunter, bremst mit gespreizten Flügeln und Krallen und hat dabei, davon bin ich fest überzeugt, die Augen fest geschlossen. Normalerweise schießt er wie ein Flugzeug, das zuviel Geschwindigkeit hat, über sein Nest hinaus und landet auf dem Hügel eines Nachbarn, worauf er einen Hagel wütender Schnabelhiebe und erzürnter Schreie über sich ergehen lassen muß, bis es ihm gelingt, auf seinen eigenen Hügel zurückzutorkeln – nein, warten Sie, nicht seinen eigenen, sondern den eines anderen erbosten Nachbarn, so daß sich dasselbe Gezeter wiederholt.

Während Gretta die Tölpel fotografierte, ging ich weiter und stieß auf einen Inselbewohner, der mit einer Sichel Heu mähte und aussah, als würde er lieber plaudern als arbeiten. Der Mann war hager und stämmig zugleich, gewissermaßen eine Kreuzung zwischen Hans Christian Andersen und Jackie Gleason. Er spuckte einen Batzen Schleim aus und erzählte mir folgende Geschichte:

Es war einmal ein Riese namens Torur, dem Gásadalur gehörte. Torur wollte auch Mykines in seinen Besitz bringen, also sprang er mit einem einzigen Satz hinüber. Ein Inselbewohner namens Olí sah ihn kommen und zog sein Messer, um Mykinesholmur von Mykines abzutrennen. Doch ein Kerl, der von Vágar herüberhüpfen konnte, der konnte auch leicht über diesen Abgrund springen, was Torur mit den Worten tat: »Gib mir Mykines!« Olí gab ihm nur seine Faust zu spüren. Und dann kämpften die zwei tagelang miteinander, vielleicht sogar monatelang, bis Olí wieder zu seinem Messer griff und dem Riesen ein Auge ausstach. Da bat Torur ihn um Gnade und versprach der Insel Mykines drei kostbare Geschenke, wenn sein Leben verschont würde; doch da alle derartigen Versprechen einen Haken haben, fügte er hinzu, daß niemand über diese Geschenke lachen dürfe, sonst würden sie wieder weggenommen. So kam es, daß im nächsten Frühjahr ein großer Wal an Land gespült wurde; aber da dieser Wal nur ein Auge hatte, genau wie der gedemütigte Riese, lachten alle herzhaft über ihn. Seit dieser Zeit trieben keine Wale mehr an den Strand von Mykines. Als nächstes wurde ein gewaltiges Stück Treibholz an Land geschwemmt, doch da dieses Treibholz das Gesicht eines berühmten färingischen Politikers zu haben schien, machten sich auch darüber alle lustig. Heutzutage ist es unmöglich, auf Mykines auch nur einen Treibholzsplitter zu finden. Aber dann kam eine Schar Tölpel auf die Insel und flößte den Menschen solche Ehrfurcht ein, daß ihnen das Lachen verging. Wenig später trugen alle Mädchen auf Mykines weiße Kleider und tanzten auf den Klippen. Und von da an zogen sie jedes Frühjahr weiße Kleider an und tanzten, um die Rückkehr der Tölpel vom Meer zu feiern.

»Haben Sie das jemals miterlebt?« fragte ich ihn.

»Oft. Es war der lieblichste Anblick, den man sich vorstellen kann. Aber jetzt gibt es keine Mädchen mehr auf der Insel.« Er schluckte diese Worte wie einen hastigen Schluck Whisky hinunter und wandte sich dann wieder seiner Arbeit zu.

Zufällig war dieser redselige Heuschneider der Laienprediger von Mykines. Als ich ihn später im Dorf sah, lud er mich in seine Kirche ein. Nun ist es um meine Religiosität bestenfalls etwas zweifelhaft bestellt, da ich dazu neige, an all die alten Schreckgespenster und abergläubischen Bräuche zu glauben, die die Missionare vermeintlich abgeschafft haben. Doch ich dachte mir, daß ein Mensch, der mit solchem Sachverstand über einäugige Riesen und tanzende Mädchen reden konnte, eigentlich imstande sein müßte, eine recht ordentliche Predigt zu halten. Also kreuzte ich am Sonntagmorgen, wie es sich gehört, in der Kirche auf, die etwa die Größe eines Kleiderschranks hatte. Ich war der einzige; der Prediger und ich warteten eine halbe Stunde, doch die restliche Inselbevölkerung schien noch zu schlafen oder draußen beim Fischen zu sein, so daß ich gezwungen war, die Rolle der Gemeinde zu übernehmen. Der Prediger las mir aus der Heiligen Schrift vor, verlor jedoch immer wieder den Faden, verhaspelte sich und ließ im entscheidenden Augenblick jedesmal seine Brille fallen. Dann quälten wir uns durch ein paar Lieder, er auf färingisch, ich auf isländisch (mit dieser verwandten Sprache kann ich mich auf den Färöer verständigen), während wir beide sehnsüchtig aus dem Fenster blickten. Etwa in der Mitte des Gottesdienstes wurde mir klar, daß der lutherische Glaube es nur richtigen Kirchenmännern gestattete, Predigten zu halten. Und so wurde ich um eine moralische Lektion über die Bedeutung tanzender Mädchen in Gottes Weltplänen betrogen. Ich war etwas enttäuscht, mochte jedoch den Kanzelstil des Mannes, der mich an einen Fuß erinnerte, der hartnäckig im falschen Schuh steckenblieb. Er beendete die Zeremonie mit einem Lied, das er mit einer plötzlich angeregten Falsettstimme sang, die ich wohl oder übel einem Kater zuschreiben mußte. Anschließend ging ich schweigend durch den Mittelgang zur hinteren Tür, wobei ich einmal kurz stehenblieb, um mir zwei Kerzenleuchter aus Basalt anzusehen – ein sehr viel angemesseneres Material für Mykines als Messing.

An diesem Abend fuhr ich in der zufriedenen Gewißheit, daß zumindest das geistliche Leben auf der Insel in einigermaßen guten Händen war, zurück nach Vágar.

Ein oder zwei Tage später wanderte ich nördlich des Flughafens von Vágar herum, als mir auffiel, daß auf der Straße ziemlich viel Betrieb war. BMWs und Mercedes schossen an mir vorbei, aus deren Fenster große häßliche Greifhaken ragten, die man *soknaronguls* nannte. Derartige Waffen konnten nur eine *grindadráp* bedeuten. Ich fuhr per Anhalter mit einem Mann und seinem *soknarongul* nach Midvagur, wo sich bereits eine große Menschenmenge am Strand versammelt hatte, darunter sämtliche Bewohner des dortigen Altersheims, einige in Rollstühlen, andere von Krankenschwestern gestützt, wieder andere kaum ihrer Sinne mächtig.

Das war ein extremer Glücksfall. Midvagur ist vermutlich die beste Walbucht auf den Färöer; und wenn nicht die beste, so sicherlich die freundlichste, denn ihre sanften Sandbänke gestatten es den Walen, selbst auf den Strand aufzulaufen. Vor einem Felsvorsprung wie Tindholmur müßte man sie nach einer langwierigen Jagd von den Booten aus töten, ein Verfahren, das die Färinger ebensowenig schätzen wie die Wale. Denn bei einer Jagd steigert sich die Angst in der Walherde fast zu einem Fieber, und wie die meisten Jäger sind auch die Färinger der Ansicht, daß der durch Angst verursachte Adrenalinstoß das Fleisch ihrer Beute zäh werden läßt.

Als ich auf das schiefergraue Meer hinausblickte, konnte ich nichts anderes erkennen als Nebelschwaden um Nebelschwaden, die sich wie dickmaschige Drahtrollen in Kaskaden heranwälzten. Ich hörte das Summen der Motoren und der Echolote, die man angeschaltet hatte, um die Wale auf die Küste zuzutreiben. Plötzlich hob sich der Nebel für einen Augenblick, und man sah die Boote und dann die Wale, die das Wasser zu kleinen Kakadukämmen aufwarfen. Die Boote bildeten einen dichten Ring um sie und trieben sie auf uns zu. Der *grindaformenn* leitete die Aktion über Megaphon, wobei er etwas rief, das – er war noch ein ziemliches Stück weit weg – verdächtig nach *»Have a good day! Have a good day!«* (Viel Spaß!) klang. Später fand ich heraus, daß er in Wirklichkeit eine Art Harpune haben wollte, die *hvalvákn* hieß.

Es war wirklich eine unheimliche Szene – die plötzlich wie Gespenster auftauchenden Boote und die schwarzen, peitschenden Schwanzflossen, die dann wieder vom Nebel verschluckt wurden, während sie sich näher und immer näher auf den Strand zubewegten. Schließlich stieß der Anführer seinen *hvalvákn* in das Leittier, und eine scharlachrote Blutfontäne schoß mehr als einen halben Meter hoch in die Luft. Das schrille Quietschen des verwundeten Wals, das sich fast wie bei einem Schwein anhörte, wurde von ein paar anderen Walen aufgenommen, die als gute Kameraden den Schmerz und die Verwirrung ihres Anführers nachfühlten. Dieser erste Stoß war entscheidend –, da die meisten Wale und ganz besonders die langflossigen Pilotwale offenbar nicht mehr davonschwimmen, sobald das erste Blut vergossen worden ist. Sie schwimmen kurz weg, kehren jedoch stets mit selbstmörderischer Hartnäckigkeit zu der blutigen Szene zurück, da ihr Herdentrieb so mächtig ist, daß die Qual eines Wales die Qual aller Wale ist.

Plötzlich stießen die Männer am Strand wie aus einer Kehle einen Schrei aus und sprangen, mit Messern und *soknaronguls* bewaffnet wie bei einem selbstmörderischen Massenangriff ins eisige Wasser. Die meisten dieser Männer schienen direkt von der Arbeit weggeholt worden zu sein; viele trugen noch ihre Straßenkleidung, und einer war dabei, der vermutlich einer etwas feineren Arbeit nachging als die anderen, denn er trug einen Anzug und eine dazu passende Krawatte.

Die Männer platschten hinüber zu der Stelle, an der sich die Wale an Land schwemmen ließen. Jeder krallte sich mit seinem Fischhaken einen Wal und stieß ihm dann sein fünfzehn Zentimeter langes *grindahnífur* ins Rückenmark, unmittelbar unterhalb des sichelförmigen Nasenlochs. Die Wale warfen sich heftig hin und her, brachen sich dadurch selbst die Wirbelsäule und verendeten. Zwei Stöße von einem Könner bringen einen Wal fast so schnell zur Strecke, wie Sie diesen Satz lesen können; umgekehrt kann ein Schlag mit einer Walschwanzflosse einen Mann zur Strecke bringen und aus ihm Gelee machen. Aber der einzige Unfall, den ich bei dieser *grindadráp* erlebte, betraf ein Boot, dessen Planken bei der Berührung mit der Schwanzflosse eines Walbullen zerbarsten. Die Männer aus diesem Boot schwammen einfach durch das Gewimmel der Wale an Land, schnappten sich irgendwelche Messer und stürzten sich wieder platschend ins Wasser, um sich am Töten zu beteiligen.

Da das Walblut warm und die Wassertemperatur ziemlich niedrig war, blieb das Blut an der Oberfläche, füllte bald die ganze Bucht und verwandelte sie in ein Becken voll rötlichem Schaum. Die Luft roch wie auf einer chirurgischen Station. Zwischendurch entdeckte ich irgendwann meinen Freund Pinnock, der einen Videofilm von diesem Spektakel drehte. In seiner Heimat England, wo nichtmenschliche Wesen zumeist höher geachtet werden als menschliche und die Vorstellungen vom Jagen von einer Aristokratie geprägt werden, die das, was sie erlegt hat, nie essen mußte (Fuchskeule?), würde ein derartiges Video fast den Rang eines Pornofilms einnehmen.

»Widerlich«, fand Pinnock.

»Ja«, sagte ich. »Aber versuchen Sie um Gottes willen nicht, etwas daran zu ändern.«

»Ich glaube wirklich, diesen Kerlen macht das Spaß.«

»Aber natürlich. Schließlich erbeutet man nicht jeden Tag mit ein paar schnellen Messerstichen den Fleischvorrat für ein ganzes Jahr.«

Die herumstehenden Kinder schienen auch ihren Spaß zu haben. Ein paar von ihnen spielten mit den Herzen und Nieren der Wale, die man bereits aufgeschnitten hatte, damit das Fleisch nicht verdarb. Kleine Acht- und Neunjährige versuchten, ein riesiges glitschiges Walherz hochzuheben. Kleine Sechs- und Siebenjährige versuchten, mit den Nieren Ball zu spielen! In einem Alter, in dem die meisten amerikanischen Kinder bei dem Gedanken an Mickymaus noch in Verzückung geraten, machten sich diese Kinder mit der Form und Beschaffenheit von Innereien vertraut. Sie machten die Erfahrung, daß ihre Nahrung nicht auf geheimnisvolle Weise im tiefen Schlund irgendeines Supermarktes hergestellt wurde, sondern von einem grandiosen lebendigen Organismus stammte, der für den Fall, daß sie etwas zu essen haben wollten, gejagt und getötet werden mußte. Und gnade ihnen Gott, wenn sie sich weigerten, das zu lernen. So ziemlich alles, was ihnen dann übrigbleiben würde, wären blitzende Autos und ein paar ungesellige Trolle...

Bis zum Abend hatten die Männer die Rümpfe von achtundneunzig Walen an Land gezogen und wie Kriegsgefallene nebeneinander gelegt. Sie würden die Nacht hier verbringen (wer klaute schon einen tonnenschweren Wal?), und morgen würde man sie aufschneiden, ihnen den Speck abziehen und das Fleisch gerecht unter allen Bewohnern von Midvagur aufteilen. Im Prinzip hat sogar ein Neugeborenes Anspruch auf sein eigenes kleines Stück Fleisch.

An diesem Abend ging ich zum *grindadansur,* der in der Turnhalle von Midvagur abgehalten wurde. Er hatte knapp vor Mitternacht begonnen; ich kam etwas spät, also versäumte ich den Streit, ob Led Zeppelin für einen Waltanz angemessen sei. Offenbar war das nicht der Fall, denn als ich die Turnhalle erreichte, bekam ich nichts so Künstliches wie bespieltes Vinyl und nichts so Ungehöriges wie instrumentale Begleitung zu hören. Dies war ein Tanzvergnügen in seiner alten Schlichtheit, aus dem mittelalterlichen Europa entliehen und nie zurückgegeben, auch dann nicht, als sich das mittelalterliche Europa zu einem modernen Europa entwickelt hatte und sogar der Foxtrott etwas altmodisch geworden war. Diese Tanzerei unterschied sich nicht wesentlich von der anläßlich jener Silberhochzeit, an der ich einige Jahre zuvor teilgenommen hatte, nur daß diesmal einige Leute noch die eine oder andere Blutspur an ihren Kleidern hatten, eine Besonderheit, die mir von der letzten Party her nicht in Erinnerung war.

Das gesamte Dorf stellte sich im Kreis auf, faßte sich an den Händen und bewegte sich zwei Schritte vorwärts und dann, mit einem kleinen Kick, einen Schritt zurück und trampelte dabei auf den Holzboden, daß es sich anhörte wie Kanonenböller. Als sich der Kreis verzog und wie eine verletzte Schlange in kleine Schlingen legte, schmetterten die Dorfbewohner das *Grindevise* (»...einen Wal zu töten... das ist unser heißester Wunsch...«) – einen rauhen Gesang, der an ein heidnisches Gebet zu den Göttern des Nebels und des tristen Wetters erinnerte. Danach folgte eine Ballade mit zweihundert Versen über Sigurd den Drachentöter, in der Sigurds Heldentaten aus der finsteren Vergangenheit so erzählt wurden, als hätten sie sich erst heute morgen auf einer Moräne in Midvagur zugetragen.

Ich hatte mir auf Mykines den Knöchel verstaucht, und nachdem mir bei meinem ersten Versuch, zu Sigurds heroischen Taten zu tanzen, der Schmerz bis in die Oberschenkel schoß, beschloß ich, meinen Knöchel für den Angriff auf die isländische Lava zu schonen. Ich setzte mich in eine Ecke zu ein paar Männern, die sich ganz gewaltig betranken. Wir unterhielten uns; um genau zu sein, ich redete, und sie tranken. In einer Tanzpause setzte sich eine stämmige junge Frau, die eigens dafür gebaut schien, den Wintern im hohen Norden zu trotzen, atemlos neben mich und erklärte mir, daß es allein in diesem Jahr bei den färingischen Tanzereien schon vier Herzinfarkte gegeben habe. Wir unterhielten uns. Sie fragte mich, was ich von diesen sonderbaren, aus Felsenskeletten bestehenden, fußschänderischen Inseln hielte. Ich sagte, sie gefielen mir ausgesprochen gut, aber ganz besonders gern mochte ich Gásadalur, und ich könnte mir vorstellen, daß ich mich mit meiner irdischen Habe im Rucksack dorthin zurückziehen könnte, falls mir das Pflaster in meinem überfüllten Teil der Welt zu heiß würde.

»Aber hast du's denn nicht gehört?« sagte sie. »Letzte Woche hat das Lagting vierzig Millionen Kronen für einen Tunnel nach Gásadalur bewilligt. Er soll durch den Berg Knukarnir führen, auf den du geklettert bist.«

Bei dieser düsteren Nachricht wurde mir klar, daß es Zeit war, zum nächsten einsamen Ort weiterzuziehen.

4 Nackte Stadt

In Tórshavn buchte ich eine Überfahrt nach Reykjavík auf einem färingischen Frachtschiff. Der Kapitän führte mich in eine Kabine unmittelbar neben dem lautstarken Puls des Motors und meinte, das sei die beste Unterkunft, die er zu bieten habe. Nicht nur das, es war die einzige Unterkunft, es sei denn, ich wollte die zweitägige Fahrt im Freien verbringen und mich auf dem ungeschützten Deck mit Wind, Graupel und Regen abfinden. Ich hatte eindeutig den Eindruck, daß er selbst das Deck samt den rauhen Elementen bevorzugt hätte. Er sah aus wie Coleridges alter Seefahrer, nur fehlte ihm der verräterische Albatros; mehr als hundertmal hatte er dieses Schiff zwischen den Färöer und Island hin- und hergesteuert, wo so ziemlich die rauheste Witterung auf der ganzen Welt herrscht, und die Route hatte sich dauerhaft in seine Gesichtszüge eingegraben.

Auf halbem Weg nach Island erwischte uns ein Nordost, der aus der Arktis heruntergefegt kam. Heftige Böen rissen zischende Wasserfächer aus dem Meer und schleuderten sie nach Lee. Unruhige Wellen rasten hintereinander her wie aufgescheuchte Pferde. Ich hatte mit einem der Männer, die Nachtwache hatten, Schach gespielt, und zuerst fiel mir die Auswirkung dieser Wellen auf die Schachfiguren auf, die sich ständig eigenmächtig bewegten. Später hörte ich lose Gegenstände herumschlittern und -hüpfen und sah zu, wie sie, der Schwerkraft folgend, unablässig neue Standorte an Deck einnahmen. Geister öffneten Türen, schlugen sie krachend wieder zu und machten im Laderaum unheimliche, rasselnde Geräusche. Erst verlor ich das Interesse am Spiel, dann konnte ich nicht einmal mehr die Lage des Brettes ausmachen. Während mir mein Verstand und meine Augen sagten, daß ich mich an einem bestimmten Ort befand, sagte mir mein Innenohr, daß ich ganz woanders war, weit, weit weg von den regelmäßigen Quadraten des

Schachbretts. Schwindel erfaßte mich. Ich mußte mich entschuldigen, um mich dem Schandeckel zuzuwenden und (wie alte Seeleute zu sagen pflegen) den Jonas auszuspucken, bei dem es sich in diesem Fall um eine Mahlzeit aus gedünstetem Schellfisch, gekochten weißen Rüben und Rhabarberkuchen handelte. Anschließend begab ich mich in meine Kajüte, wo ich untätig und benommen herumlag, während gewaltige, cappuccinofarbene Wogen mit dem Schiff Katz und Maus spielten. Ich weiß schon, daß das eine abgegriffene Floskel ist, aber aus der beschränkten Perspektive der Maus wirkt sie sehr originell.

Von all den üblen Dingen, die das Meer einem unglücklichen Seemann antun kann – Unterwasserriffe, Schiffbruch, gigantische Wasserhosen, Wirbelstürme, zum Dienst in einer ausländischen Marine gepreßt werden, Amputation ohne Narkose, Piraten, äquatoriales Unwohlsein, Kidnapping, Eisberge, Angriffe von Torpedos oder vielarmigen Meeresungeheuern –, ist das *mal de mer* für das meiste Leid verantwortlich. Im günstigsten Fall hat man das Gefühl zu sterben; im schlimmsten hat man das Gefühl, *nicht* zu sterben, sondern, heimgesucht von trockenem Würgen und Schweißausbrüchen, ewig weiterzuleben, ohne jemals wieder einen ruhigen Hafen zu erreichen. Unweigerlich ziehen Szenen aus dem früheren Leben vorüber, genauso als würde man ertrinken, aber sie sind bruchstückhaft und ganz durcheinander, eher wie in einem schlecht choreographierten Alptraum als in jenen letzten Minuten, in denen man Bilanz zieht, bevor man sich endgültig ausblendet. Manchmal besuchen einen im Delirium Freunde und geliebte Menschen, aber auch die sind seekrank.

Ich hatte mir immer eingebildet, ich wäre immun gegen diese Krankheit. Hatte immer geglaubt, ich könnte jeden Sturm abwettern, ganz gleich, wie durcheinander mein Innenohr war. Hatte mich immer in jene Riege alter Damen eingereiht, die berichten, daß sie auf ihrer letzten Kreuzfahrt als einzige noch imstande waren, mit dem Kapitän zu speisen. Aber ich war nicht immun. Ja nicht einmal unser Kapitän, in dessen Gesicht Grün- und Gelbtöne miteinander wetteiferten. Irgendwann kam er herunter und teilte mir mit, er sei buchstäblich an jedem Tag seiner seemännischen Karriere auf die eine oder andere Weise seekrank gewesen. Ich fragte ihn, warum er sich nicht einen Job an Land suchte, um sich diese Qual zu ersparen. Darauf meinte er, er liebe eben nun mal das Meer.

Mit Rücksicht auf den schauerlichen Zustand meines Magens versuchte ich auf dem Rücken zu schlafen, doch sooft ich mich so hinlegte, wurde ich durch die Dreh- und Schwenkbewegung des Schiffes wieder auf den Bauch geschleudert. Nach und nach kam die ganze Crew herunter, um mir diverse Mittelchen gegen Seekrankheit aus ihrem Repertoire anzubieten. In alten Zeiten hatte man die Wahl zwischen Morphium mit Atropin, einem Belladonnapflaster auf den Magen, einem Worcestershiresauce-Cocktail, dem Ausspülen der Ohrenkanäle oder einem Eisbeutel aufs Rückgrat. Ein anderes Heilmittel aus früheren Zeiten bestand in wiederholt ausgeführtem Beischlaf, aber das kam hier eindeutig ebensowenig in Frage wie die Empfehlung des französischen Autors Blaise Cendrars, Descartes zu lesen. (Ich hatte keinen Descartes dabei.)

Die Färinger hatten nicht unbedingt praktikablere Vorschläge auf Lager. Einer der Männer nannte mir ein ganzheitliches Heilmittel aus dem Orient; ich sollte Daumen und Zeigefinger kräftig aneinanderreiben, weil die Haut an diesen Stellen angeblich in unmittelbarem Kontakt mit den halbkreisförmigen Membranen stand, die den ganzen Ärger verursachten. Der Schiffskoch meinte, ich solle ein paar Limonen kauen, weil sich dadurch die Kehle zusammenziehen und man dann jegliches Interesse am Erbrechen verlieren würde. (Vermutlich, weil man inzwischen erstickt ist.) Doch eine rasche Überprüfung seiner Pantry brachte keine Limonen zum Vorschein. Wieder ein anderer gab mir die allerneueste dänische Pille gegen Seekrankheit, eine Kapsel, die im Gegensatz zu Dramamin wirkte, *nachdem* einem übel geworden war. Zweimal kam sie ebenso schnell wieder hoch, wie ich sie geschluckt hatte. Schließlich ging ich einfach wieder hinauf an Deck, um die frische, ungestüme Luft des Nordatlantik einzuatmen und auf den fernen Horizont zu starren statt gegen die beängstigend engen Wände meiner Kajüte. Nach einer Weile konnte ich die pyramidenförmigen Berge im Süden Islands erkennen, und sofort ging es mir etwas besser, wenn auch nur, weil das bedeutete, daß sich die Reise ihrem Ende näherte.

Wir steuerten in die relativ ruhigen Gewässer der Faxaflói-Bucht und machten dann endlich im Hafen von Reykjavík fest. Das Boot kauerte sich an den Pier, als wollte es nach dem langen harten Kampf gegen die Wellen wieder zu Atem kommen. Die Gangway wurde heruntergelassen, und ich ging, abwechselnd hinkend und torkelnd, stolpernd und krabbelnd, kriechend und fallend, an Land.

Nur einen Steinwurf – oder vielmehr einen Lavabrockenwurf – weit entfernt von der Stelle, an der ich festen Boden betrat, hatte ein Mann namens Ingólfr Árnarson die früheste wikingische Behausung errichtet, von der wir Kenntnis haben. Mag sein, daß andere vor ihm da waren, aber im Genealogischen Handbuch von Island, dem *Landnámabók* (Landnamebuch), sind sie nicht aufgeführt. Erwähnt ist jedoch Ingólfr, der gezwungen war, aus seiner Heimat Norwegen zu fliehen, nachdem er wegen Mordes verurteilt worden war. Die Stadt Ánarhóll ehrt seinen mörderischen Gründervater mit einem finster dreinblickenden Denkmal: Der bronzene Ingólfr späht von seinem Sockel in die Ferne, als suche er nach neuen Welten, um sich dort niederzulassen, und nach neuen Männern, um sie umzulegen.

Im Jahr 874 verließ Ingólfr den Dalsfjord im Westen Norwegens, und als er diese neue große Insel sah, warf er seine Hochsitzpfeiler ins Meer. Diese Hochsitzpfeiler waren mit kunstvollen Schnitzereien, die Szenen aus der Mythologie darstellten, verziert und waren das bei weitem wichtigste Möbelstück in einem Wikingerhaushalt. Die Stelle, an der sie an Land gespült wurden, galt als der von den Göttern bestimmte Ort, an dem sich ein Mann niederzulassen hatte. Ohne Zweifel wurden auf diese Weise eine Menge ziemlich abscheulicher Orte auf Island besiedelt. Ingólfrs Hochsitzpfeiler hätte es ebensogut in Skeidarásandur an Land spülen können, einer trostlosen Treibsandgegend, die nur Skuas – nicht weniger als dreitausend Pärchen – zu schätzen wußten. Oder sie hätten am unfruchtbaren Sockel einer von Vögeln belagerten Klippe in den Westfjorden an Land gespült werden können. Doch Ingólfr hatte Glück, auch wenn sich dieses Glück etwas zögerlich einstellte. Er brauchte fast drei Jahre, um seine Hochsitzpfeiler ausfindig zu machen, da er keine Ahnung hatte, wo die westliche Strömung sie abladen würde, und da er außerdem noch etwas Zeit brauchte, um den Tod seines Blutsbruders Hjörleif zu rächen, den irgendwelche unverschämten irischen Sklaven umgebracht hatten (die frühen Siedler machten häufig in Irland Station, um sich von dort billige Arbeitskräfte mitzunehmen). Schließlich fand er seine Hochsitzpfeiler zur Hälfte im Sand vergraben in der Bucht von Faxaflói, nur ein kleines Stück vom besten Ankerplatz an der gesamten Südküste entfernt. Hier ließ er sich nieder und nannte den Ort zu Ehren der geothermischen Quellen, die gewaltige Dampfsäulen in die Luft schossen, Reykur-Vík, qualmende Bucht. Ingólfr muß erstaunt gewesen sein, denn in Norwegen gab es keine qualmenden Buchten.

Andere folgten seinem Beispiel, und bis zum Jahr 950 waren die Küstenstriche der Insel zum größten Teil in den Händen seiner pfeilerwerfenden Landsleute, einem reizbaren, einzelgängerischen Menschenschlag, der offenbar der Ansicht war, daß gute Berge für eine gute Nachbarschaft sorgten und breite Fjorde für eine noch bessere. Das Gemeinwesen, das sie schufen, war eine erlesene Mischung aus Gleichberechtigung und Rücksichtslosigkeit. Einerseits wurde dort im Jahr 930 das Althing, das erste demokratische Parlament, ins Leben gerufen; andererseits hatten diese ersten Demokraten die Angewohnheit, die Köpfe ihrer Feinde zu pökeln und durch die Gegend zu schleppen, um damit anzugeben. Die Todesstrafe war gesetzlich verboten, doch Familienvendettas von nahezu völkermörderischen Ausmaßen (wie etwa in *Njáls saga*) waren absolut legal. Die Literatur erlebte eine Blütezeit. Das heißt, die meiste Literatur; wer Liebesgedichte verbrach, wurde ausgesprochen saftig bestraft. Unter dem Einfluß des Christentums, das um das Jahr 1000 hierherkam, florierten heidnische Überreste wie nie zuvor; eine Familie wurde dadurch berühmt-berüchtigt, daß sie statt des christlichen Gottes den Penis ihres Hengstes verehrte. (Die Kirche tolerierte dies, solange die Familie nicht versuchte, andere zu diesem Kult zu bekehren.)

Irgend etwas mußte schließlich tolerant sein, wenn es schon die hyperaktive Geologie der Insel nicht war. Seit Ingólfr seine Hochsitzpfeiler warf, hat Island einhundertfünfundzwanzig Ausbrüche aus dreißig verschiedenen Vulkanen erlebt. Ein ganz besonders übler, die Hekla, brach sechzehnmal aus und begrub nahezu die halbe Insel unter Schutt und Asche. Beim Ausbruch der Hekla im Jahr 1300 wurden dreißigtausend Quadratmeilen mit Asche, Schlacke und Tephra zugedeckt; die Vorstellung, die die hitzige Dame 1766 gab, dauerte ganze zwei Jahre. Doch der bei weitem schlimmste Vulkanausbruch – und der größte, den es unseres Wissens jemals gegeben hat – ereignete sich 1783, als die Lakagigar genannte, zwanzig Meilen lange Kraterkette Aschenkegel, Gesteinsschlacke und Lava in einer Menge ausspuckte, die vierzehnmal dem Volumen des Mont Blanc entsprach. Das Zeug staute Flüsse auf, vergiftete das Gras, zerstörte ganze Wälder und tötete mehr als ein Fünftel der isländischen Bevölkerung und vier Fünftel des Viehbestandes. Damals schlug die dänische Regierung vor (Island war zu der Zeit, ebenso wie Grönland, Eigentum der dänischen Krone), man solle die »vulkanisierten« Überlebenden auf die friedliche und ruhige Halbinsel Jütland umsiedeln. Die Isländer erhoben Einspruch. Sie liebten ihre selbstzerstörerische Insel inzwischen so, als wäre sie der lieblichste Ort auf Erden.

Durch Vulkanausbrüche dezimiert, durch heimtückisches Wetter beeinträchtigt, durch Familienfehden ausgelöscht und von rohen Piraten gekidnappt, blieb die Bevölkerung Islands fast ein Jahrtausend lang konstant. 1850 lebten sechzigtausend Menschen auf der Insel, ebenso viele wie im Jahr 950. 1806 hatte Reykjavík nur dreihundert Einwohner, von denen siebenundzwanzig wegen Trunkenheit in der Öffentlichkeit im Gefängnis hockten. Die Stadt besaß eine einzige baufällige Kirche, die sich Gemeindemitglieder und Raben gerecht teilten, wobei die einen die Gebete der anderen ständig durch ihr zurechtweisendes Gekrächz und ihre herabtropfenden Exkremente störten. Der Gerichtshof diente gleichzeitig als Schneiderei, und das vornehmste Haus, das Pfarrhaus, in dem der dänische Gouverneur hauste, hatte nicht mehr als sechs Zimmer. 1809 berichtete der englische Botaniker William Hooker, daß in Reykjavík keinerlei Gemüse aufzutreiben sei; höchst ungebührlich für eine Hauptstadt, wie er meinte. Ein halbes Jahrhundert später stattete der Romanschriftsteller Anthony Trollope Island einen Besuch ab und machte eine ähnliche Erfahrung. In ganz Reykjavík gab es keinen einzigen Kohlkopf (in Tórshavn fand er auch keinen).

Heutzutage hätte Trollope in Reykjavík keinerlei Schwierigkeiten, Kohlköpfe oder sogar Riesenzucchini zu finden, doch bis diese aus Europa hierhergeschippert werden und in die Geschäfte gelangen, sind sie innen nicht selten schwarz. Aber das ist noch nicht alles: Das moderne Reykjavík verfügt nicht nur über genau die gleichen hypermodernen, design-strotzenden Apparillos, die man anderswo findet, sondern auch über die gleichen hochgezüchteten Gebrauchsgegenstände der Bourgeoisie, angefangen von Computern, auf denen man Ratten-Labyrinth-Spiele spielen kann, bis hin zu feinster, von tibetanischen Jungfrauen handgewebter Unterwäsche.

Ingólfr Ánarsons qualmende Bucht ist heutzutage eine moderne Großstadt mit einhundertzehntausend Einwohnern, das ist die Hälfte der Inselbevölkerung. Da mehr und mehr Menschen aus dem Hinterland beschließen, sich die kostenlose Dampfheizung zunutze zu machen, wächst Reykjavík... und wächst... und wächst wie ein Kind mit einem abscheulichen Hypophyseleiden. Sooft ich hierher komme, entdecke ich neue Vororte aus Stahlbeton, die aussehen, als stammten sie von demselben Architekten wie Hitlers Bunker. Und jedesmal denke ich: *Genug!* Wenn dieses verrückte Wachstum anhält, wird die Zukunft Islands nur noch aus Reykjavík und einer Menge Erinnerungen bestehen. Und trotzdem: Unter all dem Beton hört man noch immer den Puls von Ingólfrs ursprünglichen Thermalquellen schlagen.

4. Juli. Ich sitze eine Zeitlang in einem Wohnheim der Heilsarmee fest. Mein Knöchel macht mir noch immer zu schaffen, und vermutlich habe ich mir eine leichte Lungenentzündung geholt, als ich mich auf diesem Frachtschiff den feindlichen Elementen aussetzte. Es ist zwar kein Trost, aber die anderen Leute hier sehen auch nicht sonderlich wohl aus. Die meisten von ihnen sind alte Seebären, die sich hier zu Tode langweilen; ein paar sind schon völlig durchgedreht. Da gibt es einen erbittert antiamerikanischen Zwerg namens Bjóssi und einen schwarzen Gentleman aus Äthiopien, der sich zwar nicht als gebürtigen, aber doch als adoptierten Isländer betrachtet, weil er in seiner Heimat von einem isländischen Missionar getauft worden war. Ich trinke ein alkoholfreies Lagerbier mit dem Markennamen Egil Skallagrimsson, nachdem die Heilsarmee den Genuß von richtigem Bier auf ihrem Territorium nicht gestattet. Egil Skallagrimsson war ein für seine prachtvollen Besäufnisse berühmter Sagenheld. Ein wäßriges Bier nach ihm zu benennen ist etwa so, als würde man einen Kakao nach König Lear benennen.

Einer meiner Mitbewohner ist ein Fischer namens Indridi (Einsamer Reiter), der, wie fast alle Leute in Reykjavík, von anderswoher kommt; in seinem Fall ist das die inzwischen verlassene, von einem Bergrücken durchzogene Halbinsel Hornstrandir in den Westfjorden. Indridi ist etwa einen Meter sechzig groß, und sein Kopf sieht aus wie aus einem mesozoischen Findling gemeißelt, obwohl er einen ausgesprochen windschnittigen Haarschnitt trägt. Die Leute von Hornstrandir scheinen ganz besonders zäh zu sein, so als hätten sie als Babys die Milch aus den Steinen der Schutthänge gesaugt. Indridi behauptet, sein Vater sei einmal von einer Lawine verschüttet worden und habe sich die Zeit bis zu seiner Rettung damit vertrieben, daß er sich siebenundvierzig *slettabönds* ausdachte (ein *slettabönd* ist ein formal genau festgelegter, vierzeiliger Vers, der vorwärts und rückwärts gelesen gleich lautet). Seine Mutter hat angeblich aus tiefverwurzelter Angst, die isländische Rasse könnte aussterben, sechzehn Sprößlinge in die Welt gesetzt. Indridi schnupft eine Tabakstrecke vom Daumen bis zum Ellbogen, wobei er den

Kopf in den Nacken wirft und das schmutzigbraune Pulver mit einem einzigen elefantenmäßigen Schniefer einzieht. Es ist einfach schön, ihn dabei zu beobachten, trotzdem warnt er mich, daß das Schnupfen nicht ohne Gefahren sei. Der älteste Bruder seines Vaters ist an den Folgen gestorben. Krebs? frage ich. *Nei, nei,* antwortet er. Der alte Junge stand in seinem offenen kleinen Fischerkahn vor Ólafsvík in Snæfellsnes und warf den Kopf so heftig in den Nacken, daß er rücklings über Bord ging und auf der Stelle ertrank.

Der Zwerg Bjóssi ist nicht der einzige ausländerfeindliche Mensch, der bei der Heilsarmee untergebracht ist. Es gibt auch einen ausgewachsenen Fremdenhasser, der achtzehn Namen hat – die Namen einer kompletten Schiffsbesatzung, die am Tag vor seiner Geburt samt ihrem Fischerboot vor den Westfjorden unterging –, aber für seine Kumpels gilt: »Ich heiße kurz Baldur.« Mehr als er das bißchen Erde seiner Heimat liebt, haßt und verabscheut er deren ausländische Söldner, vor allem die amerikanischen; er vergleicht den amerikanischen NATO-Stützpunkt in Keflavík mit Nicaragua und Grenada (und in erhabeneren Augenblicken mit Vietnam). Vor ein paar Jahren half er Sveinbjörn Beinteinsson, dem Hohenpriester der isländischen heidnischen Wiedererweckungsbewegung, einen sogenannten *nid*-Pfahl mit einem Pferdekopf gegen die Phantomflieger und die Seeüberwachungsflugzeuge von Keflavík aufzustellen. Der Pferdekopf hat überhaupt nichts genützt, sagt Baldur. Vielleicht sollten es die Isländer mit etwas technisch Höherentwickeltem versuchen, zum Beispiel einer Kobaltbombe...

Eines Nachts kommt Baldur hereingestolpert, natürlich betrunken, kneift die Augen zusammen, erkennt mich aber nicht und fragt, woher ich käme. Da ich mich nicht auf einen neuerlichen Keflavík-Disput einlassen will (ich stehe ohnehin auf Seiten der Anti-Keflavík-Fraktion), antworte ich: »Aus Mu-u-urman-n-nsk in der Sowjetunion.« Da der sowjetische Fischdampfer *Surikow* derzeit im Hafen von Reykjavík liegt, erscheint mir Murmansk nicht allzuweit hergeholt. Allerdings hatte ich nicht damit gerechnet, daß Baldur einmal auf einem isländischen Fischdampfer war, der tatsächlich in

Murmansk anlegte. Er kennt die Stadt ziemlich gut und möchte nun wissen, in welchem Teil sich meine Behausung befindet. Bevor ich antworten kann, packt er mich am Arm und umklammert mich wie ein Schraubstock. Verdammt, denke ich, jetzt wird er mich gleich zur Schnecke machen, weil ich nicht aus Murmansk komme. Doch statt dessen sagt er: »Du wirst dein Schiff verlassen. Du wirst politisches Asyl in Island bekommen. Du wirst bei mir bleiben, bei deinem Freund Baldur.« Erleichtert spinne ich meine Lüge weiter: »*Njet! Njet!* Das geht unmöglich, Baldur. Ich habe in Murmansk eine Frau und vier kleine Kinder. Der KGB würde sie kassieren, wenn ich mein Schiff verlasse.«

»Mach dir keine Sorgen um deine Familie, armer Mann. Ich, Baldur Magnússon, werde einen Brief an den KGB schreiben, und dann werden sie deine Frau und deine Kinder nach Island verfrachten. Und wenn sie sich weigern, dann kriegen sie gewaltigen Ärger.« Er fuchtelt mir mit der Faust drohend vor dem Gesicht herum, ohne meinen Arm loszulassen.

»Vielleicht ist dieses politische Asyl ja nur für Ballettänzer da und nicht für Fischer…«, gebe ich zu bedenken.

»*Hver fjandinn!* Hol's der Teufel! Fischer brauchen auch ihre Freiheit!«

»Psst!« flüstere ich. »Ich glaube, der Mann da drüben« – ich zeige auf Indridi, der zufrieden vor dem Fernseher sitzt und sich die Wetterkarte anschaut – »ist ein KGBler.«

»Freiheit ist für alle da!« ruft Baldur abermals, als wolle er die Daseinsberechtigung seiner Insel zu Zeiten der Wikinger erneut bekräftigen. Und ich bin sicher, daß er mir diese Freiheit aufgezwungen hätte, wenn er nicht auf dem Weg zu Indridi, den er zusammenschlagen wollte, wie ein nasser Sack umgekippt wäre.

Vier Tage lang hockte ich in der Herberge der Heilsarmee fest und erholte mich von meinen Wehwehchen. Am Samstag abend fühlte ich mich kräftig genug, um am Wochenend-Bacchanal teilzunehmen.

Da die Regierung dazu tendiert, abgrundtiefe Defizite zu machen, bemühen sich die Isländer die ganze Woche lang, über die Gipfel und die stattlichen Bergmassive der Inflation in ihrem Land bockzuspringen. Manche machen doppelt und dreifach Überstunden. Andere haben zwei Jobs, zum Beispiel ein Herzchirurg, der, wie ich erfahren habe, nebenbei in einer Fischfabrik Würmer aus dem Kabeljau entfernt. Wieder andere reiten auf den ungezähmten, bockigen Decks von Fischtrawlern über den Nordatlantik, nur um bei ihrer Heimkehr zu erfahren, daß der nigerianische oder portugiesische Fischmarkt einen Tiefstand erreicht hat. Doch am Samstagabend gehören alle diese Dinge der Erinnerung an. Die Menschen strömen auf die Straßen (zu Hause zu trinken gilt in Island als zügellos) wie die Gefangenen in Beethovens *Fidelio,* die beim Auftauchen aus ihrem Kerker »Oh, welche Lust!« singen. In Reykjavík wird auch »Oh, welche Lust!« gesungen.

Als ich mich um halb elf Uhr abends auf die Straße begab, war das Stadtzentrum bereits von einem dichten Ring aus Autos umgeben. Sie bewegten sich fast unmerklich voran und hupten wie außer Rand und Band geratene Gänse. Niemand hielt Ausschau nach einem Parkplatz, und die Hoffnung weiterzukommen wäre ebenso absurd gewesen wie die, sich aus den Fängen dieser Automobilverstopfung in die Lüfte zu erheben. Die Menschen zelebrierten einfach nur das Zusammensein auf isländische Art. Zelebrierten Stoßstange an Stoßstange eine Vertraulichkeit, bei der womöglich die halbe Nation in einem monolithischen Verkehrsstau festsaß (ein Land, das gemeinsam im Stau steckt, bleibt auch beisammen).

Ich ging auf den Austurvöllur, den Platz, den man an der Stelle von Ingólfr Árnarsons ursprünglichem Acker angelegt hatte. Derzeit wurde er von den Seebären aus dem Heilsarmeeheim mit Beschlag belegt, die außer einer Flasche *brennevín,* dem hiesigen, nach Anis schmeckenden Schnaps, auch noch eine – leider mit Cola gemischte – Flasche Wodka herumgehen ließen:

»*Já, já.* Tycho Brahe ist gestorben. Seine Blase ist explodiert, während er auf eine Audienz beim König von Dänemark wartete.«

»Solche Sachen passieren eben. Wenn man eine Blase hat.«

»Sei so nett und laß deine Blase nicht in meiner Gegenwart explodieren, Jóhann.«

»Ich bin Haukur. Der da ist Jóhann, der Sohn des Bjartur, der Enkel des Egill, der Urenkel des Thorgeir. Der einzige stalinistische Alkoholiker im ganzen Land.«

»Meine Mutter war Stalinistin. Wenn ich nicht für Stalin eintreten würde, würde ich ihr Andenken beleidigen.«

»Wie steht's denn mit deiner Blase?«

»Voll. *Skál!*«

»*Skál!*«

»Lieber das kleine Feuer, das wärmt« – er hebt die *brennevín*-Flasche –, »als das große Feuer, das brennt. *Skál!*«

Neben dem Telefonamt versuchten ein Dutzend halbwüchsige Jungen, ein halbwüchsiges Mädchen auf ein Stoppschild zu spießen. Sie tat ihr Möglichstes, um ihnen dabei zu helfen. Während die Jungen schoben, kletterte sie die Stange hinauf. Einer der Jungen, dessen Haarschnitt ihn als den nördlichsten aller Mohikaner auswies, bot mir einen Schluck *brennevín* an. »*Cowboys like candlelight and lacy things on ladies*«, zitierte er aus einem amerikanischen Popsong. Offenbar war das alles, was er auf englisch konnte. Inzwischen war das Mädchen oben auf dem Schild angelangt, hockte sich rittlings darauf und genoß den Augenblick wie Hillary auf dem Gipfel des Mount Everest. Ich konnte nicht umhin festzustellen daß sie unter ihrem ledernen Minikleid kein Höschen trug.

»Heute nacht«, sagte das Mädchen und zeigte auf ihre Freunde herunter, »werde ich mit *dir* und mit *dir* und mit *dir* schlafen.«

Jetzt stieß die Motorradgang Sniglar (die Schnecken) zu dem Stoßstange-an-Stoßstange-Verkehr; die Jungs waren soeben von einem internationalen Treffen mehrerer Motorradgangs in Kopenhagen zurückgekehrt und schienen ganz versessen darauf, mit neuen Methoden anzugeben, wie sie ihren Motorrädern Fehlzündungen entlocken konnten. Noch mehr Hupen hupten. Noch mehr Betrunkene tranken. Ich lief andauernd alten Bekannten über den Weg, die mich nicht erkannten, und völlig Fremden, die mich erkannten. Ein bärtiger Mensch, der aussah wie Walt Whitman auf einer Sauftour, fragte mich, was ich an Bord seines Trawlers zu suchen hätte (er schien tatsächlich auf hohen Wellen auf und ab zu hüpfen). Als ich ihm erklärte, wir seien hier mitten in Reykjavík und leider nicht auf seinem Trawler, sah er sich ganz erstaunt um. *»Allt er á tjá og tundri«*, meinte er. Hier geht alles drunter und drüber.

Es ging wirklich alles drunter und drüber. Ich schrieb das ebenso der Mitternachtssonne wie der Inflation und dem Alkohol zu. Gegen den Zauber dieser Sonne ist kein Mensch wirklich gefeit. Sie schlummert nicht ein wie die normale Sonne in konventionelleren Breiten, aber sie verweilt auch nicht am Himmel wie der legendäre nächtliche Feuerball. Sie läßt sich einfach bequem am Horizont nieder und sendet ein anregendes taubengraues oder purpurfarbenes Licht aus. Wen dieses Licht berührt, den erfaßt ein Zauber, und er hat das Gefühl, alles vollbringen zu können, sogar die bis dahin für unmöglich gehaltene Erstbesteigung der schwierigen Nordwand eines Stoppschildes.

Ich stellte mich in die Schlange vor dem Odal, einer Kneipe, in der weniger rigorose Kleidervorschriften herrschten als in einigen anderen Kneipen der Stadt. Als ich nach einer Wartezeit von zwanzig Minuten hineinkam, ging ich schnurstracks an die Bar. Ein junger Kerl um die Zwanzig versuchte ein Mädchen mit einem Witz zu beeindrucken, von dem ich nur noch das Ende mitbekam: »›...der beste Schnupftabak, den ich je probiert habe‹, sagte der Mann aus Hafnarfjörður. ›Ist gar kein Schnupftabak‹, sagte der andere darauf, ›sondern getrocknete Pferdeäpfel, die ich durch die Kaffeemühle gedreht habe.‹« Das war ein typischer Hafnarfjörður-Witz (das isländische Äquivalent zu einem Ostfriesenwitz, so genannt nach einer kleinen Stadt südlich von Reykjavík), und das Mädchen fand ihn so komisch, daß sie mir ein halbes Glas Bier über die Hose schüttete.

Der Mann links neben mir bot mir sein Taschentuch an. *»Þakk fyrir«*, sagte ich, vielen Dank, und wischte damit den Flecken ab.

»*Minnstu ekki á það*«, antwortete er, nicht der Rede wert, und spendierte mir einen doppelten *brennevín*, eine ziemlich nette Geste, wie ich fand. Der Mann trug einen maßgeschneiderten Anzug mit Weste und eine breite Seidenkrawatte, und so, wie er sich benahm, hätte man ihn für den belgischen Botschafter halten können. Doch nachdem wir eine Weile geplaudert hatten, sagte er: »Ich bin ein Mörder…«

Bekenntnisse dieser Art bringen es mit sich, daß das Gespräch schlagartig verstummt. Was soll man darauf schon sagen? Schließlich antwortete ich: »Das war Ingólfr Árnarson auch. Und Erich der Rote ebenfalls.«

»Es ist wahr. Ich habe meine Frau umgebracht.«

Die ruhige, sachliche Art, in der er das sagte, ließ den Mord an der eigenen Frau als etwas durchaus Vernünftiges erscheinen. Er sagte, er habe einen Hammer nach ihr geworfen, und der sei in ihrem Hinterkopf steckengeblieben. Sie hätten sich gerade fertiggemacht, um nach Kópavogur zum Tanzen zu gehen. Sie sei auf der Stelle tot gewesen. Und dann erzählte er mir, daß er derzeit »auf Knasturlaub« sei. Das isländische Gefängnissystem sei sehr tolerant, meinte er; ganz gleich, was man angestellt habe, wen man umgebracht oder verstümmelt habe, man dürfe jederzeit das Gefängnisgelände verlassen, solange man sich nur alle vier Stunden bei der Polizei meldete und angab, wo man sich befand.

»Wie viele Mörder sind jetzt auf freiem Fuß?« wollte ich wissen.

»Ach, fünf oder sechs.« In seiner Stimme glaubte ich fast eine Spur Melancholie zu entdecken. Immerhin saß ihm das kernige Vorbild aus den Sagas im Nacken. In meiner Penguin-Klassikerausgabe von *Njáls saga* werden auf 355 Textseiten vierundneunzig Leute getötet und/oder ermordet. (Nicht berücksichtigt wurden bei dieser Zählung am Rande des Geschehens rollende Köpfe und dergleichen, die recht elegant mit Sätzen wie »Viele Männer starben…« zusammengefaßt werden.)

Das Leben im Gefängnis interessierte mich. Der Mann berichtete, daß die meisten Insassen ihren eigenen Schlüssel hatten und nach

Belieben kommen und gehen konnten. An den Wochenenden war das Gefängnis mehr oder minder leer. Die einzige Pflicht der Häftlinge bestand, abgesehen von den Meldeanrufen, darin, den Schlüssel nicht zu verlieren. *Den Schlüssel nicht zu verlieren,* wiederholte der Mann feierlich, und dann erzählte er von dem Pech eines Mithäftlings, der seinen Schlüssel verloren hatte und gezwungen war, in einem Hotel zu übernachten.

»In meinem Land sind wir nicht der Ansicht, daß es richtig ist, einen Menschen zu töten, nur weil dieser einen anderen Menschen getötet hat. Aber in Ihrem Land wäre ich auf den *rafmangstól* gekommen.«

In Island gibt es keinen *rafmangstól* (elektrischer Stuhl – wörtlich: »Bernsteinpulverstuhl«). Verbrechen werden offenbar als Ausdruck einer starken nationalen Gesinnung betrachtet oder einfach als familiärer Unfug, der die Aktenstöße anwachsen läßt. Justitia ist nachsichtig mit ihren ungeratenen Söhnen und Töchtern und nimmt sie, auch wenn ihre Verbrechen noch so ungeheuerlich sind, offenbar stets wieder mit offenen Armen auf. Ein gutes Beispiel dafür ist ein Mann namens Helgi Hóseasson, ein fanatischer Atheist. Helgi ist berüchtigt wegen seiner Bemühungen, die öffentliche Aufmerksamkeit auf eine Ungerechtigkeit zu lenken, nämlich seine Taufe (in Anbetracht seiner aus tiefstem Herzen kommenden Ungläubigkeit ein Schlag unter die Gürtellinie). Vor ein paar Jahren schlich er sich bei einer Live-Fernsehsendung hinter dem Bischof von Island und dem Präsidenten an und übergoß beide mit einem großen Bottich *skyr* (Dickmilch). In Anbetracht dieses Vergehens wurde er für zwei Tage ins Kittchen geschickt. Nach seiner Entlassung strich er das Regierungsgebäude mit Teer an; dafür wurde er getadelt und ermahnt, so etwas nicht wieder zu tun. Er tat es auch nicht wieder. Statt dessen erweiterte er sein Waffenarsenal von Dickmilch und Teer auf Benzin und brannte die Kirche von Breiddalsvík nieder, die zweitälteste Kirche auf der ganzen Insel. Nachdem die Ermittlungen seine Schuld so gar nicht beweisen wollten, kam er ungeschoren davon.

Mein Freund billigte Helgis Aufsässigkeit keineswegs. Er meinte: »Diesen Helgi Hóseasson sollte man einlochen. Er stellt eine Bedrohung für unsere Gesellschaft dar. Eines Tages wird er noch das Althing niederbrennen.«

»Kann schon sein«, sagte ich. »Übrigens, wieso haben Sie eigentlich Ihre Frau umgebracht?«

Er machte ein einfältiges Gesicht. »Zu viel *brennevín*«, sagte er. Dann fragte er, ob ich noch einen doppelten *brennevín* wolle. Ich lehnte ab. Die Musik im Hintergrund wurde voll aufgedreht, und ich lauschte einem Song des Rockmusikers Magnús Th. Jónsson, der von einem gewaltigen Kabeljaufang handelte. Magnús ist ein Rockmusiker mit einer Vorliebe für die Barockzeit, der gerne Anspielungen auf den Dichter und Liederschreiber Hallgrimur Pétursson (1614–1674) in seine Liedtexte einflicht. Seine Musik ist bei den jungen Leuten ziemlich beliebt, wenn auch vielleicht nicht so beliebt wie eine Band, die sich Sjálsfroún (Die Onanisten) nennen und sich absolut nicht für Barockes interessieren, sondern nur für Sex und Gewalt. Ich lernte einmal auf einer Party den Sänger der Sjálsfroún kennen, und er erzählte mir, daß es sein großer Traum sei, irgendwann einmal den Times Square zu sehen.

Während ich mich am Rand der Tanzfläche herumtrieb, schnappte ich ein paar Gesprächsfetzen auf:

»Da hab ich zum erstenmal einen Baum gesehen und bin ganz fürchterlich erschrocken...«

»War es schlimmer als beim ersten Gespenst?«

»*Já, já.* Viel schlimmer.«

»Das war eine Familie, in der alle Gedichte geschrieben haben. Alle außer Inga.«

»Ich weiß. Sie hat einen Amerikaner geheiratet.«

»...hat seinen Lieblingshund ausgestopft und ihm einen Ehrenplatz im Wohnzimmer gegeben...«

»...die Haut seines Lieblingspferds an die Wand genagelt...«

»*Já, já.* Das erste Gespenst hat mir Angst eingejagt. Dann hab ich mich daran gewöhnt. Bleibt einem gar nichts anderes übrig.«

Jetzt entdeckte ich einen alten Freund, den Filmemacher Páll Steingrimsson, der in den sechziger Jahren in der Fernsehsendung *To Tell the Truth* (Um die Wahrheit zu sagen) aufgetreten war. (Die Teilnehmer mußten raten, welcher der drei Kandidaten Isländer war.) Doch bevor ich zu ihm hinübergehen konnte, blockierte ein unverrückbarer Schrank meinen Weg und stellte sich als Einar Einarsson, »Schiffsbauer, Fischpökler, Taxifahrer, Robbenjäger und Skilehrer«, vor. Eine Wolke von *brennevín* umhüllte dieses Multitalent wie Londoner Nebel. Er hatte geschwollene Augen, die aussahen wie verlorene Eier.

»Komdu sœll«, sagte er. »Du hast dich also mit meinem Kumpel, dem Mörder, unterhalten? Ist er nicht ein feiner Kerl? Seine tote Frau Birna ist in Schweden zur Schule gegangen. Kein isländisches Mädchen sollte jemals in Schweden zur Schule gehen. *Gud minn góður!* Dieses Land hinkt mindestens siebenhundert Jahre hinter Island her. Trotzdem geb ich Schweden immer noch eine Chance, und zwar wegen einem einzigen Mann – Salomon Andrée –, der mit einem Ballon zum Nordpol geflogen ist. *Skál!*«

»*Skál!* Aber Andrée hat es nie bis zum Pol geschafft. Sein Ballon ist abgestürzt, und er ist in Spitzbergen gestorben.«

»Na also, so viel zum Thema Schweden. Aber du« – an dieser Stelle versetzte er mir einen brüderlichen Stoß gegen die Brust, bei dem mir fast die Luft wegblieb –, »du kommst morgen abend zu mir nach Hause zum Essen. Da lernst du meine Frau kennen.« Er zog ein Foto hervor. »Und meine drei kräftigen Söhne.« Er zog noch ein Foto hervor. »Und das beste ist, du lernst auch meine Islandhunde kennen.« Er zog weitere drei oder vier Fotos hervor. »Die Islandhunde sind so ziemlich die außergewöhnlichsten Hunde auf der Welt. Sie können sich mit Schafen in der Sprache der Schafe unterhalten. Sie gewinnen tolle Preise bei Hundeschauen. Ich züchte Islandhunde, außerdem bin ich Robbenfänger, Taxifahrer…«

»He, Yankee«, unterbrach ihn ein anderer Mann. »Ich geb den Engländern wegen drei Schriftstellern eine Chance – Shakespeare, Edgar Allan Poe und Ray Bradbury.«

»Tómas Gudmundsson ist ein besserer Dichter als Shakespeare«, sagte die Freundin des Mannes.

»Shakespeare hat was über Islandhunde geschrieben«, erklärte Einar und zitierte *Heinrich V.* auf englisch: »›*Pish for thee, Iceland dog! thou prick-ear'd cur of Iceland.*‹« (»Pah dir, isländ'scher Hund! Du kecker Spitz von Island!«)

»Das ist nicht sehr nett«, fand der andere Mann; seine Stimme klang zornig. Er sah mich scharf an, als wäre ich für diese unfreundlichen Worte verantwortlich.

»Tómas Gudmundsson würde nie so einen Blödsinn schreiben«, meinte die Frau.

»*Skál!* Nieder mit Shakespeare!«

»Nieder mit Amerika! Nieder mit Ray Bradbury! Nieder mit dem Empire State Building! *Skál!*«

Ich wurde rasch zum Mittelpunkt einer literarischen Diskussion. Offenbar hatten diese Leute vor, mich Ray Bradburys und Shakespeares Vergehen gegen den isländischen Staat büßen zu lassen. Ich entschuldigte mich, zog mich behutsam zurück und landete schließlich wieder bei dem Mörder. Seit ich ihn zum letztenmal gesehen hatte, hatte er sich nicht nur einen Affen, sondern gleich eine ganze Affenhorde angesoffen. Er sah fürchterlich aus. »Wenn ich doch bloß wieder im Gefängnis wäre«, klagte er und sackte friedlich zu Boden.

Wer bis drei Uhr morgens noch keinen Partner für die Nacht gefunden hatte, wankte jetzt durch die Gegend, um sich einen zu suchen. Es war ein Anblick wie in einem Ring voller umhertorkelnder Boxer. Die Frauen bewiesen ein etwas besseres Gleichgewicht (tiefer gelegener Schwerpunkt?) als die Männer oder fielen bei der Partnerjagd zumindest nicht so schnell zu Boden. Eine Frau schlurfte zu einem Mann hinüber und stieß ihn mit dem Kopf an. Eine andere griff sich einen Kerl und nahm ihn geradezu lebensbedrohlich in den Schwitzkasten. Andere gingen einfach nur in Schräglage herum, bis sie zufällig gegen einen Vertreter des anderen Geschlechts stießen.

Diese Art des Freiens hat mich immer beeindruckt. Ich empfinde diese Methode als sehr viel zweckmäßiger, um einen Liebhaber zu finden, als höfliche Erkundigungen nach dem Interesse des Kandidaten am mittleren bis späteren Rachmaninoff, ruhigen Strandspaziergängen oder lärmenden Vulkanausbrüchen. Denn sie ermöglicht einem nicht nur festzustellen, ob der Betreffende noch mehr oder weniger bei Bewußtsein ist, sondern vermittelt einem auch einen Eindruck von seinem oder ihrem sexuellen Leistungsvermögen. Wenn er oder sie angemessen reagieren kann, mit Kopfstößen, Abblocken mit dem Körper und dergleichen, dann gut; wenn nicht, ist es sehr wahrscheinlich, daß sich die Vorstellung, die er oder sie im Bett gibt, darin erschöpft, zu reihern oder einzuschlafen.

Als ich ins Freie trat, war der Himmel tiefblau. Eine einsame weiße Wolke schwebte wie ein Bausch ausgezupfter Wolle direkt über meinem Kopf. Das Licht reichte aus, um ein Buch zu lesen, ja sogar – um ein beliebtes altes Bild für eine isländische Sommernacht zu gebrauchen – um sich die Läuse vom Hemd zu zupfen. Trotz der späten Stunde gab es keinerlei Anzeichen dafür, daß der Autolärm abnahm. Noch immer hörte man das Blöken von Skoda-Hupen, das gereizte orientalische Falsett von Datsuns und Toyotas, die Empörung von Porsches und den tiefen Baß-Wechselgesang amerikanischer Fords. Urplötzlich hörte ich jemand meinen Namen rufen. Der Ruf kam von einem befreundeten amerikanischen Journalisten namens Thorgeir, der irgendeine Karre aus einem Ostblockland fuhr, die von der kleinsten Anzahl Zylinder angetrieben wurde, mit der ein Auto überhaupt laufen kann. Ich stieg ein, und wir brachen aus dem Ring aus. »*Öl er innri maður*«, begrüßte mich Thorgeir. Im Bier liegt die Wahrheit.

Wir landeten am Abflußkanal eines heißen Wasserlaufs, der vom Wasserreservoir Reykjavíks zum Hafen führt. Dieser von Felsen gesäumte Wasserlauf heißt eigentlich þvottalaugur, Waschquelle, wird aber allgemein als Thighs Canyon (Schenkel-Canyon) bezeichnet. Thorgeir und ich streiften unsere Sachen ab und quetschten unsere Schenkel zwischen die Schenkel von ältlichen Damen der Gesellschaft, halbwüchsigen Mädchen, deren Brüste sanft gen Himmel zeigten, Fischern mit harten Gesichtszügen, Taxifahrern, Schiffsbauern, Herzchirurgen und ziemlich übergewichtigen Parlamentsmitgliedern. Thorgeir reichte mir eine Thermoskanne voll Kaffee mit einem kräftigen Schuß *brennevín,* und jemand anderer ließ eine Flasche herumgehen, vermutlich Stolichnaya. Irgendwann schlief ich ein. Als ich aufwachte, hatte die Mitternachtssonne einer Sonne der gewöhnlicheren Sorte Platz gemacht. Ich saß im Thighs Canyon, allein, nackt und halbgar.

5 Eine Fahrt zur Hölle

Ganz Island hat im Grunde eine Wikinger-Vergangenheit, und so hatte ich nicht das Gefühl, Jagd auf bestimmte Ziele machen zu müssen, nach denen in alten Zeiten Siedler mit Namen wie Thornsteinn der Stinkende, Glum der Schädelspalter oder Gunnar der Ungewaschene ihre Hochsitzpfeiler ausgeworfen hatten. Ein paar dieser Ziele – zum Beispiel die Vestmannæyjar, die Westmänner-Inseln – waren im Laufe der Zeit für den Geschmack eines Kenners und Liebhabers einsamer Orte, wie ich einer war, zu unverschämt wohlhabend oder bei Touristen zu beliebt geworden (der Reagan-Gorbatschow-Gipfel war allem Anschein nach ein toller Werbegag). Wie meine bahnbrechenden wikingischen Wegbereiter hatte ich ein Faible für schlichten Fels und ein Minimum an Menschen. Ich hatte das Gefühl, auf Island überall hinfahren zu können, an unbewohnte Flecken, ja sogar an *unbewohnbare* Flecken, und immer noch dem Grundgedanken meines Reisevorhabens treu zu bleiben.

Nach einer knappen Woche in Reykjavík juckte es mich weiterzuziehen, und so unternahm ich eine schlingernde Busfahrt durch das Innere der Insel, entlang der ungeschützten Mineralienwelt des Nordatlantischen Rückens, die mich in Windeseile von meinem Genesungsurlaub in der Stadt wegführte. Wenn Reykjavík die Vorstellung hegt, daß zu viele Menschen nicht genug sind, so hegt das Landesinnere genau die gegenteilige Vorstellung. Dort lebt *niemand;* niemand außer ein paar weidenden Schafen, Polarfüchsen und aus Pelzfarmen entwischten Nerzen. Diese Wüstenei aus Lavafelsen, Hochplateaus, kahlgeschorenen Bergen und Moränen scheinen die Götter des Tertiär offiziell zu einem für die Gattung Mensch verbotenen Terrain erklärt zu haben. Zwar gibt es keine Schilder, die auf diese Einschränkung hinweisen, doch Schilder waren auf Island immer schon verboten, da sie die Wüstenei verschandeln würden.

Sobald wir von der großen Küstenstraße abbogen, verwandelte sich die gepflasterte Straße in einen Feldweg – mit Sicherheit das grandioseste Waschbrett, von dem meine Knochen je durchgerüttelt worden waren. Dann endete dieser Weg und ging in eine Art Asche- und Schlackepfad über. Doch isländische Busse haben eine Roßnatur und bahnen sich ihren Weg zuversichtlich knirschend durch jedes Gelände, so daß auch dieses hier kein Problem darstellte. Auf einer Weide entdeckte ich sogar ein paar Vollblüter, die sich wie auf Kommando umdrehten, um uns nachzustarren – nicht ohne Neid, wie mir schien. Endlich knirschten wir an der Hekla vorbei, der Missetäterin, die für den größten Teil dieser verfluchten Landschaft verantwortlich ist und dabei nicht einmal die klassische Form eines Postkartenvulkans besitzt – immerhin brach sie statt aus einem einzigen Krater gleich aus einer drei Meilen langen Spalte aus –, sondern aussieht wie ein umgekippter, vergammelter Bootsrumpf. Außer unserem Bus gab es auf dieser Strecke nur noch große flache Lastwagen, die den Bimsstein der Hekla nach Reykjavík karrten, wo man ihn mit Beton mischte und dazu verwendete, Häuser zu isolieren und Jeans zu sogenannten *stonewashed* Jeans zu veredeln.

Unmittelbar nördlich der Hekla tauchte aus einem Dunstschleier der Vatnajökull auf; er ist der größte Gletscher außerhalb Grönlands und der Antarktis und sieht aus wie zweihundert aneinandergeschweißte Matterhörner. Als er plötzlich auftauchte, war das fast so, als käme einem auf der Straße ein Mensch entgegen, klopfte einem auf die Schulter und erinnerte einen an die Ewigkeit. Allerdings an eine Ewigkeit mit einem Leck. Denn jetzt begannen wir durch Schmelzwasserbäche zu waten, die nicht nur vom Vatnajökull, sondern auch vom Hofsjökull stammten, der westlich von uns lag und die Form einer nackten, gewölbten Stirn hatte. Diese gewaltigen Gletscherbäche flossen nicht einfach dahin, sondern sie überstürzten sich geradezu, hastig, verzweifelt und feindselig wie Meereswogen. Doch unser Fahrer pflügte mittendurch, als handelte es sich um einzelne Tröpfchen aus einem Wasserhahn. Einmal blieben wir in einer besonders kräftig schäumenden Wasserrinne stecken, und es sah fast so aus, als würde es den Bus jeden Augenblick aufstellen und hundert Meilen weit flußabwärts ins Meer schwemmen, aber unser Fahrer – der übrigens auch einen Reifen mit der Geschwindigkeit eines Schnellimbiß-Kochs wechseln konnte – rammte den Fuß aufs Gaspedal, und schon schossen wir die Schotterböschung am anderen Ufer hinauf. Ich nahm mir fest vor, auf meine nächste Kanufahrt auf alle Fälle einen Bus mitzunehmen, denn so ein Ding läßt sich von Gegenströmungen nicht im mindesten abschrecken und meistert die Portagen einfach perfekt.

Gegen Mittag gelangten wir nach Sprengisandur, eine Wüste aus rollenden Dünen auf einem siebenhundert Meter hohen Plateau, deren schwarzer Sand ursprünglich Felsgestein war, das bei den Ausbrüchen des Vatnajökull und des Hofsjökull in der Eiszeit zermalmt wurde. Wir schlitterten über einen kaum erkennbaren Sandweg dahin, der ein bißchen an eine Straße in der Rub al-Chali, der Großen Arabischen Sandwüste, erinnerte, nur daß dieser Sand schwarz und extrem feucht war. Dann tauchte ein weiteres Sahara-Motiv auf: ein Sandsturm. Er kam aus dem Nichts dahergefegt und peitschte erbarmungslos grobe Sandkörner gegen die Windschutzscheibe. Ich versuchte aus dem Fenster zu schauen, konnte jedoch außer dem verschwommenen Rand eines Cañons, durch den wir schlingerten und rutschten, nichts erkennen.

Allmählich erinnerte mich die Fahrt an eine jener berüchtigten Busfahrten in Lateinamerika, bei denen sich der Bus – in Wirklichkeit ein auf abgefahrene Reifen montiertes Durcheinander aus ausrangierten Traktor- und Autoteilen – eifrig beulensammelnd durch die Berge vorwärtskämpft, an steilen Abgründen entlangschlingert, Haarnadelkurven zurechtbiegt und alles in allem durch eine Landschaft pflügt, die für Busse einfach verboten sein sollte. Inzwischen hält der Fahrer an jedem Gedenkstein am Straßenrand an und hinterlegt dort für die Jungfrau Maria etwas Schmiergeld. Mexikanische Busfahrer legen anstelle von Pesos alte Dichtungsringe hin, während ihre ecuadorianischen Kollegen klüger sind und eine festgelegte Anzahl Sucre pro Rad hinterlegen. Doch es würde nicht einmal etwas nützen, wenn sie der Jungfrau Kassetten mit Salsamusik spendieren würden, denn früher oder später rechtfertigt der Bus doch noch die schlimmsten Befürchtungen aller und stürzt in eine tiefe Schlucht, Senke, Scharte oder Klamm (lateinamerikanische Busse bauen nie Zusammenstöße, sie stürzen immer ab); der einzig Überlebende ist dann üblicherweise ein dreijähriges, von der Brust seiner Mutter geschütztes Kind.

Zum Glück gibt es auf Island keine Gedenksteine am Straßenrand, die die Busfahrer zu verrückten Heldenstückchen mit ihren Fahrzeugen anspornen könnten. Es ist ein weitgehend ungläubiges Land, in dem ein mir bekannter Priester von seiner Kanzel herab ein Loblied auf die Fleischeslust singt und ein anderer jeden Sonntag gegen das amerikanische Militär in Keflavík wütet und geifert. Die einzigen Gedenksteine am Straßenrand sind geologischer Natur und wurden vor fünfzig Millionen Jahren dort aufgestellt. Trotzdem gelangte ich allmählich zu der Einsicht, daß ein paar kräftige Schlucke *brennevín* der Fahrt vielleicht etwas von ihrer Dramatik nehmen könnten. Außerdem bekam ich schon langsam Hummeln im Hintern. So viele dahintosende Wildbäche, und mir war die Möglichkeit verwehrt, hindurchzuwaten und mir meine Geschlechtsdrüsen abzufrieren! So viel herrlicher, scharfkantiger Basalt, und ich konnte meine Stiefel nicht daran wetzen! Volle elf Stunden waren wir jetzt gefahren, und es würde noch drei Stunden dauern, bis wir Akureyri erreichten, das nicht einmal mein Ziel war. Also bat ich den Fahrer, mich aus seiner rumpelnden Blechkiste freizulassen, nachdem ohnehin einem meiner Mitfahrer auf einem holprigen Straßenstück schlecht geworden war (W. H. Auden merkte in seinen *Letters from Iceland* an, daß ihm außer den Isländern noch nie ein Volk untergekommen sei, das es fertigbrachte, in einem Bus seekrank zu werden). Wir befanden uns inmitten von Nirgendwo, aber ich erklärte ihm, Nirgendwos seien meine bevorzugten Orte.

Sobald ich draußen war, stapfte ich zu einem kleinen Bach, dessen Wasser durchaus nicht unangenehm nach Vulkanasche schmeckte. Ich war so froh, aus dem Bus entkommen zu sein, daß es mir nicht einmal etwas ausgemacht hätte, wenn es nach Geißeltierchen geschmeckt hätte. Meine Füße waren auch froh. Sie führten mich auf einem Geländemarsch durch die Tundra zu Findlingen aus der Eiszeit, die wie im Halbkreis aufgestellte, demolierte Büsten von römischen Kaisern aussahen. Landkartenflechten zogen sich einem Gobelin ähnlich von Findling zu Findling, beinahe ohne einen Stich auszulassen. Hier, inmitten einer Stille, die so vollkommen war, daß sie in meinen Ohren ein leises Pfeifen verursachte, schlug ich mein Zelt auf. Dann vertrieb ich mir die Zeit damit, durch tiefen, blaugrauen Kohleschlamm zu platschen und ein Büschel polarer Flußschönheiten zu betrachten, ein weidenartiges Kraut von einem ungleich tieferen Purpur als irgend etwas sonst auf der Welt. Auf diesem Campingplatz hätte ich es gut und gern ein paar Tage aushalten können. Doch schon am nächsten Tag sollte ich in Reykjahlíð am Ufer des Myvatn-Sees sein, wo mich der Geologe Gisli Saemundsson erwartete. Am Telefon hatten Gisli und ich einen kleinen Ausflug geplant, der uns in ein noch üppigeres Nirgendwo führen sollte.

Am nächsten Morgen legte ich mehr als sechs Meilen Tundra und Sumpf bis zu der Straße zurück, die Akureyri mit dem Myvatn verband, und streckte in althergebrachter Anhaltermanier meinen Daumen in die Luft. Als ich das zehn Jahre zuvor zum erstenmal auf Island probierte, hatten die Autofahrer nicht die leiseste Ahnung, was ein emporgereckter Daumen bedeutete. Vielleicht dachten sie, ich würde vor ihrem Wagemut angesichts der Schlaglöcher salutieren, die tief genug waren, um sie samt ihren Autos zu verschlucken, denn einer wie der andere reagierte damit, daß er ebenfalls den Daumen emporreckte und weiterfuhr. Die Zeiten für Anhalter haben sich inzwischen geändert, die Verkehrsdichte jedoch nicht. Nach zwei Stunden wurde ich von einem mit japanischen Wissenschaftlern vollgestopften Landrover nach Reykjahlíð mitgenommen; ihre Arbeit hatte vermutlich etwas mit Gletscherbächen bei Hochwasser zu tun, denn der Wortführer erklärte mir: »Wir haben einen aus unserem Team verloren. Er ist im Fluß ertrunken. Wir werden ihn vermissen.« Dann grinste er, was ich für unnötig hielt.

Gisli hatte gesagt, ich solle nach einem schlichten weißen Bungalow mit einer blumengeschmückten Walwirbelsäule im Vorgarten Ausschau halten. Doch in Reykjahlíð, einem Dorf mit etwa zweihundert Einwohnern, besaß offenbar jeder einen schlichten weißen Bungalow mit einer blumengeschmückten Walwirbelsäule im Vorgarten. Es war geradezu unheimlich. Ich fragte mich, wie oft es wohl vorkommen mochte, daß ein Dorfbewohner irrtümlicherweise im falschen weißen Bungalow landete, einen Hausstand mit der falschen Gattin gründete und seine Jahre als der falsche Mensch am falschen Ort verbrachte. Bei den schmuddeligen alten Häusern aus Torf und Steinen, die es hier vor fünfzig und sechzig Jahren gab und auf deren Strohdächern Schafe weideten, hätte so etwas niemals passieren können; die Leute hier kennen ihre Schafe ganz genau.

Schließlich wies mir ein Bauer das richtige Haus mit der richtigen Wirbelsäule auf dem Rasen. Gisli war zu Hause; ebenso seine riesige schwarze Dogge, die sofort zum Sprung auf meine Kehle ansetzte. Er tätschelte den Hund liebevoll aufs Hinterteil und sagte: »Snati mag keine Fremden.« Dann begaben wir uns in ein Wohnzimmer, dessen Wände mit Büchern vollgestellt waren, hauptsächlich mit den Sagas und geologischen Handbüchern; allerdings entdeckte ich zwischen *Egils Saga* und *Grettirs Saga* auch ein Exemplar von *Líkamsrækt með Jane Fonda* (Fitneßtraining mit Jane Fonda). Seine Frau, so berichtete Gisli, schwor auf Jane Fonda. Er selbst bevorzugte ihren Vater Henry und fand *Früchte des Zorns* den besten Film, der je gedreht worden war, vielleicht abgesehen von *Höllenfahrt nach Santa Fé,* aber er gab zu, daß er nicht besonders viele Filme gesehen hatte. Eigentlich hatte er bis vor zwei Jahren, als das Lebensmittelgeschäft im Dorf einen Teil seiner Waren durch Videos ersetzte, fast überhaupt keine Filme gesehen.

Vor der fünften oder sechsten Tasse Kaffee auf den Zweck seines Besuches zu sprechen zu kommen, empfindet ein Isländer als unsagbar unhöflich. Also saßen wir herum und tranken eine Tasse Kaffee nach der anderen – daß der Samowar nicht auf dieser Vulkaninsel erfunden wurde, erscheint einem als merkwürdiges Versehen –, bis Gisli nach der fünften Tasse – oder der sechsten? oder der zehnten? – verkündete: »Also, dann wollen wir mal in die Hölle fahren!«

Ein Wort zur Hölle.

Im Winter 1875 fiel wochenlang ein kalter Regen auf die Westküste Norwegens. Am Ostermontag schließlich, dem 29. März, schrieb der Leuchtturmwächter von Ona folgenden ominösen Satz in seinen Wetterbericht: »Heute abend, zwischen acht und zehn Uhr, fiel zusammen mit dem Regen ein feiner, gräulicher Sand herab und bildete eine fünf Zentimeter dicke Schicht, die an den Fensterscheiben und Hauswänden kleben blieb.« Ein oder zwei Tage später fiel dieser Sand auch in Schweden, wo er jedem in den Augen brannte, der sich nach draußen wagte. Ein Gärtner in Södermalm stellte fest, daß seine Pflanzen abstarben, weil der Sand keine Sonne mehr ins Gewächshaus ließ. In Riga in Lettland wurde in der Lokalpresse die Frage erörtert, ob es sich bei diesem Sand nicht vielleicht um irgendeinen obskuren Fallout aus deutschen Industriebetrieben handelte, den es nach Osten geblasen hatte. Der Sand zog weiter nach Leningrad und Moskau, zu den entsetzten Russen, die glaubten, ihr Schnee habe die Farbe gewechselt. Im Spätfrühling fielen irische Kartoffeln einer mysteriösen Pflanzenkrankheit zum Opfer, die man für dieselbe hielt, die in den vierziger Jahren des letzten Jahrhunderts so katastrophal zugeschlagen hatte.

Während Wissenschaftler und Normalmenschen nach passenden Erklärungen suchten, äußerten mehrere populäre Stars die Vermutung, der Sand sei außerirdischen Ursprungs. Der schwedische Polarforscher Adolf Erik Freiherr von Nordenskjöld, der erste Mann, der durch die Nordostpassage fuhr, bezeichnete ihn als »kosmischen Staub« und glaubte, er stamme vom Mond oder vielleicht auch vom Jupiter. Er nahm an, daß diese Art von Staub seit unzähligen Jahrtausenden auf unseren Planeten gefallen war und möglicherweise sogar den Grund und Boden unter unseren Füßen bildete.

Andere Wissenschaftler richteten ihre Teleskope auf den Weltraum, um festzustellen, ob da nicht vielleicht irgendwo ein kleines Loch war...

Wie es so geht, handelte es sich bei dem Sand um Vulkanasche aus einem ebenso entlegenen, aber keineswegs kosmischen Gebiet, nämlich aus der noch von keinem Menschen erkundeten Gegend um den Vulkan Askja im Nordosten Islands. Genauer gesagt stammte er aus einem neuen Krater, den die Isländer als Vití – Hölle – bezeichneten. Zwar gab es auf ihrer Insel ebenso viele Höllen wie Shady Groves in Illinois, aber diese wirkte sich derart diabolisch auf die Landwirtschaft aus, daß sie die allererste Welle isländischer Auswanderer in die Neue Welt trieb. Dabei war der Krater, der sie verjagte, kaum größer als ein Putting-green.

Die Fahrt zur Hölle legten wir mit einem Isuzu Marauder mit Allradantrieb zurück, einer Kombination aus Landrover, Panzer und Ballerina, dessen Chassis sich so hoch über dem Boden befand, daß er auf Zehenspitzen zu stehen schien. Es war das ideale Gefährt, um Gletscherbäche zu durchqueren, urzeitliche und/oder verschneite Straßen zu bewältigen und in der Lava Pirouetten zu drehen. Gisli sagte, den bisher einzigen Unfall mit seinem Marauder habe er im vergangenen Sommer gehabt, als ein französischer Tourist auf den Mückenleibern (Myvatn bedeutet Mückensee), mit denen die Straße übersät war, ins Schleudern gekommen sei und ihn gerammt habe.

»Die Franzosen sind gräßliche Autofahrer«, sagte ich. Eine Binsenweisheit.

»Da solltest du sie erst mal sehen, wenn sie auf toten Insekten fahren...«

Zuerst machten wir einen Abstecher Richtung Osten nach Möðrudalur, vor hundert Jahren das abgelegenste Anwesen im ganzen Land, jetzt aber durch die große Ringstraße mehr oder minder mit dem Rest der Insel verbunden. Möðrudalur lag breit und behäbig auf einem weitläufigen Hochplateau, dessen Sinterboden von einem bleichen Graubraun war, das nur selten von kleinen Grasbüscheln aufgelockert wurde. Boshafte Windteufel peitschten Sandwirbel auf und fegten sie mehrere hundert Meter weit durch die Luft, bis sie an Aschenhaufen stießen und in sich zusammenfielen. Ich rechnete damit, jeden Augenblick eine Beduinenprozession aus einem dieser Windteufel auftauchen zu sehen oder aus der winzigen Hofkapelle (Gisli zufolge hatte der Bauer Jón Stefansson die Pläne dafür in sechs Minuten gezeichnet) das monotone nasale *La ilah ill' Allah* eines Muezzins zu hören.

Ein Engländer namens John Stanley, der Möðrudalur im neunzehnten Jahrhundert besuchte, stellte fest, daß seine Bewohner Miltons *Verlorenes Paradies* vom ersten bis zum letzten Vers in der isländischen Übersetzung aufsagen konnten, aber keine Ahnung hatten, was für ein Ding eigentlich dieser Apfel war, von dem ständig die Rede war. Ähnlich wie ein Afrikareisender, der die Eingeborenen dadurch in Staunen versetzte, daß er sein Glasauge herausnahm (falls er das Glück hatte, eines zu besitzen), zauberte Stanley einen Apfel hervor, und die Eingeborenen von Möðrudalur waren mächtig verwundert. Sie bewahrten den heiligen Gegenstand viele Jahre lang auf, bis er völlig zu Staub zerfiel.

Anschließend hielten wir uns nach Westen, gelangten an den Krater Hrossaborg – Pferdeklippe – und tauschten die Hauptstraße gegen einen Weg voller Sandfurchen ein, der ins Landesinnere führte. Die ausgetrocknete Ebene wurde nur durch kleine Sand- und Aschehügel unterbrochen. Tapfere Büschel Vogelmieren und Feuernelken kuschelten sich wie die Überlebenden eines antibotanischen Blitzkriegs aneinander. Nach einiger Zeit fuhren wir an der Jökulsá á Fjöllum entlang, einem dunklen, düsteren Gletscherbach, der noch schlimmer mit Müll verdreckt war – freilich mit geologischem Müll – als der Rhein.

Jetzt wurde die Straße schlechter. Gisli zögerte nicht, sie als die schlechteste Durchgangsstraße auf einer Insel mit lauter schlechten Durchgangsstraßen zu bezeichnen. Ein ziemliches Kompliment. Man hatte sie Anfang der sechziger Jahre ausschließlich mit Handwerkzeugen – Pickeln, Schaufeln und Meißeln – aus einem Lavafeld mit Namen Grafarlönd herausgehauen. Das Sträßchen wand sich in Serpentinen immer wieder zu sich selbst zurück wie eine Brezel, als hätte es etwas gegen motorisierte Fahrzeuge und wollte sich ihnen dadurch widersetzen, daß es nirgendwohin führte. Gisli setzte jedes Erg seines Vierradantriebs ein. Der Marauder verwandelte sich in einen zögernd wühlenden Maulwurf, der alle ein bis zwei Meter abrupt stehenblieb, zurückstieß und dann wieder über eine Katakombe verschlungener Torsos und zermalmter Basaltknochen, noch stachelig und voller Leben, hinwegfuhr. Mit weicheren Stoßdämpfern hätte die Gefahr bestanden, daß wir aufgespießt werden.

Während der Fahrt erzählte mir Gisli folgende Geschichte:

Um die Jahrhundertwende lebte ein Mann, der heiraten wollte, aber kein Geld hatte; deshalb ließ er sich auf einem norwegischen Walfischer anheuern. Nach einer ertragreichen Fangsaison kehrte der Mann nach Hause zurück und knüpfte das Band der Ehe. Drei oder vier Jahre später ging es ihm wieder dreckig, und wieder heuerte er auf einem Walfänger an. Eines Tages erbeuteten sie vor Grytviken, der Hauptstadt der Insel Südgeorgien, einen gigantischen Blauwal, und als der Mann dabei half, den Walspeck abzuziehen, stolperte er und fiel auf die riesige Zunge. Nun ist die Zunge eines Blauwals zwei Meter dick und extrem fleischig. Der Mann versank darin und erstickte.

Dieser Mann war Gislis Großvater.

»Ich bin in Siglufjörður aufgewachsen, einem ausgesprochenen Heringsparadies. Alle Jungen von Siglufjörður gingen zur See, nur mein Bruder und ich nicht. Wir wurden Geologen. Ich glaube, wir haben uns unbewußt für einen Beruf entschieden, in dem wir es mit hartem Material zu tun haben würden, mit sehr hartem Material...«

Nachdem der Marauder mit einem Satz den Fluß Lindaá überquert hatte, schien die Straße nicht mehr so viel gegen unser Vordringen einzuwenden zu haben. Ab und zu entdeckte ich sogar ein paar Büschel Engelwurz, eine blühende, eßbare Pflanze, die haargenau wie der gefleckte Wasserschierling aussieht, eine der *am wenigsten* eßbaren Pflanzen überhaupt (ein Mundvoll davon kann einen ins Jenseits befördern). Und dann sah ich den Herðurbreið, der in einem Lavafeld unmittelbar vor uns vor sich hindöste. Er hatte die Form eines gigantischen Geburtstagskuchens, mit einer einsamen Kerze als Gipfel und einem Zuckerguß aus Schnee, der durch die zahlreichen Bergschluchten herabtropfte. Die meisten Berge büßen ihre Persönlichkeit ein und werden zu formlosen Kolossen, sobald man sich ihnen nähert, doch je mehr wir uns dem Herðurbreið näherten, um so hübscher sah er aus.

Die Asche und die Tephra, also das ganze Vulkanzeugs des Berges, seien schuld daran, daß der Aufstieg so beschwerlich ist, meinte Gisli. Auf zwei Schritte vorwärts folgten zumeist drei Rutscher rückwärts. Später erfuhr ich, daß der erste Bergsteiger, der den Herðurbreið erklomm, ein Amerikaner namens W. L. Howard war. Howard machte diesen Aufstieg 1881 mit Hilfe eines Drachens, der an einem Anker befestigt war. Er warf den Anker auf das Felsgestein über seinem Kopf und zog sich dann an einem Seil hoch, wobei ihn der Drachen oben hielt,wann immer er an eine problematische Felswand kam. Ich konnte mir gut vorstellen, wie schwierig es gewesen sein mußte, sich mitten in Island einen Drachen zu bauen, der groß genug war, um einen Anker *und* einen muskulösen Bergsteiger hochzuhieven. Trotzdem scheint die Genialität dieses Yankees – möglicherweise von Benjamin Franklins vortrefflichen Drachenexperimenten inspiriert – den Sieg davongetragen zu haben, denn Howard schaffte es, den sechs- oder siebenstündigen Aufstieg in achtunddreißig Stunden zurückzulegen.

Bei Herðurbreiðarlindur, einer Art Oase in der Lavawüste, stiegen wir aus. An einem kleinen Wildbach wuchsen rosa Thymian, schlankes Wollgras und die allgegenwärtige Engelwurz, die wir *au naturel* aßen, obwohl mir Gisli erklärte, daß sie am besten schmecke, wenn man den rohen Dotter eines Enteneis in ihren hohlen Stengel gießt. Dann wanderten wir zu einem Steinhaufen, einem ehemaligen Unterschlupf, in dem die zwei einzigen Bewohner des

Landesinneren, Fjalla-Eyvindur und Fjalla-Bensi, gehaust hatten. Eyvindur war ein Schafsdieb und Bensi ein Schäfer, doch die Fjalla-Berge, die ihnen zu ihren Spitznamen verhalfen, kümmerten sich kaum um derlei nutzlose Unterscheidungen.

Eyvindur Jónsson war 1714 geboren und verlebte bis auf die Tatsache, daß er ständig den Drang zu klauen verspürte, eine ruhige, normale Kindheit. Er begann mit kleinen Sachen, Haushaltsgegenständen etwa, und arbeitete sich dann hoch zu lebendem Inventar. Nachdem man eine große Anzahl gestohlener Schafe in seinem Besitz gefunden hatte, erklärte ihn das Althing für vogelfrei. Daraufhin zog er in die Berge und begann sein Gewerbe ernsthaft zu betreiben und armen wie reichen Leuten morgens, mittags und abends ihre Schafe zu klauen. In keinem Bericht über seinen Lebensweg ist je von persönlichem Gewinn oder einer zwanghaften Gier nach Hammelfleisch die Rede. Eyvindur klaute einfach Schafe, so wie irgendein anderer begabter Bursche vielleicht Gedichte geschrieben hätte. In einer der wenigen von ihm existierenden Personenbeschreibungen werden die potentiellen Opfer tatsächlich darauf aufmerksam gemacht, daß man ihn »häufig Strophen aus alten Balladen oder Liedern vor sich hinsummen« habe hören. Er pflegte auf einen Bauernhof zu kommen – inkognito, versteht sich – und zunächst das Vertrauen des Bauern zu gewinnen. Erst dann machte er sich mit den Schafen des Mannes aus dem Staub, als wäre es unrecht, sich einfach auf den Hof zu schleichen und die Schafe zu klauen. Als es an der Zeit war zu heiraten, vergewisserte sich Eyvindur zuvor, daß die Frau seines Herzens, eine junge Witwe namens Halla Jónsdottir, seine Vorliebe für den Schafsdiebstahl teilte. Wenn den beiden ein Bauer oder ein Polizist zu dicht auf den Fersen war, verschwanden Eyvindur und Halla einfach im unerforschten Landesinneren. Eyvindur war zwar keineswegs schneller auf den Beinen als andere Männer, aber er verfügte über eine besondere Technik, die es ihm ermöglichte, selbst seinen flinksten Verfolgern zu entkommen – er schlug Räder. Eine hinreißende Vorstellung: ein einsamer Vogelfreier, der sich über Lava und Sand wie ein Wilder radschlagend davonmacht, während die Vertreter von Recht und Gerechtigkeit immer weiter zurückbleiben.

»Eyvindur hielt sich im Winter 1774/75 hier versteckt«, erzählte Gisli. »Als Dach über dem Kopf diente ihm ein totes Pferd. Er aß das Pferdefleisch, und als es Frühling wurde, schien die Sonne durch das Pferdegerippe. Ein Jahr später wurde er begnadigt. Zwanzig Jahre lang war er vogelfrei gewesen. Länger läßt die Regierung keinen als Vogelfreien herumlaufen.«

Ich betrachtete den Steinhaufen und versuchte mir vorzustellen, daß hier jemand lebte. Zu seinen besten Zeiten war er wohl kaum größer als einen mal eineinhalb Meter gewesen, also nicht einmal groß genug für ein einziges schwaches Rad. Aber wie es scheint, bereitet Island die Menschen auf die steinigsten Umstände vor und animiert sie zu den kreativsten Überlebensstrategien: Ein totes Pferd anstelle eines Daches hält zumindest den Sturm ab.

Während Eyvindur Schafe klaute, holte Bensi sie wieder zurück. Er war ein schmuddeliger, Schnupftabak schniefender Bauernknecht, dessen Aufgabe darin bestand, abhanden gekommene Schafe wieder aufzuspüren. Einmal mühte er sich tagelang ab, um ein einziges Schaf in seinen Stall zurückzubringen, aber dann ging es ihm verloren. Dieser legendäre Einsatz – nur ein leicht bekloppter Mensch wie Bensi konnte sich soviel Mühe für ein einziges Schaf geben – lieferte Gunnar Gunnarsson die Idee für seine 1944 entstandene Novelle *Der gute Hirte,* die von einem schnupfenden Schäfer erzählt, dem es nicht gelingt, in einem weihnachtlichen Schneesturm ein Schaf zurückzuholen. Gisli zufolge nahm Ernest Hemingway, als er seinen Kurzroman *Der alte Mann und das Meer* schrieb, Anleihe beim *Guten Hirten* (»Jeder Isländer weiß, daß Hemingway von Gunnar Gunnarsson geklaut hat«) und machte aus Bensi den alten kubanischen Fischer, aus dem Schaf den zähen Speerfisch und aus dem Schneesturm am Weihnachtsabend – dies erschien mir etwas unwahrscheinlich – das Karibische Meer.

»Ich habe mich oft gefragt, warum er Selbstmord begangen hat«, sagte Gisli.

»Wer? Bensi?«

»*Nei,* Hemingway. Glaubst du, er hatte ein schlechtes Gewissen, weil er von Gunnar Gunnarsson geklaut hat?«

Wir setzten unseren Weg nach Westen fort, parallel zum Herðurbreiðartögl, Herðurbreiðs Pferdeschweif also, einem langen, kräftigen und steil abfallenden Aschentuffrücken, der weniger an einen Pferdeschweif erinnerte als an einen auf dem Rücken liegenden Gewichtheber. Zu beiden Seiten des Wegs erhoben sich verzerrte Modigliani-Körper aus schwarzer Lava, deren klaffende Münder uns anscheinend etwas sagen wollten: *Et in Arcadia ego,* ihr selbstgefälligen Zweifüßler auf Rädern. Nach und nach erkannte ich silberhaarige Medusenköpfe, mutierende Reptilien, gewaltige Bussarde und boshafte Gnome, die auf abgebröckelten Felszinnen hockten und alle nur darauf warteten, über uns herzufallen. Einmal sah ich einen vertrockneten Stengel, auf dem eine zarte Blüte saß; das Ganze wirkte wie ein evolutionärer Irrtum.

Nichts rührte sich in dieser Kälte und Stille, nicht einmal ein Insekt. Man hatte den Eindruck, durch eine ausgebombte Stadt zu gehen. Ich mußte an Dresden denken. Und erst recht an Hiroshima und Nagasaki, denn bei den Isländern kursiert der Witz, daß sich ein nuklearer Angriff auf ihr Land erübrigt.

»Wir befinden uns jetzt im Ødáðahraun«, verkündete Gisli in ehrfurchtsvollem Ton, als hätten wir soeben eine Kirche betreten und nicht das größte, ödeste Lavafeld auf der ganzen Welt.

Das Ødáðahraun, die Lava der bösen Taten, bekam seinen Namen von den Vogelfreien, die angeblich Eyvindurs Beispiel folgten und sich im neunzehnten Jahrhundert hier verkrochen. Doch hat man auf dieser zweitausend Quadratmeilen großen, wie in einem Science-fiction-Film anmutenden Fläche nie etwas gefunden, was einen Hinweis darauf lieferte, daß hier irgendwann Vogelfreie gelebt hätten. Mit den Astronauten sieht es da schon anders aus. Im Jahr 1967 schickten die NASA-Behörden Neil Armstrong, William Anders, Alan Bean und einige andere Teilnehmer am Unternehmen

Apollo 11 dorthin, um auf dem verformten Boden des Ødáðahraun ein paar vorbereitende Schritte für die Menschheit zu tun. Es war ein perfekter Ersatz für den Mond; andere Lavagegenden in anderen Teilen der Erde waren durch Vegetation verdorben oder sonstwie verpfuscht und folglich nicht mehr ausreichend mondmäßig. Die Apollo-Astronauten kamen an, hüpften ein bißchen herum, sammelten Gesteinsproben, identifizierten Gesteinsproben, warfen die Gesteinsproben wieder weg und spielten zur Vorbereitung auf ihre epochale Reise zwei Jahre später Football.

»Wir haben uns gefreut, eure Astronauten als Gäste hier zu haben«, sagte Gisli.

»Das sind nicht *meine* Astronauten«, entgegnete ich leicht gereizt. Ich habe keine allzu freundliche Meinung von diesen in Raketen herumfliegenden Weltraumurlaubern. Alles, was man nicht mit ein Paar anständigen Wanderstiefeln oder einem barmherzig langsamen Boot erreichen kann, sollte man in Frieden lassen. Die Apollo-Mannschaft hatte sich bereits das Ødáðahraun angesehen. War es da wirklich nötig, daß sie auch noch unserem Nachbarn, dem Mond, einen fliegenden Besuch abstattete?

Es ist mir klar, daß diese Aussage eine etwas beschränkte, wenn nicht gar zutiefst engstirnige Weltanschauung verrät. Dabei habe ich mir Mühe gegeben, aufgeschlossen zu sein. Habe versucht, den Mond, den Jupiter und den Pluto, den Beteigeuze, das Sternsystem der Andromeda und andere Galaxien lediglich als andere Inseln in der Wildnis der Schöpfung zu betrachten. Habe versucht, mich in den Abenteuergeist der Wikinger einzufühlen, wenn ich (zum Beispiel) die wikingische Weltraummission betrachte. Aber es funktioniert offenbar nicht. Ich bleibe hoffnungslos der Erde verhaftet, ein Gefangener meiner beschränkten Weltsicht, meiner der Schwerkraft gehorchenden Füße. Wie alle anderen Menschen schaue ich voller Ehrfurcht zu den blinkenden Sternen am klaren Nachthimmel auf, doch irgendwie weigert sich meine Stirn, sich bei dem Gedanken an außerirdische Bewohner und ihre möglichen Intelligenzquotienten zu runzeln. Ich kann nur hoffen und beten, daß diese

Sterne ihr wundersames Blinken trotz der Errungenschaften des Terminal-Menschen an seinem Computer beibehalten.

Vielleicht bin ich einfach reaktionär. Zurückgeblieben. Begriffsstutzig. Unwissenschaftlich. Ich habe sogar ein oder zwei Bücher über die Landung der Apollo auf dem Mond gelesen, aber ich muß zugeben, daß mir noch immer nicht klar ist, was Armstrong am 20. Juli 1969 da oben getrieben hat. In einem Vakuum kann man nicht Trompete spielen...

Am frühen Abend erreichten wir die Hütte von Drekagil, der Drachenschlucht, die das Ende unserer Reise darstellte. Das heißt das Ende des motorisierten Teils. Die restlichen vier Meilen mußten wir zu Fuß zurücklegen.

Bald stapften wir durch ein Schneefeld, unter dem Schmelzwasserbäche ihre Sirenenmelodien sangen, eine Einladung an den kopflosen Wanderer, einen falschen Schritt auf der Schneekruste zu tun und hineinzuplumpsen. Wir trampelten über ein Bimssteinfeld, schlugen Bogen um Aschepyramiden, stapften wieder durch Schnee, versanken im Sand und standen dann endlich auf einem Grat oberhalb des urzeitlichen Amphitheaters des Öskjuvatn, eines tiefen, birnenförmigen Kratersees mit zwei Meilen Durchmesser. Ein paar vereinzelte Eisplatten schwammen auf dem Wasser, doch ansonsten war die Oberfläche völlig glatt.

Wir standen da, ohne ein Wort zu sagen. Welche Worte könnten einem derart unbelebten, unmenschlichen, unergründlichen und lieblichen Anblick schon gerecht werden? Am anderen Seeufer glitzerte ein Quarzklumpen weiß und einsam wie Lots Frau. Nächtlich leuchtende Wolken schwebten wie plumpe goldene Luftschiffe vorbei. Ich atmete den reinsten Sauerstoff, den ich je erlebt hatte, atmete mehr und immer noch mehr davon ein, und langsam bahnte sich eine uralte Ruhe den Weg durch die Abwehrmauern meines Körpers. Noch mehr Sauerstoff; noch mehr Wolken; noch mehr in sich geschlossener See. Ich wurde eins mit der Welt – nein, ich wurde nicht eins mit ihr; das war physikalisch unmöglich. Aber ich wurde zwei mit ihr, und jeder von uns beiden stand mit dem anderen auf bestem Fuß, während jeder das Wesen des anderen aufmerksam betrachtete. Eine ideale Beziehung, dachte ich.

Gisli brach das Schweigen mit folgender Geschichte:

Im Frühsommer 1907 verließ eine aus drei Deutschen bestehende Expedition den Myvatn in Richtung Askja. Die Gruppe bestand aus dem bekannten Geologen Dr. Walter von Knebel, einem jungen Geologen namens Hans Spethmann und dem Maler Max Rudloff. Die drei kamen mit mehreren isländischen Führern und einem Boot, bestehend aus Segeltuchwänden, die an einem Messingrahmen befestigt waren, am Öskjuvatn an. Nachdem sich die Führer auf den Rückweg gemacht hatten, schlugen die Deutschen am Seeufer ihr Lager auf. Vor ihnen hatte noch nie ein Mensch ein Zelt dort aufgeschlagen. Die beiden Geologen sammelten eine Anzahl bemerkenswerter Gesteinsproben vom Vulkanausbruch im Jahr 1875, und Rudloff fertigte Skizzen von einer Landschaft an, deren Existenz er außer in einem Buch mit grotesken Geschichten niemals für möglich gehalten hätte.

Am 10. Juli machten sich von Knebel und Rudloff auf, um den See zu erkunden, während Spethmann in die Berge loszog, um noch mehr Gesteinsproben zu suchen. Spethmann kehrte am frühen Abend zum Lager zurück, die anderen beiden nicht, und Spethmann konnte ihr Boot auch nirgends auf dem See herumschwimmen sehen. Fünf Tage später war es noch immer nicht aufgetaucht. Als einer der Führer zum Lager zurückkehrte, lief Spethmann halb verrückt und wirres Zeug redend umher, unfähig zu berichten, was geschehen war. Bald kam das Gerücht auf, daß er sich seiner beiden Begleiter entledigt habe, weil er in Knebels Verlobte, Viktorina von Grumbkow, verliebt war. Einige Zeit später setzte Fräulein von Grumbkow eine Expedition zum Öskjuvatn in Marsch und schwor, dem Geheimnis auf den Grund zu gehen. Ohne Zweifel hätte das bedeutet, sich auf den Grund des Sees zu begeben, wofür sie eine Taucherkugel gebraucht hätte. Nach einer ergebnislosen Suche warf sie einen Trauerkranz in den See und kehrte nach Deutschland zurück, wo sie einen gewissen Dr. Hans Reck, einen Vulkanologen, heiratete. Daraufhin kursierte das Gerücht, Spethmann habe sich überhaupt nicht für sie interessiert, sondern Reck habe ihm eine ordentliche Summe geboten, um den Rivalen loszuwerden. Was von Knebel und Rudloff betrifft, so ist mit Ausnahme eines Ruders, einem von Rudloffs Handschuhen und einer Zahnbürste niemals wieder etwas von ihnen aufgetaucht.

Gisli zeigte mir das Grabmal, das Fräulein von Grumbkow zum Andenken an ihren Verlobten hatte errichten lassen. Unter dem Deckstein befand sich eine rostige Blechschachtel mit einem Besucherbuch, dessen letzter (englischer) Eintrag lautete: *»No Nukes!«* Keine Kernwaffen!

Wir gingen weiter, überquerten jetzt eine Fläche, die gleichzeitig mandarinenfarben und von einem dunklen Indigo war. Schon bald gelangten wir an einen kleinen, von einem Bimssteinkegel umgebenen Krater, den eine schmale Felswand vom Öskjuvatn trennte. Aus diesem Krater erhoben sich wirbelnde, kreiselnde Gebilde aus windgetriebenem Dampf. Im Gegensatz zum Öskjuvatn war dieser See mit *lebendigem* Wasser gefüllt – Wasser, das die Farbe von unreifen Kaffebohnen hatte und nach verfaulten Eiern roch. Das ist also die Hölle, dachte ich. Jenes infernalische Reich, das irische Kartoffeln so übel zugerichtet, Isländer in die Vereinigten Staaten und nach Kanada versprengt und den russischen Winter mit Aschesalven eingedeckt hatte. Dabei sah das Ganze eher aus wie eine verdreckte Badewanne.

Ich folgte Gisli die steile Lehmböschung in den Krater hinab, die glitschig war wie Vaseline. Einmal rutschte er aus und fiel unsanft auf eine vorspringende graue Quarznase. *Já maður, mikið lelvíti!«* rief er. Ein Ausdruck der Mißbilligung, für einen Isländer gleichbedeutend mit allen anderen, die seine tausend Jahre alte wikingische Sprache anzubieten hat.

Im Grunde hatte Gisli eine große Vorliebe für diesen Ort. So wie die Bauern rings um den Myvatn auf die Zauberkräfte von Pferdemist schwören, besonders wenn man sich die Hände damit beschmiert, so schwor er auf das verzauberte Wasser der Hölle, das ihm Glück brachte, besonders wenn er darin schwamm.

Vor acht Jahren hatte ihm die Hölle zu einem Job bei einem Projekt zur Nutzung der Erdwärme in Krafla verholfen und erst im vergangenen Jahr zu einer hübschen jungen Frau (wenngleich sie, wenn er hier ein Bad genommen hatte, wegen des Gestanks eine Woche lang nicht mit ihm schlief).

Als wir unten ankamen, zogen wir unsere Sachen aus und wateten ins Wasser. Wieder einmal befand ich mich in heißem Wasser – in heißem, schwefelhaltigem Wasser, das diesmal außer nach verfaulten Eiern noch besonders penetrant nach Zwiebeln stank.

Ein paar Minuten später rieselten dicke Schneeflocken in den Krater herab. Die Hitze verflüssigte sie, bevor sie uns erreichten. Doch bald fiel der Schnee rascher, so daß ich mich in der unglaublichen Situation befand, in einem arktischen Schneesturm zu kraulen und dabei gleichzeitig zu frieren und zu schwitzen. Nicht nur das, sondern mitten in diesem Schneesturm kam auch noch die Sonne heraus und zielte mit einem ihrer nächtlichen Strahlen auf einen Flecken grünen Wassers. In Island passieren so viele widersprüchliche Dinge, daß ich mich in diesem Augenblick fragte, warum sie einander nicht aufhoben und die Insel zu einem faden, stinknormalen Ort werden ließen.

In dieser Nacht in der Hütte von Drekagil schlief Gisli auf der Stelle ein und schnarchte wenig später wie eine ganze Mahler-Symphonie. Ich konnte überhaupt nicht einschlafen. Es war halb zwei Uhr morgens, und noch immer leckten Lichtzungen am Fenster. Ich wünschte, ich hätte zwei Decken gehabt: eine, um das Fenster abzudecken, die andere, um sie über Gislis Gesicht zu breiten und sein Konzert zu dämpfen.

Ich zog also meine Stiefel an und ging wieder nach draußen. Die ganze Schöpfung war in ein sanftes, arktisches Blau getaucht, das einzige Geräusch war das sanfte Tröpfeln schmelzenden Schnees, und am Himmel hingen friedlich niedrige Stratuswolken. Eine vollkommene Nacht für einen Spaziergang. Ich wußte nicht genau, wohin, aber ich wußte, daß ich mich nicht verlaufen würde, weil ich meine Position stets anhand von Askjas zinnengekröntem Kamm und dem purpurnen Hochzeitskuchen des Herðubreið im fernen Nordnordwesten bestimmen konnte.

Ich kletterte die Spitzkuppe hinter der Hütte hinauf und wanderte über ein Plateau, auf dem der erste zaghafte Moosflaum die Lava wie Grünspan bedeckte. Wie ein Astronaut hüpfte ich über Erdspalten und strich durch Lavagrotten, die so ebenmäßig und makellos waren, als wären sie von Hand gehauen worden. Unmittelbar vor einer dieser Höhlen entdeckte ich nicht etwa Rudloffs zweiten Handschuh, sondern ein Prince-Polo-Schokoladenpapier, das mir verriet, daß hier vermutlich eher ein Isländer als ein Deutscher vorbeigekommen war. Prince Polo ist die beliebteste Schokoladenmarke auf der Insel und wird von jedermann derart süchtig und in solchen Mengen verschlungen, daß es Leute gibt, die behaupten, die Prince-Polo-Fabrik in Lodz in Polen habe es nur der Naschhaftigkeit der Isländer zu verdanken, daß sie noch nicht von einer Fabrik für Traktorenersatzteile verdrängt wurde.

Plötzlich kam eine Nebelwand herab wie konzentrierte Erbsensuppe. Ich konnte tatsächlich nichts mehr sehen außer der sprichwörtlichen Hand vor Augen. Die zwei markanten Erhebungen, die ich mir zuvor als Anhaltspunkte für die Himmelsrichtung gemerkt hatte, schon gar nicht; also beschloß ich, mich einfach an Ort und Stelle niederzusetzen und abzuwarten, bis der Nebel verschwinden würde. Fünfzehn Minuten vergingen. Eine halbe Stunde verging. Der Nebel machte keinerlei Anstalten, sich zu lichten, obwohl der Wind nach Osten gedreht hatte und ihn gut hätte wegblasen können. Es konnte passieren, daß mich der Nebel tagelang hier festhielt, überlegte ich; damals im Jahr 1838 war der erste uns bekannte Besucher des Askja, ein Landvermesser namens Björn Gunnlaugsson, tatsächlich tagelang vom Nebel festgehalten worden. So beschloß ich, meinen Weg nach Drekagil zurückzuverfolgen, indem ich mich an den verschwommenen Silhouetten der zuvor beobachteten Lavaformationen und an meinen eigenen Fußstapfen im Schnee orientierte. Das erwies sich als Fehler. Lavaformationen sehen aus unterschiedlichen Blickwinkeln verschieden aus, und ein Großteil des Bodens, über den ich gegangen war, bestand aus Schotter und Bimsstein und nicht aus Schnee. Selbst für einen noch so raffinierten Spurenleser ist es nicht leicht, auf Schotter Fußabdrücke zu erkennen.

Ich verlief mich.

Ich hatte mich schon früher verlaufen – und das nicht selten –, aber zumindest hatte ich da einen Kompaß und eine topographische Karte dabeigehabt; und vor allem hatte ich das Gelände gesehen, durch das mich mein Irrweg führte. Diesmal sah ich nichts außer einem bauschigen Seidenraupenkokon und ein paar dunklen, gespenstischen Gestalten, vielleicht Lava, vielleicht ein Bestiarium fremdartiger Tiere. Ich begann etwas schneller zu gehen, sprang über Schlackenhaufen und watete durch knietiefe Schneeverwehungen. Scharfe Lavadolche ritzten meine Hände und schürften mir die Beine auf, und einer zeichnete durch meine Wanderhose hindurch eine feine, blutige Linie.

Es schien mir, als würde ich genau in die entgegengesetzte Richtung von Drekagil gehen, doch als ich kehrt machte, erschien mir auch das als die falsche Richtung. Einmal riß es mir die Beine unter dem Körper weg, so daß ich Hals über Kopf in einem Lavaloch landete. Zum Glück war es ein kleines Lavaloch, denn große können einen zu einem ziemlich ausgedehnten Aufenthalt zwingen. Vor ein paar Jahren fand man in einem Loch bei Kalmanstunga ein Sortiment Knochen, an dem noch schützende Kleiderfetzen aus der Zeit der Landnahme hingen.

Ich kletterte aus dem Loch heraus und schnitt mir weiterhin eine Art Schneise durch den Nebel. Ein erneutes Drehen des Windes wehte mir den Schwefelgeruch der Víti in die Nase, was mich zu der Annahme veranlaßte, ich dürfte wohl nicht mehr allzuweit vom Weg entfernt sein. Dann fiel mir ein, daß ich die Hölle sogar von der Schutzhütte aus gerochen hatte, also war ich vielleicht doch nicht so nahe dran. Aber wo war ich dann? Vielleicht in Kambodscha, denn um ein Haar wäre ich gegen ein Ding gerannt, das aussah wie der

Tempel Angkor Wat, den der Dschungel allmählich verschlang. Oder vielleicht in Paris, denn jetzt sah ich in der Ferne im Nebel ganz deutlich den Arc de Triomphe. *Paris!* Ein Teil von mir wäre jetzt liebend gerne dort gewesen, hätte bei einem unausstehlichen Kellner einen Aperitif und ein Cordon bleu bestellt. Doch ein anderer Teil zog es vor, hier in diesem geheimnisvollen Nichts zu sein und gegen Lavaformationen zu rempeln. (Gab es eine bessere Möglichkeit, sie kennenzulernen?) Zum Teufel mit Paris!

Und dann geschah es: Alle diese dunklen, gespenstischen Gestalten verwandelten sich in ein Bestiarium von Tieren, die auf merkwürdige Weise jubelnd zum Leben erwachten. Schuld daran war nicht etwa ein Adrenalinstoß, der ein von Panik ergriffenes Bewußtsein auf eine andere Ebene gehoben hätte. Sie waren wirklich am Leben – trotteten und spazierten umher und freuten sich am Nebel, als sei er der einzige Katalysator ihres ansonsten unbeweglichen Daseins. Vögel, Reptilien und gewaltige, zottige Säuger mit stolz erhobenen Köpfen. Gnome und Trolle, die ihre kränkliche Übernatürlichkeit abgestreift hatten wie Schmetterlinge ihre Larven. Alle versuchten sie mir etwas mitzuteilen, nämlich daß ich in ihr Reich aus Lavastaub eingedrungen war und daß es ihnen am liebsten wäre, wenn ich möglichst schnell von hier verschwände. Einige wiesen mir den Weg, den ich nehmen sollte:

»Geh nach Nordosten über diesen finsteren Kamm, Steinloser.«

Ihre Richtungsangaben erwiesen sich als erstaunlich brauchbar. Ich trottete über den Grat und ging dann noch eine Stunde lang an einem hurtig dahinfließenden Gletscherbach entlang. Endlich entdeckte ich am Fuß eines steilen Abhangs, nur etwa eine Viertelmeile unter mir, die Hütte von Drekagil. Als ich Gisli erreicht hatte, trank er bereits seine dritte – oder fünfte? oder siebte? – Tasse Frühstückskaffee.

Ich hatte wirklich Glück gehabt – vielleicht das Ergebnis des gestrigen Bades. Ich wurde wiedergefunden. Und was noch besser war, ich hatte das Privileg genossen, mich in der weiteren Umgebung der Hölle hoffnungslos zu verirren.

6 Der Revolutionär der Hundstage

Nach meiner Höllenfahrt mit Gisli fuhr ich per Anhalter nach Norden in den Hafen Akureyri, wo ich die Fähre auf die Insel Grimsey nehmen wollte. Während ich am Pier wartete, blätterte ich in einem Buch über den dänischen Glücksritter Jørgen Jørgensen, das ich in einer Buchhandlung im Ort erstanden hatte. Die Isländer nennen Jørgensen ihren Hundstage-König, weil er während der sogenannten Hundstage des höchst bemerkenswerten Sommers 1809 an die Macht kam. Richtige Hundstage – das sind die Tage, an denen der Hundsstern Sirius unmittelbar vor Sonnenaufgang und unmittelbar nach Sonnenuntergang zu sehen ist – kann die Insel zwar gar nicht für sich in Anspruch nehmen, weil die Mitternachtssonne den Lichtverhältnissen in die Quere kommt. Aber schließlich war Jørgen Jørgensen ja auch kein richtiger König.

Ein Dockarbeiter sah mich da sitzen und beugte sich herunter, um festzustellen, was ich las. »Ah, Jörundur«, sagte er, wobei er den isländischen Spitznamen für Jørgensen verwendete. »*Hamingjan góða!* Das war ein Mann mit einer recht seltsamen Geschichte…«

Und diese seltsame Geschichte hörte sich so an:

Man schreibt das Jahr 1780, also sind erst zwei Jahre vergangen, seit Captain Cook Hawaii entdeckt hat, und es wird noch drei Jahre bis zum Ende des amerikanischen Unabhängigkeitskrieges dauern. Im dänischen Kopenhagen bringt die Frau des königlichen Uhrmachers einen Sohn namens Jørgen zur Welt. Von frühester Jugend an scheint Jørgen ein besonderes Vergnügen an jeglicher Unordnung zu finden, vielleicht deshalb, weil sein Vater so von der Zeit besessen ist (Mr. Jørgensen hat auf dänisch, französisch und deutsch Bücher über Uhren und Chronometer geschrieben). Es gefällt ihm, wenn Dinge in die Brüche gehen, beschädigt oder zerstört werden – vor allem Regierungen. Vor allem die Regierung, deren königlichem Hof sein Vater Gehorsam zollt. Folglich ist es das herausragendste und befriedigendste Ereignis seiner Jugend, als er inmitten einer Masse von Gaffern steht und mit ansieht, wie der Königspalast in Kopenhagen niederbrennt. Zur Zeit dieses glücklichen Ereignisses ist er ganze neun Jahre alt.

Da jedoch niemand erwarten kann, daß sich sein Haß auf die Monarchie zu einer beruflichen Karriere ausbauen läßt, beschließt Jørgen, Seemann zu werden. Im Alter von zwanzig Jahren reist er nach England, ins Land der Seeleute, und schlendert an den Docks von Southampton herum, als er zum Dienst an Bord eines Kriegsschiffs der Royal Navy gepreßt wird. Wenig später schießt er unter dem Namen John Johnson mit Kanonen auf französische Fregatten. Wegen seiner Geschicklichkeit im Umgang mit Kanonen wird der Leichtmatrose Johnson zum Zweiten Maat Johnson befördert und auf die *Lady Nelson* beordert, deren Bestimmung es ist, die fernen Küsten von Van-Diemens-Land, dem heutigen Tasmanien, zu erforschen. Im Jahr 1804 kommt er in Van-Diemens-Land an und hilft, den Grundstein für die Hauptstadt Hobart Town zu legen – ein Ort, den er, wie er einem Freund anvertraut, irgendwann einmal gerne wiedersehen würde. Verhängnisvolle Worte!

Als nächstes heuert Jørgen als Obermaat Johnson auf dem Walfänger *Alexander* an, der mit einer fetten Ladung Walratöl von Neuseeland nach London segelt. Bei der Umrundung von Kap Horn gerät die *Alexander* in einen jener Stürme, die man nur einmal im Leben erlebt; er treibt sie dreitausend Meilen weit vom Kurs ab nach Tahiti. Tahiti, so findet Jørgen, ist sogar noch angenehmer als Van-Diemens-Land. Hier schäkert er mit den eingeborenen Mädchen herum, deren Mütter den Meuterern der echten *Bounty* einen so üppigen Empfang bereitet haben. Er trifft einen Missionar (Missionare, so meint er, »werden aus dem Abschaum rekrutiert«), der berichtet, er habe in den ganzen Jahren, seit er auf Tahiti sei, nur eine einzige Seele bekehrt, nämlich ein zurückgebliebenes vierzehnjähriges Halbblut. Er lernt auch König Pomare den Zweiten kennen, einssechzig groß und massig gebaut, der weiße Besucher mit den Worten zu begrüßen pflegt: »Master Christus sehr gut, sehr anständiger Kerl. Ich liebe Master Christus wie eigenen Bruder. Bitte gib mir ein Glas Brandy…«

Endlich kehrt die *Alexander* mit zwei Tahitianern an Bord nach England zurück, wo diese umgehend in Jack und Dick umgetauft und zum Gegenstand ethnologischer Studien gemacht werden. Jørgen segelt weiter nach Dänemark, nur um festzustellen, daß sich seine Heimat zum Krieg gegen England rüstet (Dänemark war zu Napoleons Zeiten ein Alliierter Frankreichs). Als Seemann und Navigator bekommt er das Kommando über ein dänisches Kaperschiff, die *Admiral Juul,* und den Befehl, möglichst viele britische Briggs zu zerstören. Doch bevor er auch nur eine einzige Brigg zur Strecke bringen kann, wird er gefangengenommen und in Yarmouth ausgeladen, wo man ihn auf Ehrenwort auf freien Fuß setzt. Jørgen seinerseits setzt sich auf der Stelle über dieses Ehrenwort hinweg, macht sich auf den Weg nach London und ersteht dort eine neue Garderobe. In London beschließt Jørgen, seine ehemaligen Schützlinge Jack und Dick aufzusuchen, die derzeit von dem berühmten Naturwissenschaftler Sir Joseph Banks eingehend untersucht werden. Jørgen und Sir Joseph sind sich auf Anhieb sympathisch. Irgendwie verlagert sich das Gespräch von Tahiti auf Island, das Sir Joseph einmal vor dreißig Jahren besucht hat. Inzwischen haben die dänischen Verwalter der Insel (»Sie werden mir verzeihen, Mr. Johnson, wenn ich barsch von Ihren Landsleuten spreche«) das Althing, Symbol für eintausend Jahre Demokratie, aufgelöst und seine Funktion einem dortigen Rechtsanwalt übertragen. Und damit, fügt Sir Joseph hinzu, besteht noch mehr Grund zur Sorge, denn Island ist, was den Import betrifft, völlig von Dänemark abhängig, und Dänemark ist derzeit in den Krieg in Europa verwickelt. Diese unglücklichen Menschen! Seit kurzem müssen die Isländer wohl oder übel Meerwasser destillieren, um Salz zu gewinnen. Außerdem sind Sir Joseph Geschichten zu Ohren gekommen, denen zufolge sich einige Leute sogar von ihren eigenen Läusen ernähren müssen wie die Einwohner von Kamtschatka.

Jørgen hat stets Mitleid mit den Unglücklichen dieser Welt empfunden. Und so dauert es nicht lange, bis er den wohlhabenden Kaufmann Mr. Samuel Phelps dazu überredet hat, ein Boot, die *Clarence,* mit Salz, Gerstenmehl und Kartoffeln zu beladen. Im Januar 1809 dann segelt er mit Mr. Phelps nach Island, in der Hoffnung, das Unglück der Insel ein wenig lindern zu können. In der einzigen Kneipe von Reykjavík trifft er ein buntes Gemisch seiner eigenen Landsleute an, die ihre Tonpfeifen rauchen und Ale trinken, ein moderner, korrupter Menschenschlag, dem die uralte Rasse, über die sie entscheidenden Einfluß gewonnen haben, gleichgültig ist. Jørgen macht den Stadtverwalter ausfindig und ersucht ihn um die Erlaubnis, Handel treiben zu dürfen, doch die wird ihm verwehrt, weil die Dänen seit 1381 das Monopol auf Island haben und bis heute besitzen. Das weiß ich sehr wohl, entgegnet Jørgen, aber ich bin Däne, also wäre es doch nicht gegen das Gesetz, mit mir Geschäfte zu machen. Wieder bekommt er keine Genehmigung. Der Verwalter, leicht angesäuselt, lacht: »Ein schöner Däne, der auf einem englischen Kriegsschiff mit einem Kaperbrief in der Hand daherkommt!« Jørgen segelt nach England zurück, mehr denn je entschlossen, die Dänen zu vernichten, die er stets mit der Inbrunst eines Landeskindes gehaßt hat und inzwischen noch mehr haßt.

Im Juni 1809 legt ein anderes Schiff in Reykjavík an. Es ist der Dreimaster *Margaret and Ann* unter dem Kommando von Kapitän John Liston, mit Mr. Phelps, dem jungen Botaniker William Jackson Hooker und Jørgen an Bord. Während Hooker loszieht, um sich auf die Suche nach der Flora der Insel zu begeben, schnappen sich die anderen den dänischen Gouverneur, Graf Trampe, und geleiten ihn mit einer bewaffneten Eskorte zum Schiff zurück. Kapitän Liston konfisziert das gesamte Waffenarsenal der Insel – fünfundzwanzig antiquierte Vogelflinten. Was Jørgen betrifft, so marschiert er geradewegs ins Regierungsgebäude und erklärt sich selbst unbekümmert zum Staatsoberhaupt: »Wir, Jørgen Jørgensen, Seine Exzellenz der Beschützer von Island, Oberkommandierender zur See und an Land.« Er schließt das Gefängnis von Reykjavík auf und kommandiert die Gefangenen, vorwiegend Trunkenbolde, als seine persönliche Leibgarde ab. Am nächsten Tag, dem 26. Juni, gibt er eine Erklärung ab, die besagt, daß für Island die Tage der dänischen Herrschaft vorbei seien. Beendet. Endgültig vorüber. Von nun an ist es seinen Untertanen gestattet, Geschäfte zu machen, mit wem sie wollen. Seine Exzellenz höchstpersönlich entwirft eine neue isländische Flagge, drei getrocknete Kabeljaus auf blauem Grund.

In seiner ersten und letzten öffentlichen Rede stellt Jørgen klar, daß es sich bei seinem Staatsstreich um eine Revolution handelt und nicht um eine Besetzung Islands durch die Briten. Dies scheint eine Reihe seiner Untertanen zu überraschen, da sie stets geglaubt hatten, zu Revolutionen gehörten rollende Köpfe wie bei der französischen Variante oder ein anständiges Heer von Gefallenen wie bei der amerikanischen. Für diese Revolution jedoch waren nur zwölf Männer erforderlich gewesen, kein einziger Tropfen Blut war vergossen und kein einziger Schuß abgefeuert worden (außer von einem freigelassenen Häftling, der sich vollaufen ließ und sich aus Versehen selbst ins Bein schoß).

Nun besteigt Seine Exzellenz sein Pferd und reitet über die Insel, um sich einen Eindruck vom Alltagsleben seiner Untertanen zu verschaffen. Seine Reise führt ihn an Flüssen voller Lachse und mit Blaubeeren übersätem Heideland vorbei, über Lavafelder und in das Schneereich der Berge, aus denen Gletscher wie gefrorene Kaskaden herabstürzen. Unterwegs macht er auf den Gehöften der Einheimischen Station und probiert die einheimische Küche (marinierte Schafbockhoden und Pferdesteaks). In diesen Höfen schlafen der Bauer, seine Frau, die Kinder und der Knecht alle im selben Bett, um sich des nachts besser warmzuhalten. Nicht selten teilt Jørgen das Bett mit ihnen. Seither kursieren Gerüchte, in der Asche der heimischen Herde würden so einige kleine Exzellenzen herumstochern.

Selten ist ein ungewöhnlicherer Herrscher an die Macht gelangt. Jørgen findet Steuern langweilig, hält es für richtig, Lehrer gut und Richter schlecht zu bezahlen, und betrachtet die Umverteilung von Gütern als eine grandiose Idee. Natürlich hält der niedere Adel, dessen Güter Seine Exzellenz eifrig umverteilt, ungleich weniger von dieser Idee; ein Richter namens Isleif Einarsson landet sogar im Kittchen, als sein Plan für eine Konterrevolution enthüllt wird. Ein anderer Richter aus dem Bezirk Skaftafell namens Jón Guðmundsson erklärt, falls Jørgen und sein Gefolge je östlich der Jökulsá á Fjöllum auftauchen sollten, würde man sie dort wie gewöhnliche Vogelfreie behandeln. Magnús Stephensen, der große alte Mann der isländischen Politik, verachtet Jørgen, die Revolution und die Kabeljau-Flagge gleichermaßen. Er lädt Seine Exzellenz sogar mit der ausdrücklichen Absicht, ihm sein Mißfallen kundzutun, zum Dinner ein, doch büßt seine Verteidigung der dänischen Herrschaft etwas an Schärfe ein, als er sich zu Tisch setzt und der Stuhl unter ihm zusammenkracht.

Am Abend des 14. August nehmen die Ereignisse eine entscheidende Wendung zum Schlechteren. Dies ist wahrhaftig ein kritisches Datum in Jørgens Laufbahn. Von nun an wird er andauernd gegen die Gebote der Macht und seine eigenen selbstzerstörerischen Impulse ankämpfen müssen, und im Verlauf dieses Kampfes wird sein Idealismus Schritt für Schritt schwinden. An diesem Abend nämlich läuft das britische Kriegsschiff *Talbot* unter dem Kommando des Ehrenwerten Kapitäns Alexander (Paddy) Jones in den Hafen von Reykjavík ein. Kapitän Jones ist ein irischer Snob mit den Vorurteilen eines englischen Snobs, und Jørgens unseriöse revolutionäre Eskapade entspricht schlicht und einfach nicht seinem Geschmack. Diesem Geschmack kann Jones notfalls mit einer Mannschaft von fünfhundert Männern und zahlreichen Kanonen Nachdruck verleihen. Seine Exzellenz, so lautet sein Urteil, ist sowohl an England als auch an Dänemark zum Verräter geworden; er hat sich offen gegen beide Länder aufgelehnt, vor allem jedoch gegen Dänemark, und Dänemark zu reizen kann sich Britannien nach Ansicht von Kapitän Jones offenbar nicht leisten, obwohl sich die beiden Länder mit Klauen und Zähnen bekämpfen. Wenig später läßt Kapitän Jones die Kabeljau-Flagge niederholen, vermutlich ein Scherz. Kein Scherz? Tja dann, um so schlimmer für Mr. Johnson.

Am 22. August wird Seine Exzellenz Jørgen Jørgensen, auch bekannt unter dem Namen John Johnson, gezwungen abzudanken. Seine achtköpfige Armee wird aufgelöst, und das gesamte dänische Eigentum und alle Wertsachen werden zugunsten ihrer früheren Besitzer umverteilt. Die Hundstage – und ihr König – sind mit dem Sommer zusammen entfleucht. Island gräbt sich für den langen Winter ein, wieder in seiner früheren Eigenschaft als dänische Kolonie, die es bis 1944 bleiben wird.

In England angekommen, wird der ehemalige Schutzherr der Insel nach Toothill Fields ins Gefängnis geschickt, wo er in eine bunte Gesellschaft von Falschspielern und Glücksrittern gerät, die ihn in die Feinheiten ihres Gewerbes einweisen (oder war er vielleicht schon die ganze Zeit ein Spieler, nur von anderer Art?). Nach vier Wochen verfrachtet man ihn auf den abscheulichen Sträflingsdampfer *Bahama*, wo er zum Stift greift und eine Apologie der isländischen Revolution in Gestalt eines autobiographischen Romans mit dem Titel *The Adventures of Thomas Walters* schreibt. Sodann verfaßt er einen zweiten Roman mit dem Titel *Shandaria*, in dem er Island und Tahiti zu einem Utopia vereint, das vage als asiatisches Land unmittelbar jenseits des Machtbereichs des Großmoguls beschrieben wird – ein Utopia ohne Armut, ohne Gefängnisse, ohne Besäufnisse, ohne Rechtsanwälte, ohne Ärzte, ohne Polizisten und ohne irgendeinen Kontakt zu Ausländern. Mit einem Wort: ohne irgendwelche Übel. Gewidmet ist *Shandaria* Jørgens altem Freund, dem Botaniker Hooker.

Hooker sorgt dafür, daß der ehemalige Schutzherr von der *Bahama* freigelassen wird. Jørgen rennt sofort an den Spieltisch, wo er prompt alles verliert, und wird ins Fleet-Gefängnis geworfen, in dem die Schuldner sitzen. Gefängnisse scheinen seine literarische Ader zutage zu fördern. Im Fleet-Gefängnis lernt er einen kürzlich aus Afghanistan zurückgekehrten Mithäftling kennen und verfaßt einen plagiierten Bericht über dieses Land, der lose auf den Heldentaten seines Freundes beruht. Dieser Bericht gerät irgendwie in die Hände des Außenministers Lord Castlereagh, welcher ihn mit großem Interesse liest, da der Verfasser offenbar genau die Route beschreibt, die der russische Zar nehmen würde, wenn er sich dazu entschließen würde, im Indien der Briten einzumarschieren. Castlereagh erkennt, daß dieser Johnson ein außergewöhnlich schlauer Bursche ist. Also heuert er den ehemaligen Schutzherrn Islands als Agenten für den britischen Geheimdienst an und schickt ihn auf den Kontinent, damit er in Frankreich für ihn spioniert.

Der größte Vorteil bei der Spionagearbeit in Frankreich sind nach Ansicht Jørgens die Spieltische von Paris, an die er sofort bei seiner Ankunft eilt. Prompt verspielt er nicht nur sein Hemd, sondern auch noch Rock, Gamaschen und Schuhe. An einem rauhen Dezembermorgen des Jahres 1814 sieht man ihn die französische Hauptstadt beinahe nackt und ohne einen Pfennig zu Fuß verlassen. Doch bereits vor Tagesende gibt er sich als irischer Pilger auf dem Weg ins Heilige Land aus und bekommt von der frommen Landbevölkerung Almosen, die er auch dringend benötigt (»Ich danke Euch, und Unser Herr Jesus Christus dankt Euch auch, Euer Ehren«). Er zieht Richtung Osten nach Deutschland und erhält eine Audienz bei Goethe, wo er sich als der in die Verbannung geschickte und jetzt in bedauerlich eingeschränkten Verhältnissen lebende König von Island vorstellt. Er lernt auch Fürst Hermann von Pückler-Muskau kennen, der ihn zu einem Flug in einem mit Wasserstoff gefüllten Ballon mitnimmt. Eines Tages, so erklärt er dem Fürsten aufgeregt, werden alle Leute durch die Luft reisen. Das ist recht unwahrscheinlich, mein Freund, entgegnet der Fürst, der sich nicht vorstellen kann, daß sich andere Leute außer Aristokraten wie er selbst und Seine Exzellenz jemals in die Lüfte erheben. In der Zwischenzeit kritzelt Jørgen emsig an einem streng geheimen Bericht für Lord Castlereagh, in dem er Napoleon die Schuld für sämtliche mittellosen Bettler und sämtliche ruinierten Spieler Europas gibt. Auch das ist nicht sehr wahrscheinlich.

Wieder zurück in England, wird die ehemalige Exzellenz wegen versuchter Verpfändung des Mobiliars seiner Vermieterin eingelocht. Er landet im Gefängnis von Newgate, wo er sofort mit der Arbeit an einer Geschichte Madagaskars beginnt, für die er sich die Informationen von einem Mithäftling, dem ehemaligen Kapitän eines französischen Sklavenschiffes, zusammenklaut. Diesmal scheint sich niemand aus dem Außenministerium für das Manuskript zu interessieren, also setzt er sich an eine Geschichte des christlichen Glaubens, seiner Meinung nach ein leichter zu vermarktendes Thema als Madagaskar. Während er an diesem Wälzer arbeitet, erfährt er eines Tages, daß er vom Revisionsgericht begnadigt worden ist, allerdings unter der Bedingung, daß er Großbritannien verläßt und nie wieder zurückkehrt. *Nie wieder!* Was, so fragt er sich, hat er verbrochen, was eine derartige Verbannung rechtfertigen könnte? Natürlich ist er hocherfreut über die Begnadigung, die er damit feiert, daß er wieder an die Spieltische stürzt und wieder einmal alles verliert. Als man ihn ins Gefängnis von Newgate zurückbringt, wird er zum Tode durch den Strang verurteilt. »Stecke in einer ziemlich abscheulichen Klemme«, schreibt er an seinen Freund Hooker, der sich inzwischen sicherlich wünscht, er wäre Seiner Exzellenz nie begegnet. Doch noch einmal eilt ihm Hooker zur Hilfe: Statt aufgeknüpft zu werden, soll Jørgen lebenslänglich ans andere Ende der Erdkugel verfrachtet werden.

Am 26. April 1826 landet Jørgen mit dem Sträflingsschiff *Woodman* in Van-Diemens-Land. Die Ironie dieser Situation entgeht ihm durchaus nicht. Er ist in entehrtem Zustand in eben jene Kolonie zurückgekehrt, die er vor vierundzwanzig Jahren mit begründet hatte, und soll in der Stadt Hobart untergebracht werden, bei deren Grundsteinlegung er damals mitgeholfen hat. Schlimmer noch, Hobart ist noch nicht so weit gediehen, daß es dort einen Spielsalon gäbe...

Jørgens Stimmung ist auf dem Nullpunkt angelangt, mit gestutzten Flügeln hockt er auf einem leeren Fleck auf dem Globus fest. Zu Hause ist der Seemann, heimgekehrt von der See, schrieb Robert Louis Stevenson, und diese Worte beschreiben sehr gut die Situation des ehemaligen Seemanns und Revolutionärs, der unglücklicherweise ein Zuhause gefunden hat. Und einen Job hat er auch gefunden – Gouverneur Arthur macht ihn zum Polizisten. Ausgerechnet zu einem Polizisten! Den Mann, der die gesamte Polizei aus seinem Utopia verbannt hat! In seiner neuen Rolle bringt er entlaufene Strafgefangene zur Strecke. Er hat das Kommando über eine Einheit der berüchtigten Black-Line-Truppe von Gouverneur Arthur und macht Jagd auf die letzten tasmanischen Ureinwohner. Er beginnt zu trinken.

Schließlich heiratet Jørgen eine Irin namens Norah Corbett und läßt sich mit ihr und John Barleycorn in einer *ménage à trois* nieder. Nur allzu häufig kommt Hobart in den Genuß des Schauspiels, daß der Ex-Schutzherr von Island von seiner betrunkenen Gattin durch die Straßen der Stadt gejagt wird. Oder daß diese Gattin von dem betrunkenen Ex-Schutzherrn gejagt wird. Immerhin muß man Jørgen zugute halten, daß er Norah nicht an den Meistbietenden versteigert, was man in der Strafkolonie ganz in Ordnung gefunden hätte. Statt dessen treibt er sich in den Schankstuben herum, wo sich seine Gefährten vor ihm verbeugen und ihn mit »Eure Isländische Majestät« betiteln.

Gegen Ende seines Lebens begegnet ihm noch ein Gespenst, oder vielmehr der Sohn eines Gespenstes, aus der Vergangenheit. Joseph Dalton Hooker, der Sohn des Botanikers, kreuzt mit der *HMS Erebus* in Hobart auf. Ein paar Jahre später wird die *Erebus* unter ihrem Kapitän Sir John Franklin im kanadischen Eismeer in Vergessenheit geraten, doch jetzt hat sie erst einmal für eine Entdeckungsfahrt in antarktischen Gewässern gerüstet. Der junge Hooker macht sich auf die Suche nach Jørgen und findet ihn am Zapfhahn, krank, verarmt und verwahrlost. Als sich der junge Mann zu erkennen gibt, bricht die zerlumpte Gestalt in Tränen aus und beginnt dann endlos und ziemlich unzusammenhängend zu brabbeln. Altersschwachsinn, denkt Hooker und schreibt an seinen Vater, Jørgen sei »ziemlich unverbesserlich ... unbelehrbar ... hoffnungslos«. Später, als die *Erebus* mit Kurs auf den letzten unerforschten Kontinent die Anker lichtet, gesellt sich der hoffnungslose alte Mann zu der jubelnden Menge an den Docks. Wie sehr muß er den jungen

Hooker um seine Abenteuer beneiden! Zwei Monate danach, am 29. Januar 1841, lichtet er selbst den Anker und fällt in einem Straßengraben tot um. Vielleicht haben ihn seine letzten Gedanken nach Island zurückgeführt, zu den sommerlichen Hundstagen und zu besseren Zeiten.

Jørgen Jørgensen liegt, wie Mozart, in einem namenlosen Armengrab.

7 Videonacht am Polarkreis

Bis zum Jahr 1931 konnte man nicht anders als mit dem Postboot nach Grímsey gelangen, und dann mußte man dort sechs Monate lang warten, bis man die Insel wieder verlassen konnte, weil dieses Postboot nur zweimal im Jahr fuhr. *Höchstens* zweimal im Jahr. Es gibt die Geschichte von einem dänischen Touristen, der im letzten Jahrhundert auf der Insel landete und buchstäblich nicht mehr von dort wegkam, weil ein Sturm nach dem anderen vom Nordpol herunterfegte und jegliche Verbindung mit dem Festland abschnitt. Irgendwann gab der Däne wohl oder übel auf. Er heiratete ein einheimisches Mädchen und lebte mit ihr (angeblich) glücklich bis an sein Lebensende.

Heutzutage ist diese nördlichste Festung Islands etwas weniger unzugänglich und, vorausgesetzt das Wetter gestattet es, leichter zu verlassen, wenn man sich als Besucher wieder nach den Annehmlichkeiten der Zivilisation sehnt. Von Akureyri nach Grim's Island (das nach einem Wikinger aus dem zehnten Jahrhundert so genannt wurde und nicht etwa wegen seiner angeblichen Grimmigkeit) braucht man, wenn man mit einer Twin Otter fliegt, nur eine halbe Stunde, mit der Fähre *MS Drangur* nur vier Stunden. Da ich von Anfang an die Absicht hatte, nach Möglichkeit mit dem Schiff zu fahren (Ottern, zumal Zwillingsottern, sollte man als Mensch nicht am Herumtollen hindern), nahm ich die *Drangur,* fuhr damit den langen, ruhigen Arm des Eyjafjörður hinauf und schaukelte und schlingerte dann vierzig Meilen über das blaue Polarmeer.

Überfüllt war die *Drangur* nicht gerade. Ein Isländer brachte seine hundertzweijährige Großmutter aus dem Krankenhaus von Akureyri nach Hause. Die alte Frau schien hervorragend in Form und erinnerte mich an jene robusten *grandes dames* in New England, bei denen man das Gefühl hat, daß sie niemals sterben, sondern am Ende einfach vertrocknen und davonwehen wie Blätter im Herbst. Unter den Fahrgästen befanden sich außerdem ein dänischer Vogelbeobachter auf einem Tagesausflug, ein Pärchen aus Reykjavík in den Flitterwochen und ein Mann aus Grímsey mit Namen Willard. Willard hört sich vielleicht nicht nach einem isländischen Namen an – nach so vielen Sigurdurs, Gunnars und Thorgeirs liegt er einem merkwürdig auf der Zunge. Es ist auch kein isländischer Name. Allerdings kommt er auf Grímsey recht häufig vor, seit sich die Inselbewohner angewöhnt haben, ihre Sprößlinge nach einem betuchten amerikanischen Gentleman namens Daniel Willard Fiske (1831–1904) zu nennen.

Willard Fiske war ein Mensch, der viel reiste, sportbegeistert und sprachkundig, ein Diplomat, Journalist und Schachmeister. Es fiel ihm ebenso leicht, über Dante zu schreiben wie über die Psi Upsilon Fraternity der Cornell University. Mit seinen Essays schlug er oft wenig ausgetretene Pfade ein – einer zum Beispiel trägt den Titel »Syrakus als Wasserloch«. In einem anderen weist er nach, daß in den Schriften von Plinius und Homer Vorformen des Baseball zu entdecken sind, und wahrscheinlich wird dieses Spiel in dem Zusammenhang tatsächlich zum erstenmal als der »Nationalsport der Vereinigten Staaten« bezeichnet. In einem Jahr hält Fiske Vorträge, in denen er gegen das Futterkrippensystem im amerikanischen Staatsdienst wettert; im Jahr darauf richtet er dann seine geballte Aufmerksamkeit auf die unglücklichen Fellachen in Ägypten. Seine Kreuzzüge für ein neues ägyptisches Alphabet (»Ein Alphabet! Eine Sprache! Ein Land!«) trugen ihm die Anerkennung eines Nilschiffers und Besitzers einer Dahabiye ein, der meinte: »Nach Mohammed kommt gleich Mr. Fiske!« In seiner Freizeit dachte er sich Schachprobleme aus.

Als Student hatte Fiske die Sagas im isländischen Original gelesen und stellte sich das Land immer als eine Insel voller krasser Individualisten vor, wie er selbst einer war. 1879 beschloß er, die Einrichtung einer Telegraphenleitung zu sponsern, durch die Island an den Rest der Welt angeschlossen würde. Auf diese Weise würden die Isländer es wenigstens erfahren, wenn ihr Landesherr, der König von Dänemark, starb. (Als Frederik VII. im Winter 1863 gestorben war, erfuhr das bis zur Ankunft des ersten Schiffes am 4. April 1864 kein Mensch auf Island.) Also segelte Fiske nach Island, um die Aussichten für die Verlegung eines solchen Kabels zu erkunden. Auf dem Weg dorthin kam sein Boot an einem schroffen, wenig einladenden Inselchen vorbei, das mit seiner geographischen Breite von 66° 30′ Nord direkt auf dem Nördlichen Polarkreis lag. Das ist Grímsey, erklärte ihm ein Matrose und fügte hinzu, es sei das ärmste und erbärmlichste Fleckchen von ganz Island. Die Bewohner von Grímsey standen in dem Ruf, einen üblen Geruch auszudünsten, weil sie sich ausschließlich von Seevögeln und ihren Eiern ernährten. Die Winter dort waren so kalt, daß sich die Inselbewohner das Niesen verkniffen, weil sie befürchteten, ihre Nasen würden sonst abbrechen und klappernd über den Boden kollern. Wenn sie nicht von einer Lungenentzündung dahingerafft wurden, dann von der Grippe. Und wenn die Grippe sie sich nicht schnappte, dann das Meer; einmal ertranken sämtliche männlichen Inselbewohner in einem Sturm, so daß sich der Ortsgeistliche gezwungen sah, die Bevölkerung durch eigene fleischliche Betätigung wieder aufzuforsten.

Fiske wußte aufgrund seiner umfangreichen Schachlektüre bereits ein wenig über Grímsey. Schon Island hatte eine besondere Leidenschaft für dieses Spiel, aber die Leidenschaft des kleinen Grímsey war noch größer. Der Legende zufolge war die drei Meilen lange Insel von einem Haufen umherziehender Wikinger besiedelt worden, die ihre Tage und Nächte mit Schachspielen verbrachten. Einer von ihnen besaß die unglückliche Fähigkeit, sich jeden Zug zu merken, den er je gemacht hatte, bis diese Züge sein Gehirn derart verstopften, daß darin kein Platz mehr für etwas anderes war und er wahnsinnig wurde. Andere blieben oft wochenlang im Bett liegen, um eine bestimmte Angriffsstrategie oder Endspielkombination zu vervollkommnen. Es war nichts Ungewöhnliches, daß sich ein Mann, der aufgrund eines lächerlichen Schnitzers eine Partie verloren hatte, voller Verzweiflung die Klippen hinabstürzte. Gerüchten zufolge kam es noch heute gelegentlich vor, daß sich Einwohner von Grímsey wegen eines Schachspiels umbrachten.

Armut und Schach! Gab es eine bessere Konstellation für einen Mann vom Schlage Willard Fiskes? Die Sache mit dem Telegraphen funktionierte nicht, also wandte er seine Aufmerksamkeit der Insel Grímsey zu. Er war ein ausgesprochen wohltätiger Mensch, und sein guter Freund Mark Twain sagte einmal über ihn: »Er war der liebste und freundlichste Mensch, der mir je begegnet ist.« Als er in die Staaten zurückkehrte, schickte er allen elf Höfen auf der Insel ein marmornes Schachbrett samt entsprechenden Figuren. Später, als der Golfstrom keine Lust mehr hatte, die Küsten von Grímsey mit Mahagoni von Honduras und Palmen aus Haiti zu beliefern, versorgte Fiske Grímsey mit Feuerholz. Im Jahr 1901 übernahm er sämtliche Kosten für die erste Bibliothek auf der Insel. Als er starb, wurde sein beträchtliches Vermögen seinem Letzten Willen gemäß zwischen der Psi Upsilon Fraternity, der Bibliothek der Cornell University und diesem winzigen Vorposten im Norden aufgeteilt.

Daniel Willard Fiske hat kein einziges Mal einen Fuß auf die Insel Grímsey gesetzt.

Ankunft. Grímsey war eine schlingernde, knorrige Scheibe Land, die mit schroffer, maskuliner Anmut einmal und dann noch einmal gefaltet worden war. Ohne Bäume, vom Wind kahlgefegt, felsgeriffelt, hügelig und mit Vögeln übersät, erinnerte es mich an Foula und an einige Inseln im Westen Irlands, die ich vor Jahren besucht hatte. Sämtliche Gebäude – das kombinierte Lädchen-Postamt, der Schul-Bücherei-Gemeindesaal, mehrere Fischverarbeitungsbetriebe und die üblichen Häuser aus Eisenbeton – kauerten entlang der Südküste wie Überlebende im Heck eines Rettungsbootes. Sie waren nicht alt, machten jedoch den Eindruck, als hätten sie ziemlich häufig Auseinandersetzungen mit schlechtem Wetter gehabt.

Aus dem Osten fegte ein Sturmwind über die Basaltwälle der Insel. Ich flüchtete in das Lädchen-Postamt, wo ich nachdenklich eine eindrucksvolle Sammlung von Videokassetten betrachtete, fast ausschließlich in Amerika hergestellte blutrünstige Ausstattungsfilme wie *þrúmar og Eldingar* (Gruselshow), *Stórislagur* (Große Schlägerei) und *Morðhelgi (Bluthunde)*, obwohl mir das merkwürdige Vorhandensein von Oliviers *Hamlet* neben *Gereyðandinn (Der Exterminator)* durchaus auffiel. Na ja, so merkwürdig auch wieder nicht. Schließlich gab es bei Hamlet den Geist und am Ende jede Menge Leichen, von dem armen Yorick ganz zu schweigen.

Sobald der Wind nachließ, ging ich wieder nach draußen, um mir einen geeigneten Lagerplatz zu suchen. Unterwegs sah ich einen kleinen Jungen, der mitten auf der Straße mit einem Spielzeugkipper spielte. *»Hvað heitir þú?«* fragte er mich feierlich. Wie heißt du? Das ist die beliebteste Frage in diesem Land, und sie reicht bis in die Zeiten der Wikinger zurück, als man noch in Erfahrung bringen mußte, ob ein Fremder mit einem verwandt war und es folglich verdiente, daß man sich seiner annahm, oder ob er ein Feind war und es folglich verdiente, umgebracht zu werden. Heutzutage existiert diese Frage weiter, auch wenn die je nach Antwort unterschiedlichen Konsequenzen zum Glück aus der Mode gekommen sind.

Als ich dem Jungen meinen Namen nannte, glotzte er mich erstaunt an, als sei das – abgesehen von Willard – der erste nichtisländische Name, den er je gehört hatte.

Ich schlug mein Zelt im schützenden Schatten eines tischähnlichen Hügels unmittelbar nördlich des Leuchtturms von Ytri-Grenivík auf. Eine Stunde später machte ich mich auf den Weg, um diese abgelegene kleine Insel der wikingischen Schachspieler zu erkunden. In einem Baedeker, den ich im Buchladen in Akureyri durchgeblättert hatte, wurde Grímsey als »historisch unbedeutend« abgetan. Als ich diese Worte las, hüpfte mir das Herz. Denn im Bereich des Tourismus bedeutet »historisch bedeutsam« Ruinen oder palastartige Mauerbruchstücke, vielleicht ein asthmatisches Schloß oder eine Kathedrale, die glücklichere, gottesfürchtigere Tage gesehen hat. Ich wußte, daß es auf Grímsey die Originale – *echte* Steinhaufen – geben würde und nicht irgendwelche von Menschenhand gefertigten Imitationsversuche.

Der kleine Junge hockte noch immer mitten auf der Straße und spielte mit seinem Kipper. Seit unserem kleinen Plausch war offenbar kein einziges Fahrzeug vorbeigekommen, das ihm das Recht, hier zu spielen, streitig gemacht hätte. Tatsächlich waren mit Ausnahme dieses Spielzeuglasters die einzigen Fahrzeuge, die ich bisher auf der Insel gesehen hatte, ein paar Traktoren und ein vorsintflutlicher Lieferwagen, dessen Kotflügel das Salz in eine Filigranarbeit verwandelt hatte.

»*Hvað heitir þú?*« fragte er. Wieder nannte ich ihm meinen Namen; diesmal nickte er heftig, als hätte er ihn schon die ganze Zeit über gewußt. Dann tauchte sein größerer Bruder aus dem grauen Bungalow auf, und ich schlug ihm ein Schachspiel vor, bevor er sich auch noch nach meinem Namen erkundigen konnte.

»*Skák?* In Akureyri lernen sie das, aber wir lernen es hier nicht in der Schule. Wir lernen hier was über Vulkane.«

»Aber ihr habt doch gar keine Vulkane auf Grímsey.«

»Jetzt nicht, aber wer weiß, vielleicht eines Tages...«

Kaum war ich von der Straße abgebogen, hörte ich das verräterische Schreien und die an meinen Ohren vorbeizischenden Flügel, die mir verrieten, daß ich von arktischen Seeschwalben attackiert wurde. Sie verfügten über eine zügigere Angriffstaktik als die Skuas auf Foula, jene wilden, aber übergewichtigen Vögel, die eine Startbahn brauchen, um abheben zu können. Dank ihres Rumpfes, der leichter ist als Luft, können die arktischen Seeschwalben nicht nur wie ein Hubschrauber starten und auf extrem kurzen Strecken landen, sondern auch jedes Ziel mit ihren akrobatischen Schwüngen bombardieren. Sie stoßen blitzschnell herab, schlagen wütend mit den Flügeln und kreischen laut und zornig. Daher auch ihr isländischer Name, *kria,* der dieses Gekreisch nachahmt, das sie unablässig wiederholen *Kria! Kria! Kria!* – wie eine Schallplatte, die beim hohen C hängengeblieben ist.

Diese Vögel hatten allen Grund, sich aggressiv zu verhalten; schließlich durchquerte ich ihr Nistgebiet. Aber die arktische Seeschwalbe betrachtet *alles* als ihr Nistgebiet, solange es dort ein Minimum an Vegetation gibt (bei mehr Vegetation wären ihre kurzen Beine nicht mehr einsatzfähig). Ein Fleckchen Gras im Zentrum von Reykjavík ist ihr ebenso recht wie ein Feld mit verkümmertem Heidekraut auf Grímsey. Die Seeschwalbe scheint den Vorbeigehenden dazu herauszufordern, sich ihren kleinen gesprenkelten Eiern zu nähern – Eiern, die, wie ich hinzufügen möchte, für mich die wohlschmeckendsten im gesamten Vogelreich sind –, und greift ihn dann an, als wollte sie ihre Flügel für den Marathonflug nach Süden startbereit machen. Die Hälfte der isländischen Seeschwalben überwintert vor der Südwestküste Südafrikas, die andere Hälfte in der Antarktis. Diejenigen, die in der Antarktis überwintern, legen eine weitere Strecke zurück als irgendein anderes Lebewesen während seines ganzen Lebens. Für den, den sie angreifen, ist diese Information freilich kaum ein Trost: Manchmal stoßen ihre kleinen, an der Spitze schwarzen Schnäbel so heftig zu, daß Blut fließt.

Vorbei an kleinen, mit Sackleinen abgedeckten Heuhaufen wanderte ich weiter in den zunehmend heller werdenden Nachmittag. Es war eine sonderbare Helligkeit, hart und grell, gleichzeitig aber auch irgendwie daneben, denn in diesen nördlichen Breiten hängt die Sonne so tief am Himmel, daß ihre Strahlen stets einen Hauch von Dämmerung an sich haben. Vielleicht sogar eine düstere Ahnung von Winter.

Ich wandte mich nach Norden und kam an zahllosen Gestellen mit zum Trocknen aufgehängten Fischen vorbei – kleine, im Wind schwingende Mumien. Zehn Minuten später gelangte ich auf einen tausend Meter langen Asphaltstreifen, der früher eine Kombination aus Behelfsflugplatz und Schachbrett war, vermutlich das einzige dieser Art auf der ganzen Welt. Jeden Sommer wurden für ein paar Tage alle Flüge gestrichen, und die besten Schachspieler des Landes kamen hier zusammen, um lebensgroße Schachfiguren herumzuschieben. Diese Gepflogenheit starb zu Beginn der siebziger Jahre aus, unmittelbar vor dem großen Match zwischen Fischer und Spasskij. Ein paar engagierte isländische Schachfans wollten unbedingt, daß das Match auf diesem Behelfsflugplatz stattfindet, da diese Umgebung der Tradition mehr entspricht als ein riesiger weißer moderner Palast in einem Vorort von Reykjavík. Das mag schon sein, aber ich frage mich, wie Bobby Fischer reagiert hätte, wenn er bei seinen Zügen von ganzen Bataillonen arktischer Seeschwalben im Tiefflug angegriffen worden wäre.

Am Ende der Startbahn entdeckte ich ein Hinweisschild, dessen Pfeile in Richtung verschiedener Städte zeigten – London: 1972 km; Paris: 2335 km; Rom: 3436 km; New York: 4448 km; Sydney: 16137 km. Das Schild besagte außerdem, daß ich mich genau auf dem Nördlichen Polarkreis befand. Direkt im Norden – jenseits der Grönlandsee, der Lenarinne und des Nansenrückens – lag das Packeis des Nordpols, erheblich näher als irgendeine der zuvor genannten Städte.

Auf der anderen Seite des Rollfelds überquerte ich grasbewachsene Buckel, die durch ständiges Frieren und Auftauen die Form eines Kamelhöckerteppichs angenommen hatten. Da das auf die Dauer etwas langweilig wurde, schlug ich mich bald quer über die Bodenschwelle des Skollalag in den östlichen Teil der Insel. Dutzende glotzäugiger Schafe flüchteten, sobald ich mich näherte. Ihre äußere rauhe Wollschicht sah nach Dachschindeln aus und war bei weitem das dickste an Wolle, was ich je gesehen hatte; ein Nordpolreisender, der sich in einen dieser Schafspelze hüllte, würde sicher nicht sonderlich frieren.

Wenig später folgte ich den Klippen, die mit weißem Vogelmistgesprengsel wie mit Perlen übersät waren. Ich gelangte an eine große runde, abschüssige Einbuchtung, an deren Klippenrand ein Mann balancierte. Im ersten Augenblick dachte ich, daß er gleich springen würde (wegen eines Schnitzers beim Schachspiel?), doch als ich näher kam, erkannte ich, daß er eine lange Stange hielt, an deren Ende eine Schüssel befestigt war. Diese Stange ließ er an der Felswand hinabgleiten und holte sie dann, angefüllt mit Vogeleiern, wieder herauf. Die meisten dieser Eier legte er in einen Korb; ein paar allerdings aß er auf der Stelle, wobei er den Kopf in den Nakken warf, als würde er einen kräftigen Schluck Tequila hinuntergießen. Es dauerte nicht lange, da entdeckte er mich. Als ich neben ihn trat, brach er ein Ei auf und bot es mir an (»*Geriðsvo vel!*«), wie mir jemand anderes vielleicht einen Drink spendiert hätte. »Ich bin Sozialist«, erklärte er und fügte dann hinzu: »*Skál!*«

Ich starrte auf das Ei. Es enthielt die rudimentären Teile einer winzigen Dreizehenmöwe, zwei große Augen, schmächtige Krallen und Blutgefäße, die aus einer rötlichen Flüssigkeit hervortraten. Dann starrte ich den Mann an, und er erklärte mir, daß die Eier mit kleinen Vögeln drin die allerbesten seien. Also sagte ich auch »*Skál!*«, warf den Kopf in den Nacken und kippte mir den Inhalt des Eis in den Mund. »Schmeckt gut?« Der Mann lächelte.

»Prima, aber auf die Krallen könnte ich verzichten.«

Auf echt isländische Manier begann Sveinbjörn (so hieß der Mann) von sich zu erzählen, das heißt, er erläuterte mir seinen ganzen Stammbaum. Die Familie seiner Großmutter stammte aus Snæfellsnes, einem Ort direkt unterhalb des Gletschers, in den Jules Verne seine Forscher auf dem Weg zum Mittelpunkt der Erde geschickt hat. Väterlicherseits war er ein Cousin ersten Grades von Einar Benediktsson, jenem Dichter, der einem amerikanischen Geschäftsmann die Aurora borealis zu verkaufen versuchte. Sveinbjörns Vater war Fischer und seine Mutter eine bekannte Wunderheilerin. Wußte ich übrigens, daß man mit einem in kräftigem Wein aufgelösten menschlichen Gehirn Epilepsie heilen konnte? Nein, sagte ich, das wußte ich nicht.

Dann erzählte mir Sveinbjörn, daß er seit dem Vertrag von Keflavík im Jahr 1946 ein Mitglied der Sósíalistaflokkur sei. Ich wußte, daß er die Geschichte mit dem Vertrag erwähnte, um mir einen Gefallen zu tun. Denn Sozialisten im ohnehin sozialistischen Island kennen nur ein einziges, stets gleichbleibendes Thema: den NATO-Stützpunkt. Ich machte mich auf das Unvermeidliche gefaßt.

»Es ist unumgänglich, daß sämtliche Amerikaner das Land verlassen«, sagte Sveinbjörn, während er seine Stange hinabließ und abermals zwei Eier heraufholte. »Damit meine ich natürlich nicht dich...«

»Das weiß ich.«

»Wir brauchen keine fünftausend jungen amerikanischen Soldaten, die uns gegen den russischen Bären verteidigen. Wie würden euch denn fünf Millionen Isländer in Washington gefallen?«

»Eigentlich könnte das recht lustig werden…«

Já, já, aber deine Landsleute sind für uns überhaupt nicht lustig. Wenn wir einen Atomkrieg haben, dann wird dieses kleine Land als erstes bombardiert werden, nur weil hier amerikanisches Militär stationiert ist.«

»Dann glaubst du also, daß es einen Atomkrieg gibt?«

»Natürlich. Das wird schon in dem alten isländischen Lied ›Der Seherin Gesicht‹ aus der *Edda* prophezeiht. Der Gott Surtur setzt Himmel und Erde in Brand, und alle werden vom Feuer verschlungen:

›Die Sonne verlischt, das Land sinkt ins Meer;
vom Himmel stürzen die heitern Stern.
Lohe umtost den Lebensnährer;
hoh Hitze steigt himmelan.‹«

Sobald die Welt ihr unabwendbares Ende genommen hatte, bot mir Sveinbjörn ein zweites Dreizehenmöwenei an. Ich schüttelte den Kopf und erklärte ihm, ich müsse eine Diät halten, bei der es ausdrücklich verboten sei, mehr als ein rohes Vogelei pro Tag zu essen.

Daraufhin meinte er: »Ich teile meine Eier mit dir, ich teile mein Zuhause mit dir, aber es gibt eine Sache, die werde ich nicht mit dir teilen, und das ist mein eigenes kleines Land…«

Diese handfeste nationale Einstellung war mir schon viele Male begegnet. Island kommt einem wie eine Festung vor und scheint infolgedessen bei seiner Bevölkerung, die mit der Armbrust im Anschlag an den Zinnen steht, einen heftigen Beschützerinstinkt zu wecken. Aber das winzige Grímsey? Auf dieser Insel gibt es so wenig, was jene Art von Leidenschaft entfachen könnte, mit der einst die Bastille gestürmt oder der Tee in den Hafen von Boston gekippt wurde. Nichts als mit Vogelmist übersäte Klippen, langweilige Hügel, Mulden und haufenweise säulenförmiger Basalt. Doch die Liebe geht rätselhafte Wege. Ein öder Ort wird nie einfach grünen und sein Gesicht verändern, nur um den gierigen Fingern irgendeines Planers einen Gefallen zu tun. Je unfruchtbarer der Ort, um so treuer sein Herz. In einigen der traurigsten Lieder, die ich kenne, wird einem treuen Steinhaufen Lebewohl gesagt; ich bezweifle, daß man in einem Lied, in dem jemand London gegen New York eintauscht oder umgekehrt, viel Traurigkeit verspürt – Bedauern vielleicht, aber keine Trauer. Dort, wo es von Menschenmassen wimmelt, spielt man Gefühle eher herunter als auf nahezu menschenleeren Inseln.

Jetzt erneuerte Sveinbjörn das Angebot, sein Zuhause mit mir zu teilen und auch eine speziell für Gäste gedachte Flasche *brennevín*. Außerdem würde ich dann auch seine Tochter Ingibjörg und seinen kleinen Enkel Willard kennenlernen. Schon wieder ein Willard! Sobald dieser Name fiel, fragte ich Sveinbjörn, ob er Schach spiele.

»*Nei.* Ich spiele nur Poker.«

4. Juli. Eine pechschwarze Gewitterwolke. Eine Regenwand. Graupel. Hagel. Ein Schauer aus Eiskörnern. Das alles zusammen peitscht der Nordwestwind mit heftigem Getrommel an mein zitterndes Zelt. Ich stolperte an diesem Morgen ins Freie, um Brennstoff für meinen Kocher zu kaufen, und als ich eine dreiviertel Stunde später zurückgestolpert kam, war mein angeblich wasserdichter Polyäthylen-Anorak ein vollgesogenes Bündel, und die Haut darunter sah aus wie gelierter Eiter. Der Boden hat sich in eine Art unnatürlichen Morast mit windgeriffelten Schlammpfützen verwandelt. Ich sehe zu, wie dieser Wind ein hingepißtes Rinnsal mit den Elementen vermischt, bis meine Flüssigkeit und die Polarflüssigkeiten unzertrennliche Gefährten geworden sind. Ich sitze im Zelt fest.

So ein Zelt ist eine wunderbare Erfindung, bei der man die vier Wände seines Unterschlupfs mit dem eigenen, wenig kostenaufwendigen Körper heizen kann. Seit zwei Stunden sitze ich nun hier und kritzle flüchtige Gedankenfetzen in mein Notizbuch; Temperatur und Feuchtigkeit sind wie auf Barbados. Versuchen Sie mal, Ihren Unterschlupf – sei es eine Hütte aus Teerpappe, eine Eigentumswohnung oder ein Schloß an der Loire – nur mit Ihrer eigenen Körperfülle zu heizen. Und dann versuchen Sie, diese Hütte aus Teerpappe, Eigentumswohnung oder dieses Schlößchen zusammenzufalten und es sich auf den Rücken zu schnallen. Das übliche Baumaterial eignet sich einfach nicht dafür. (Überhaupt, was ist schon ein Haus? Doch nur ein Ort, an dem man seine Mahlzeit nicht von einem Stöckchen essen muß...)

Trotz des Wetters bin ich für die einheimischen Kinder eine ausgesprochene Kuriosität. Sie quatschen durch den Matsch, um mein Zelt zu besichtigen und mich mit den üblichen Fragen zu traktieren: »Wie heißt du?« – »Woher kommst du?« – »Ist Amerika jetzt im Krieg?« – »Hast du eine Frau?« – »Warum arbeitest du nicht?« – »Gehst du fischen?« – »Fängst du viele Fische?« – »Wie heißt du gleich wieder?« Ein schlaksiger, sommersprossiger Junge, etwa zehn oder elf Jahre alt, hockt sich feierlich neben mich und zieht aus seiner Jacke eine Flasche – Lebertran! Er trinkt ein paar hastige Schlückchen, steckt sie wieder zurück und erklärt mir dann, daß er es gar nicht erwarten kann, bis er groß ist, damit er endlich ein Schleppnetzfischer werden kann wie sein Vater. Die in Norwegen gebauten Hecktrawler sind die besten, meint er; spanische Trawler hingegen seien recht anfällig für Maschinenschäden, und polnische B-425er seien einfach hoffnungslos.

In einem alten Buch mit Sagen und Gebräuchen von Grímsey habe ich folgenden guten Ratschlag ausgegraben: Wenn du fliegen möchtest, mußt du dir ein Zaumzeug beschaffen, das aus dem Rükken eines frisch bestatteten Leichnams stammt; aus der Kopfhaut des Leichnams mußt du dir das Kopfgestell zurechtschneiden, aus zwei Knochenstücken vom Kopf die Kandare und aus den Hüftknochen das Backenstück. Dann mußt du den siebten Sohn eines siebten Sohnes ausfindig machen und ihm dieses improvisierte Zaumzeug anlegen. Jetzt bist du zum Fliegen gerüstet. Außer natürlich, du hast es versäumt, dem siebten Sohn eine Reihe magischer Beschwörungsformeln ins Ohr zu flüstern, denn dann sind alle deine Bemühungen umsonst gewesen, und du wirst es nicht schaffen, vom Boden abzuheben.

Kein Wunder, daß diese Twin Otters auf der Insel so beliebt sind…

Bis zum nächsten Morgen war aus dem Regen ein sanftes Nieseln geworden, und so ging ich hinunter zum Pier, wo ich Sveinbjörn und einen anderen Mann mit einem mehr als drei Meter langen Grönlandhai antraf. Sie hatten ihn gerade ausgenommen und seine Innereien ins Meer geworfen, als der Hai einen gewaltigen Satz machte und vom Pier herunter ins Wasser glitt. Einen Augenblick lang trieb er ganz freundlich dahin. Doch dann begannen seine Kiefer zu schnappen und die eigenen Eingeweide aufzufressen, eine doch recht erstaunliche Leistung für ein Lebewesen, das von Rechts wegen hätte tot sein müssen. Sveinbjörn mußte den Hai mit dem Bootshaken heranziehen und ihn zum zweitenmal mit dem Flaschenzug hochhieven.

Während er ihm einen Schlag auf den Kopf versetzte, sagte er zu mir: »Wie wär's, wenn du uns heute abend besuchen kommst? Ich werde mein Haus mit dir teilen, ich werde Essen und Trinken mit dir teilen, aber eine Sache gibt es, die werde ich nicht mit dir teilen, und das ist…«

»…dein eigenes kleines Land.«

Er nickte. Jetzt schnitten die beiden Männer große blaßrote Fleischstücke aus der Flanke des Hais. Später würden sie dieses Fleisch, *hákarl* genannt, dann für mehrere Monate in der Erde vergraben, damit es wenigstens einen Teil seines Ammoniakgestanks verlor (Grönlandhaie urinieren durch die Hautporen), und anschließend in einem luftigen Schuppen zum Trocknen aufhängen. Je länger es abhängt, desto würziger wird es im Geschmack. Ich kenne einen alten Bauern mit Namen Eliás, der steif und fest behauptet, daß *hákarl* mindestens zehn Jahre hängen muß, bevor es überhaupt etwas taugt. Doch das Fleisch kann noch so abgehangen sein, wenn es auf den Tisch kommt, riecht es immer noch ungewöhnlich herb und kräftig. Als ich einmal mit einem großen Stück *hákarl* im Rucksack per Anhalter von Reykjavík losfuhr, warf der Engländer, der mich mitgenommen hatte, immer wieder skeptische Blicke in meine Richtung. Schließlich fragte er mich, ob ich gerade ein Grab geplündert hätte.

Sveinbjörn sagte, er würde nachkommen, sobald er mit dem Hai fertig sei, also ging ich schon einmal hinauf zu seinem Haus, wo mich an der Tür seine Tochter Ingibjörg begrüßte, eine hübsche, honigwangige, flachshaarige junge Frau, die ich am liebsten auf der Stelle für meine eigenen schändlichen Zwecke entführt hätte. *Já, já,* sagte sie, du bist der Amerikaner, der keine kleinen Vögel mag. Dann stellte sie mich Willard, ihrem dreijährigen Sohn, und einer Freundin aus Akureyri mit Namen Heidbjört (heller sonniger Tag) vor, die zwei kleine Töchter im Schlepptau hatte. Heidbjört sagte, sie sei einmal in Amerika gewesen, aber die Luft dort hätte so schlecht gerochen, daß sie wieder nach Hause fahren mußte.

Das hier war etwas Alltägliches für Island – unverheiratete Mütter mit Kindern, die ihre Väter offenbar nie zu Gesicht bekommen hatten. Anderswo könnte das als Indiz für den Zusammenbruch einer kulturellen Ordnung betrachtet werden, doch hierzulande zeigt es lediglich ein gesundes Interesse am Sex. Und würde man einen Isländer als Bastard bezeichnen, wäre das, da drei Viertel aller erstgeborenen Kinder unehelich zur Welt kommen, fast schon dasselbe, als würde man ihn als einen Fischfresser bezeichnen. Eine Selbstverständlichkeit. Man erzählte mir einmal von einem Mädchen aus Húsavík, die mit dem Kinderkriegen wartete, bis sie verheiratet war, und deshalb von ihren Eltern verstoßen wurde.

Jetzt brachte Ingibjörg eine silberne Platte mit hochaufgetürmtem, getrocknetem *steinbítur* (Steinbeißer oder Seewolf) herein, einem Fisch, der für meine Begriffe besser schmeckt als Kabeljau oder Schellfisch und in früheren Zeiten auch nützlicher war: Entfernungen pflegte man anhand der Anzahl von Schuhen aus *steinbítur*-Haut zu berechnen, die einer bei seinem Marsch durch die isländische Wüstenei durchlief. Alle langten beim Essen kräftig zu, die Kinder eingeschlossen. Besonders beeindruckt war ich davon, wie die beiden jungen Frauen ihren getrockneten Fisch aßen: Sie schoben ein Stück Fisch in den Mund, bissen und rissen, zogen und zerrten und fetzten schließlich einen Streifen davon ab, den sie dann mit ihren herrlichen Zähnen knirschend und malmend zerkauten.

»Möchtest du gern einen Film sehen?« fragte mich Ingibjörg. Bevor ich antworten konnte, begann sie in ihren Kassetten herumzuwühlen. Schließlich zog sie eine unsynchronisierte Fassung von *Wer Gewalt sät* heraus, zeigte sie mir (»Ein recht guter Film«, murmelte ich) und schob sie in ihren Videorecorder. Es gab eine Zeit, da gefiel mir *Wer Gewalt sät* wirklich, aber die Ereignisse der nächsten paar Stunden ließen mich wünschen, die Produzenten hätten das ganze verdammte Projekt im Keim erstickt.

Keiner der isländischen Zuschauer sprach ein Wort Englisch, aber alle glotzten auf die Mattscheibe wie Mönche auf ein Palimpsest. Ich half ihnen etwas mit der Geschichte nach und gab ein paar Erläuterungen: »Das ist eine Bärenfalle« »Sie bekommt nicht genug Sex« – »Das sind gemeine Rohlinge« – »Von denen kriegt sie Sex« – »Er glaubt, sein Heim ist seine Burg« – »Dieser Mann ist der Dorftrottel«, und so weiter. Jedesmal, wenn man die Bärenfalle sah, übte Willard ausgelassen seine zwei ersten englischen Wörter: *»Bear trap!«* Und jedesmal, wenn der von Dustin Hoffman gespielte Kerl auftauchte, kreischten Heidbjörts kleine Töchter unisono: *»Kani!«* (Ein Schimpfwort für einen Amerikaner).

Es war nicht das erste Mal, daß ich zwischen einem amerikanischen Film und nordischen Betrachtern vermittelte. In Angmagssalik in Grönland geriet ich einmal in die Situation, einem aus traditionellen Inuit-Jägern bestehenden Publikum Woody Allens futuristischen Film *Der Schläfer* erläutern zu müssen. Der Film wurde etwa alle fünfzehn Minuten angehalten, und dann stand ich auf, faßte das bisherige Geschehen zusammen und erzählte die Witze, so gut es ging, auf grönländisch. Die Zuhörer waren still, ja sogar ernst, während sie den Film ansahen; sie blieben still und sogar ernst, als ich die Witze erzählte, so als hätte ich über Treblinka oder Babi Yar geredet und nicht über einen angeblich komischen Film.

Mit *Wer Gewalt sät* hatte ich auf Grímsey keine derartigen Schwierigkeiten. Alle fanden den Film toll. Sie fanden die Gewalt toll, fanden die vielen Toten toll und fanden vor allem die Bärenfalle toll. Nachdem die letzten gemeinen Rohlinge von der Frau des *kani,* einer Revolverlady, erledigt worden waren, meinte Ingibjörg, diese letzte Szene erinnere sie an die Szene aus *Njáls saga,* in der Njál seine Heimstatt gegen Flosi und seine räuberische Horde verteidigt. Heidbjört meinte, diese blutige, übertriebene Rache würde auch sie an die Sagas erinnern. Die Kinder sagten gar nichts von den Sagas, aber der kleine Willard gestand, daß er nichts dagegen hätte, den Film noch einmal zu sehen, da er beim erstenmal ein paar Einzelheiten nicht mitbekommen habe.

So kam es, daß wir *Wer Gewalt sät* noch einmal von vorne anschauten. *»Bear trap!«* rief Willard. *»Kani!«* plärrten die kleinen Mädchen. *»Hamra skal járn meðan heit er!«* schrie Heidbjört. (Bring den Scheißkerl um!) Was mich betraf, so war das einzige, was mich über die zweite Runde so unmittelbar im Anschluß an die erste rettete, die Flasche Schnaps, die mir Ingibjörg aufmerksamerweise hingestellt hatte.

Um drei Uhr morgens befanden wir uns mitten in der dritten Vorführung des Films. Ich war müde und langweilte mich, hatte den Schnaps ausgetrunken und war etwas angesäuert, daß Sveinbjörn nicht aufgetaucht war. Gerade als ich mich zum Gehen anschickte, kam er mit einem entschuldigenden Grinsen zur Tür herein; an seiner Hose hingen Haireste. Er sagte, es täte ihm leid, daß er ein so miserabler Gastgeber sei, doch nachdem sie den Hai zerteilt hatten, sei ein Heringskutter hereingekommen, und man habe ihn gebeten, beim Ausladen zu helfen. Auch jetzt käme er nur auf eine kurze Tasse Kaffee nach Hause und müsse dann gleich wieder zurück, um beim Ausladen der Kisten aus einem zweiten Boot zu helfen, das vor ein paar Minuten hereingekommen sei. Ob ich in, sagen wir, zwei Stunden wohl noch da wäre? In zwei Stunden, erklärte ich ihm, würde ich mich in meinem tiefsten Tiefschlaf befinden.

Sobald ich ins Freie trat, wurde ich wieder im Tiefflug von arktischen Seeschwalben angegriffen, die diesmal nicht *Kria! Kria! Kria!* zu kreischen schienen, sondern *Kani! Kani! Kani!* Dennoch behauptete ich meine Position und schaute zu, wie die Sonne unter – und gleichzeitig aufging, eine unmittelbar am Rand des Horizonts schwebende, leuchtend orangefarbene Frucht.

Gegen Ende meines Aufenthalts auf Grímsey stattete ich der dortigen Bücherei – auch sie ein einem Bunker oder Krematorium nachempfundenes, seefestes Gebilde aus Eisenbeton – einen Besuch ab. Ein versöhnendes Merkmal hatte sie allerdings: eine hübsche Wandmalerei an der Außenwand. Sie zeigte einen Vogeljäger, der mit über die Schulter geworfenem Netz einen Augenblick auf den blauen, schroffen Klippen einer Insel, nicht unähnlich Grímsey, innehält, um sich auszuruhen.

Ich blätterte die Bestände der Bibliothek durch, die nach wie vor – sogar die Romane von Stephen King – von Willard Fiskes Hinterlassenschaft angeschafft wurden. Ein ganzes Regalfach war mit Büchern über die Erforschung der Polarregion gefüllt; in einem anderen Fach standen die allgegenwärtigen Sagas, die es in so vielen Ausgaben gibt (diese Bibliothek besaß drei oder vier), daß Isländer nicht selten die Ausgabe kaufen, die farblich am besten zu ihrem Schlaf- oder Wohnzimmer paßt, und das kaum weniger allgegenwärtige *Líkamsrækt með Jane Fonda,* von dem drei ziemlich verschlissene Exemplare vorhanden waren. Abseits in einer Ecke lag ein Stapel alter Schachbücher – Berichte über epochale Kämpfe zwischen längst in Vergessenheit geratenen Meistern und Einführungen in obskure Gambits – und setzte Staub an.

»Heutzutage wird auf Grímsey nicht mehr viel Schach gespielt«, meinte der Bibliothekar, wobei er, elegant wie eine Katze, erst in das eine Nasenloch schnupfte, dann in das andere. Er sagte, eines von

Willard Fiskes marmornen Schachspielen habe sich früher in der Bücherei befunden, sei aber als Kunstgegenstand ins Nationalmuseum nach Reykjavík gebracht worden. Er sagte auch, die Bewohner von Grímsey würden nicht mehr so viele Bücher lesen wie in den alten Zeiten, und seiner Ansicht nach sei der Videofimmel daran schuld. Zum jetzigen Zeitpunkt, so meinte er, sei es vielleicht eine gute Idee, das Geld von Willard Fiske für den Ankauf von Filmspezialitäten privater Fernsehanbieter wie *Karate-Meistarinn* und *Besta Litla Gleðihúsid in Texas (Das schönste kleine Freudenhaus in Texas)* zu verwenden.

Bevor ich die Insel verließ, besuchte ich Sveinbjörns achtzigjährigen Vater Magnús. Er betrachtete mich eingehend, und nachdem er offenbar zu dem Schluß kam, daß mich das Umherreisen ziemlich mitgenommen hatte, bereitete er mir ein Stück Seehundfleisch zu – mit der Begründung, eine Unze Seehundfleisch enthalte zehnmal mehr Eisen als Ochsenfleisch. Sodann erzählte er mir eine Geschichte, derzufolge die Seehunde von den Soldaten des Pharaos abstammten, die im Roten Meer ertrunken waren, als sie die Israeliten verfolgten, und behauptete, es gebe Leute, die sich weigerten, Seehundfleisch zu essen, weil sie befürchteten, womöglich einen gekochten Ägypter zu verspeisen. Was aus dem Schachspiel geworden war, das Willard Fiske vor hundert Jahren quer über das kalte Nordmeer an seinen Vater geschickt hatte, konnte er mir allerdings nicht sagen.

Da es mir nicht gelungen war, auf Grímsey auch nur einen einzigen Schachspieler ausfindig zu machen, nahm ich an, daß dieses Erbe der Wikinger, die die Insel ursprünglich besiedelt hatten, ausgestorben war. Erst bei meiner Rückkehr nach Akureyri gelang es mir, einen Schachspieler aufzutreiben, aber der war ein Neuseeländer, der hier Urlaub machte, und er schlug mich bei drei Spielen hintereinander mit Leichtigkeit.

8 Der Leuchtturm am Rande der Welt

Von Akureyri schlug ich mich per Anhalter nach Westen bis Ísafjörður durch, einer Stadt mit lauter fluoreszierend angestrichenen Häusern, die sich auf eine alte Gletschermoräne kauern. An dem Nachmittag, an dem ich ankam, betrug die Temperatur in Ísafjörður, das weiter nördlich liegt als Nome in Alaska, schwüle zwanzig Grad, und ein paar Wasserskifahrer zogen breite Spuren über die Fjorde, als wären sie auf dem Comer See. Doch gleichzeitig bekam die Halbinsel Hornstrandir auf der anderen Seite des Fjords eine frische Schneemütze, die in Anbetracht des sommerlichen Wetters in fünfundzwanzig Meilen Entfernung an ein Wunder zu grenzen schien.

Mit seinem steil abfallenden Basaltplateau ragt Hornstrandir aus dem Kakadukamm der Westfjorde wie eine einsame, windzerzauste Nackenfeder heraus. Es macht sich nicht nur sein eigenes Wetter, sondern es macht auch ein Wetter, das abscheulicher ist als irgendwo anders auf der Insel. Diese Halbinsel ist so ziemlich das letzte Eckchen auf der ganzen Insel, das man sich als Platz für seinen Hof am Meer aussuchen würde, doch die Handvoll wikingischer Kolonisten, die sich hier um die Mitte des zehnten Jahrhunderts niederließen, hatten so gut wie keine andere Wahl, weil sich nahezu das gesamte brauchbare Weideland von Island bereits in festen Händen befand. Dazu kam, daß ein Großteil dieser Kolonisten späterer Zeiten das wikingische Pendant zu den Marielitos waren – professionelle Killer, Taugenichtse und Kriminelle – und von der restlichen Bevölkerung nicht als ideale Nachbarn angesehen wurden.

Einer dieser Kolonisten war Thorvald Oskarsson, der Vater Erichs des Roten, ein in seiner Heimat Norwegen für vogelfrei erklärter Mörder. Thorvald landete im Südwesten von Hornstrandir und rammte seine Hochsitzpfeiler in ein schmales Stückchen flachen Bodens, das er, nach einer hohen Felssäule in der Nähe seines Anwesens, Drangur (Einsamer Fels) nannte. Drangur gab ihm die Möglichkeit, ein anständiges Leben zu führen, und sei es auch nur deshalb, weil es so abgeschieden lag: An wem hätte er jetzt schon seine mörderischen Gelüste ausagieren können? Thorvalds rothaariger Sohn Erich hingegen verabscheute Drangur und konnte es kaum erwarten, den Bergen, die die Sonne abhielten, und dem Treibeis ringsum zu entfliehen. Schließlich heiratete Erich seine Cousine Thjodhild und zog zu ihrer Familie nach Snæfellsnes, das ihm, verglichen mit Drangur, wie das Paradies vorgekommen sein muß. Unglücklicherweise brachte Erich den mürrischen Eyjolf um, einen Mann, der ein paar von Erichs Sklaven getötet hatte, und wurde deshalb aus der Gegend verbannt. Später ermordete er auf einer Insel namens Öxney einen zweiten Mann (er war wahrhaftig der Sohn seines Vaters) und war folglich gezwungen, Island ein für allemal zu verlassen. Er setzte Segel und wollte nach Grönland, aber das ist eine Geschichte für sich.

Obwohl Erich Hornstrandir verließ, blieben doch eine ganze Reihe seiner wikingischen Landsleute noch tausend Jahre lang dort und verwoben ihr Leben mit dem adstringierenden Salz der Dänemark-Straße. Sie fischten, bestellten das Land, gingen auf Vogeljagd und sammelten das Treibholz, das die riesigen Ströme Sibiriens an die kriegerischen Strände der Halbinsel schwemmten. Erst in den vierziger Jahren unseres Jahrhunderts bekam das uralte Lebensmuster allmählich Risse, hauptsächlich, weil sich der Fischfang auf die Küste beschränkte, in offenen Booten im Schatten zweitausend Fuß hoher Klippen betrieben wurde und nicht mit den riesigen Trawlern konkurrieren konnte, die das isländische Fischereigewerbe nach und nach zu beherrschen begannen. Erst zog eine Familie weg, dann eine zweite; einige verschifften ganze Häuser nach Ísafjörður, andere ließen sich in Reykjavík nieder. Bis zum Jahr 1959 hatte die letzte Familie ihre Koffer gepackt, und Hornstrandir war wieder eine reine, jungfräuliche Wüstenei, so weit entfernt vom alltäglichen Leben der menschlichen Spezies wie ein Kieselstein vom Mars.

Ich hatte noch eine Sache in Island zu erledigen: Ich wollte nach Hornstrandir, um den allerletzten Menschen aufzusuchen – einen Mann namens Jóhann Pétursson –, der diese Halbinsel für sich als Wohnsitz beanspruchen konnte. Seit sechsundzwanzig Jahren war Jóhann nun schon der Leuchtturmwächter an der äußersten Nordspitze von Hornbjarg, von wo aus er alle paar Stunden mit irgendeinem neuen Häppchen unangenehmer Wetternachrichten in Reykjavík anrief. Keiner seiner Helfer hatte es länger als ein paar Monate ausgehalten. Man hatte mir erzählt, daß sich einmal eine Frau für diesen Job bewarb und mit ihrer gesamten Garderobe anrückte, weil sie davon ausging, daß sie bei Dorftänzen eifrig das Bein schwingen würde. Aber zum nächsten Dorftanz hätte sie siebzig Meilen weit über rauhe Bergpfade wandern müssen, wofür sie feste Schuhe mit kräftigen Profilsohlen gebraucht hätte und keine Stökkelschuhe. Also blieb sie einfach daheim (und kehrte bei der erstbesten Gelegenheit nach Reykjavík zurück).

Am Tag nach meiner Ankunft in Ísafjörður nahm ich die Fähre *Fagranes* nach Hornstrandir. Die Halbinsel verfügt je nach Jahreszeit noch immer über eine regelmäßige Fährverbindung, obwohl dort keine Menschen mehr wohnen, eine rätselhafte Angelegenheit, die nur durch die Tatsache zu erklären ist, daß viele frühere Bewohner oder deren Nachkommen nach wie vor Sommerhäuschen – bescheidene Behausungen, die an Außenklos aus Wellblech erinnern – in ehemaligen Dörfern wie Hesteyri und Aðalvík besitzen. Zweifellos würden sich diese Leute einfach in ihre Moskwitschs und Skodas schwingen und hierher fahren, wenn das ginge, aber da es in Hornstrandir keine Straße, sondern nur ein paar schmale, durchgehende Fußpfade gibt, schwimmen sie eben in dieser braunen Hutschachtel von Boot hinüber, deren Schandeckel so niedrig ist, daß man mit der Hand ins Wasser langen und sich eine Qualle herausangeln kann.

11. Juli. Wieder ein sonniger Tag. Wir tuckern am Snæfjallaströnd entlang, am Schneebergstrand, vorbei an plötzlich purpurfarbenen Bergen, die während des Eozäns aufgeworfen und dann von Pleistozängletschern glattgeschoren wurden. Ihre sauberen Terrassen erinnern mich, einmal abgesehen von ein paar undamenhaften Geröllhaufen, an die vielen Unterrockschichten, die im letzten Jahrhundert Mode waren. Ein Mann namens Sigurdur, dunkelhaarig (»Meine Vorfahren haben ihre irischen Sklaven geheiratet«) und recht kräftig um die Taille, erklärt mir, Snæfjallaströnd habe früher Snæfjalla*draugur,* Schneeberggeister, geheißen, weil es dort von Gespenstern nur so wimmelte. Er behauptet steif und fest, es seien echte Gespenster gewesen, nicht etwa Phantasieprodukte oder sonderbare Felsformationen, und zum Beweis dafür erzählt er mir folgende Geschichte:

Als Junge ging er eines Nachts auf die Suche nach einem verlorenen Schaf und traf dabei einen auffallend großen, graugesichtigen Mann, der hungrig aussah. Er bot diesem Mann ein Stück von seinem *hangikjöt* (geräuchertes Lammfleisch) an und dazu ein Messer zum Abschneiden. *Nei, þökk fyrir,* vielen Dank, sagte der Mann, nahm seinen Kopf ab und neigte ihn höflich, wir Gespenster brauchen keine Messer. Dann ging der große graue Mann daran, die gesamte *hangikjöt*-Keule zu verspeisen, und als er damit fertig war, drückte er Sigurdur eine Silbermünze aus dem siebzehnten Jahrhundert in die Hand und verschwand in der Nacht. Diese Münze habe ich noch immer, sagt Sigurdur.

In Jökulfjörður, Gletscherfjord, treiben Schwärme von Papageitauchern auf dem Wasser wie unbefangene Geistliche. Einer von ihnen schwirrt mit einem Schnabel voller Sandwürmer an der *Fagranes* vorbei, so daß er aussieht, als hätte er sich einen riesigen Nietzsche-Schnurrbart wachsen lassen. Als wir in einer Bucht namens Grunnavík Station machen, patschen Sigurdur und seine Frau in Wasserstiefeln an Land. Grunnavík besitzt drei kleine Hütten (genau die richtige Größe für eine Stadt) und Berge, deren Kammlinien derart exakt sind, als wären sie von Landvermessern – oder Petticoat-Herstellern – ausgezirkelt worden.

Weiter geht es nach Nordosten in den Hrafnfjörður. Ein alter Westfjordler erzählte mir einmal, er habe eines Tages in den vierziger Jahren hier beim Fischen einen Schwarm recht seltsam aussehender Vögel auf dem vorstehenden Grasrand der Klippe sitzen sehen. Er betrachtete sie durchs Fernrohr und stellte fest, daß diese Vögel beinahe einen Meter groß waren und eine aufrechte Haltung, gewaltige Schnäbel und winzige Flügel hatten. Anfangs hielt er sie für Pinguine, doch hatte er noch nie von Pinguinen auf Island gehört, und so dachte er, es könnte sich vielleicht um irgendeinen mutierten Papageitaucher handeln, der eine untypische Größe erreicht hatte. Daheim in Ísafjörður wandte er sich an einen Ornithologen, der ihm ein Buch mit isländischen Vögeln zeigte. Da dieses Buch keine Abbildung dieses Vogels enthielt, brachte der Ornithologe ein zweites Buch an, und der Mann blätterte es durch, bis er eine Zeichnung vom *geirfugl* oder Riesenalk fand. *Já, já,* rief der Mann ganz aufgeregt, das sei der Vogel, den er gesehen habe. Unmöglich, meinte der Ornithologe. Das letzte Riesenalkpärchen – wahrscheinlich das letzte überhaupt existierende wurde im Jahr 1848 auf dem Eldey-Felsen unmittelbar südlich der Halbinsel Reykjanes totgeschlagen. Seitdem war kein einziges eindeutig bestimmbares Exemplar mehr gesichtet worden. Aber der Mann zeigte immer wieder auf die Abbildung und rief: »*Já já,* das ist genau der Vogel, den ich gesehen habe.« Ein paar Tage später gingen sie zu zweit zu der Klippe, auf der er den Schwarm beobachtet hatte, doch die einzigen Vögel, die sie mit ihren Ferngläsern ausfindig machen konnten, waren die üblichen Papageitaucher, Lummen und Tordalken...

...und auch jetzt sind das die einzigen Vögel, die ich mit meinem Fernglas ausmachen kann. Aber vielleicht mögen Riesenalken keine Ferngläser. Vielleicht mögen sie auch keine Menschen. Wenn ich einer dieser großen, flugunfähigen, köstlich schmeckenden Vögel wäre – von Neandertalern, Wikingern, Kelten und Grand-Bank-Fischern gleichermaßen zur Strecke gebracht –, so würde ich mich wohl kaum irgendeinem menschenähnlichen Wesen zeigen, auch wenn es noch so zivilisiert aussieht. Öffentliche Auftritte haben nur zur Folge, daß man im Kochtopf landet.

Jetzt nähern wir uns einer Moränenzunge, und Kapitän Örn

Örnsson – Adler, Sohn des Adlers – deutet auf eine Kette steil abfallender Berge, über die der Landweg nach Hornbjarg führt. Es ist höchstens ein Zweitagesmarsch, sagt er, es sei denn, wie er mit typisch isländischem Humor hinzufügt, ich würde abstürzen und sterben; in diesem Fall würde es wohl etwas länger dauern. Er instruiert mich, den Steinhügeln ins Skorardalur zu folgen, das Skorardalur entlang nach Furufjörður zu wandern und dann der Kette verlassener Gehöfte nach Nordwesten bis zum Leuchtturm zu folgen. Sollte dir unterwegs ein Eisbär begegnen, erklärt er mir, dann geh langsam rückwärts und sing dabei, so laut du kannst, die dänische Nationalhymne. *Já, já*, das funktioniert jedesmal.

Endlich allein! Langgestreckte Cirruswolken bringen mich auf den Gedanken, mir vorzustellen, wie es wohl wäre, sich im Skelett eines Dinosauriers zu befinden. Ich trappe nach Osten, über groben Strandkies, den die Quecksilberbrandung dunkel wie einen Maulwurfspelz gefärbt und zu grobem Sand zermahlen hat. Nach einer Weile sehe ich eine tote Robbe, deren Eingeweide sich im kühlen Sonnenlicht voll entfalten, erdrosselt von einem einzelnen Faden und zum Teil von Polarfüchsen (wie ich vermute) aufgefressen. Dann begegne ich einem toten Fuchs mit ausgehackten Augen, das Fleisch in Stücke zerfetzt, ein Ohr abgerissen – das Werk von Vögeln. Und auch einigen Vögeln, die zarten Skelette, fein wie Spinnwebfäden, grotesk verzerrt. Zwanzig Meilen vom Polarkreis entfernt ist die Welt eßbar – Mörder und Opfer, Jäger und Beute, Maden und ich, sie alle tanzen zusammen den endlosen *pas de deux* des Hungers.

12. Juli. Die Morgendämmerung ist hellrot wie rohe Leber. Um wach zu werden, unternehme ich einen Gang in die hiesige Kneipe, ein mit Getöse vom Berg herabstürzender Bach, dessen Mineralwasser so schwer ist wie eine mehrgängige Mahlzeit. Im Buch der Richter wählte sich Gideon die Leute für das Heer, mit dem er die Midianiter bekämpfen wollte, auf folgende Weise aus: Er führte sie zum Fluß hinunter, und diejenigen, die ihre Köpfe hineintauchten und das Wasser mit der Zunge aufschlappten wie Hunde, nahm er mit, die, die das Wasser behutsam mit den Händen schöpften und es an die Lippen führten, nicht. Ich fürchte, ich wäre gleich in der ersten Runde eingezogen worden.

Wenig später gehe ich über bemoosten, sumpfigen Boden, der unter meinen Tritten abwechselnd schlürft und ächzt – *Schlurp! Aach! Schlurp! Aach!* –, im Zweivierteltakt bei jedem Schritt. Dann überquere ich mehrere Schneefelder, weiß wie frischgewaschenes Linnen über einen faltigen Bergrücken gebreitet, der wahrscheinlich seit Jahren keine Sonne mehr gesehen hat. Weiter oben gelange ich auf eine Wiese mit unendlich vielen zarten, sternförmigen Blümchen, Büscheln von Echtem Labkraut und Butterblumen. Das hier ist nicht unbedingt der Regenwald des Amazonas, aber auch keine karge Landschaft voller Aschehaufen. Und sie beweist lediglich, wie froh das dürftige Erdreich ist, daß keine unermüdlichen Schafe alles bis zu den Wurzeln abknabbern. Überall wachsen von summenden Fliegen umschwirrte Engelwurz und große rötliche »Berserker«-Pilze – ein leicht halluzinogener Pilz, den die Wikinger aßen, um sich in Kampflaune zu versetzen. (Ich habe mir einmal ein paar Pilze gedünstet und sah daraufhin eine Stunde lang alles doppelt, mehr nicht.)

Weiter geht es. Bei einem flechtenüberzogenen Geröllhaufen entdecke ich einen blaugrauen Polarfuchs mit honig- bis lederfarbener Unterseite, der ein Vogelei so behutsam ins Maul nimmt, als handelte es sich um ein Schmuckstück von Fabergé. Er bewegt sich in einem derart schwungvollen, nur auf sich selbst achtenden Trott dahin, als sei er stolz darauf, ein Ei ein paar Meilen weit transportieren zu können, ohne es zu zerbrechen. Sobald der Winter kommt, wird er denselben leicht rußfarbenen Pelz tragen; Füchse, die Vogelklippen plündern, bleiben das ganze Jahr über »blau«, während diejenigen, die sich ihre Verpflegung im Landesinneren holen, weitaus schlimmeres Wetter ertragen müssen (um ihre Höhlen windet sich kein Golfstrom) und meistens völlig weiß werden.

Sobald ich den Furufjörður an der Nordküste erreiche, entdecke ich noch mehr Füchse; es sind so viele und sie bellen so laut, daß ich fast den Eindruck habe, durch einen riesigen Freilufthundezwinger zu wandern. Ihre Jungen benehmen sich genau wie Welpen. Sie folgen mir die Schlackenhänge hinauf und hinunter, wagen sich so nahe an mich heran wie mein eigener Schatten, jaulen und schnauben, versuchen aus mir schlau zu werden – ein wandelnder Findling? ein riesiger Papageitaucher mit Rucksack? Es ist fünfunddreißig Jahre beziehungsweise mehrere Wolfsgenerationen her, seit ihre Vorfahren in Hornstrandir markiert wurden, geschossen wegen ihrer Pelze oder wegen ihrer Angewohnheit, wie wilde Wölfe auf Schafe loszugehen, sich in ihre Kehlen zu verbeißen und nicht mehr loszulassen, bis die Schafe vor Erschöpfung zusammenbrachen. Wahrscheinlich kennen diese jungen Füchse die Wahrheit über mich nicht, nämlich daß meine Spezies versucht hat, ihre Spezies zu dezimieren, seit meine wikingischen Vorfahren an diesen Küsten an Land gingen. (Die Wikinger waren die zweite Gattung Säugetiere, die sich in Island ansiedelte; die erste waren die Polarfüchse.) Unmittelbar nördlich von Furufjörður läuft mir ein Dreigespann junger Füchse nach, die offenbar glauben, daß ich etwas bin, mit dem sie das Jagen üben können, eine Art Attrappe. Sie versuchen mich immer wieder in Sackgassen zu drängen, was ich ihnen auch gestatte, aber wenn ich mich dann auf den Boden lege und totstelle, schauen sie mich verdrossen an, als wollten sie sagen: Was zum Teufel soll das, Mann, warum spielst du unser Spiel nicht mit?

Kein Mensch, der je in irgendeiner Form mit einem Polarfuchs zu tun gehabt hat, bezweifelt dessen Schläue. Ein alter Jäger namens Þordur erzählte mir, er habe einmal einen Fuchs beobachtet, der sich rückwärts an den Schlafplatz von Dreizehenmöwen heranpirschte, den buschigen Schwanz hoch erhoben, damit die Dreizehenmöwen denken sollten, der Neuankömmling sei nur ein anderer großer weißer Vogel und nicht etwa ein Nesträuber. Als ich Þordur das letzte Mal sah, rüstete er sich gerade, um in die Berge von Snæfellsnes hinaufzuklettern, und er stank derart nach Parfum, daß es mich fast aus dem Stuhl hob. Er war überzeugt, daß die Füchse sei-

nen Geruch kannten und sogar ein bestimmtes Bellsignal hatten, um sich gegenseitig darauf aufmerksam zu machen, daß er, Þordur, hinter ihnen her war und nicht irgendein anderer Jäger. Also hatte er sich in Chanel No. 5 gehüllt, um sie an der Nase herumzuführen. In ein paar Wochen, meinte er, müßte er wohl auf Old Spice oder vielleicht auch Seehundfett umsteigen, weil sie sich dann an das Chanel No. 5 gewöhnt hatten.

Auf und ab, auf und ab, durch eine Landschaft, die ein hervorragendes Gelände für eine Achterbahn abgegeben hätte. Sooft das Land zum Meer hin abfällt, bin ich gezwungen, durch einen knietiefen breiten Bach zu waten, dessen eisiges Wasser mir jedesmal ein messerscharfes, überraschendes Prickeln über die nackten Beine jagt. In der Nähe dieser Bäche befindet sich stets ein Gehöft in irreparablem Zustand oder, um genauer zu sein, ein Haufen vergammelter Bretter und ein paar verrostete Blechteile, vielleicht eine Rolle feiner Maschendraht, eben alles, was von einem uralten Anwesen übrigbleibt. An einem dieser Gehöfte mache ich auf einer aus dem Stamm einer sibirischen Birke geschnittenen, wurmstichigen alten Bank Rast und esse eine halbe Tafel Prince-Polo-Schokolade. Nein, zwei halbe geschmolzene Tafeln. Notwendiges Kraftfutter in dieser erbarmungslos abschüssigen Gegend, denn Schokolade füllt das verbrauchte Muskelglykogen wieder auf (Kraftfutter mit hohem Eiweißgehalt wie Nüsse und Käse zehrt an den Muskeln) und wird schnell verdaut, so daß der Blutzuckerspiegel wieder munter wird, der seinerseits dafür sorgt, daß das Gehirn wieder munter wird und klar seine eigene Bedeutungslosigkeit in dieser verlassenen Weite erkennt.

Es war ein ungewöhnlich strahlender Tag, klarer und milder, als ich erwartet hatte, und etwa eine Stunde lang schaffte ich es, mir einzureden, ich könnte die Blosseville-Küste von Ostgrönland erkennen, eine zweihundert Meilen weiter westlich gelegene, mit Schnee überzogene Bergkette. Schließlich wurde mir klar, daß ich dem *hillingar*-Effekt zum Opfer gefallen war, einer polaren Luftspiegelung, bei der Luftmassen durch eine Inversion die Gestalt von

Bergen annehmen. Doch abgesehen davon, daß diese Berge recht attraktiv und wohlproportioniert ausgesehen hatten, fühlte ich mich keineswegs als Opfer.

Abend. Machte sechs Meilen von meinem Ziel entfernt in einer Höhle von Hosentaschenformat Station, deren Abgeschiedenheit so vollkommen war, daß es mir wehgetan hätte, einem vorbeikommenden Fremden ein oder zwei Worte zuwerfen zu müssen.

Am nächsten Tag gegen Mittag kletterte ich einen steilen, mit Geröll übersäten Abhang oberhalb des aufgelassenen Gehöfts Bjarnarnes hinauf und stieg auf einem Weg, der mich über sanft abfallende, abwechselnd aus Basalt- und rötlichen Tuffsteinschichten bestehende Hügel führte, nach Hornbjarg hinab. Endlich erreichte ich ein schüsselförmiges Tal, das so von Engelwurz strotzte, daß sich die Fliegen in diesen unzähligen Blütenbüscheln wie eine Heuschrekkenplage anhörten. Eine halbe Meile weiter nördlich wölbten sich die Klippen wie gewaltige, kecke Kinnladen vor, fielen hinab ins Meer und kehrten dann behutsam in Gestalt einer Reihe rissiger Felssäulen zurück, anklagend erhobene Felsfinger, die zum Himmel zeigten, als wollten sie sagen: Gib nicht uns die Schuld für deine Schwierigkeiten, Kamerad. Gib *Ihm* die Schuld.

Der strahlend weiße Leuchtturm und das gelbe Signalfeuer standen auf einer Basaltzunge etwa zwanzig Meter über dem krakeelenden Meer. Als ich eintraf, las der Wächter, Jóhann Pétursson, gerade den Windmesser ab. Er war ein hurtiger, rothaariger, bebrillter Mann, vielleicht vier- oder fünfundsechzig, dessen energische Gesichtszüge vermuten ließen, daß er diesen verdammten Windmesser auch dann ablesen würde, wenn er zu diesem Zweck dreimal am Tag zwanzig Meilen weit auf steile Berge hinaufklettern müßte.

Jóhann erzählte freimütig und unbekümmert von sich; offenbar hatte er (wie viele andere einsame Menschen) die Fähigkeit eingebüßt, zwischen nackten Tatsachen und persönlichen Erlebnissen unterscheiden zu können. Er erzählte mir, er sei in einer sehr strengen, altmodischen Familie in Grindavík, fünfzig Meilen südlich von

Reykjavík, aufgewachsen und habe mit keiner Frau geschlafen, bevor er siebenundzwanzig war, für einen Isländer schon fast ein greisenhaftes Alter. Als junger Mann hatte er unter so vielen Ängsten und Schreckgespenstern gelitten – Frauen, Geister, schlechtes Wetter, seine eigenen Träume –, daß er eine Höllenangst davor hatte, allein zu sein. Sobald er allein war, bekam er plötzlich heftige, kalte Schweißausbrüche. Es war nichts Ungewöhnliches, daß er mit einem Gewehr unter dem Koppkissen schlief und es beim Aufwachen fest umklammert hielt. Eines Tages dann ging er allein am Strand von Grindavík entlang, als er, im wahrsten Sinne des Wortes, über einen toten Körper stolperte. Der Körper gehörte einem Laskar, einem ostindischen Matrosen, und stammte von einem Zwanzigtausend-Tonnen-Tanker, der einige Tage zuvor an den Felsen vor Grindavík zerschellt war. Er rief die für den Tanker zuständige Reederei in Reykjavík an, aber die schien sich nicht für den Laskar zu interessieren, so daß er selbst einen Sarg für den Mann zimmern mußte. Das tat er auch, doch dann war er so erschöpft von seiner Schreinerarbeit, daß er einschlief, während der Sarg noch neben seinem Bett stand. Am nächsten Morgen wachte er statt wie sonst schweißgebadet in merkwürdig gehobener Stimmung auf, so als hätte er dem Grauen ins Antlitz geblickt und festgestellt, daß es eigentlich gar nicht so schrecklich war.

Den Job in Hornbjarg nahm er 1961 an, weil er sich ausrechnete, daß er ihm Zeit *und* Stoff für den Roman liefern würde, an dem er schrieb. Es sei noch nie vorgekommen, sagte er, daß sich ein isländischer Schriftsteller gleichzeitig auch noch als Lehrer betätigt. Diese Kombination (»Wie ich höre, sind alle amerikanischen Schriftsteller Professoren. Wie entsetzlich!«) wäre fast dasselbe, als würde man der Inspiration ein Bleigewicht umhängen, fand er. Seine schreibenden Kollegen hüteten Leuchttürme, von denen aus sie trotzdem einen lebhaften Dialog mit ihren Lesern führen konnten, wie etwa der Wächter des Leuchtturms Skálarvík, Oscar Adalsteinn Gudjónsson, der über Kurzwellenfunk der Fischereiflotte ganze Abschnitte aus dem jeweiligen Werk vorlas, an dem er gerade arbeitete. Doch neben seiner hauptamtlichen Tätigkeit, Schiffe um Eisberge zu navigieren, verstreute Fischereiflotten einzusammeln und Gehilfen zu ertragen, die keine Wetterkarten lesen konnten (wie zum Beispiel sein derzeitiger Gehilfe), hatte Jóhann in sechsundzwanzig Jahren kaum ein Wort zu Papier gebracht. *Já, já*, grinste er, irgendwie scheine seine Inspiration ohnehin ein Bleigewicht um den Hals zu haben.

Als er hierher in den Leuchtturm gezogen war, geschah dies im vollen Bewußtsein des sogenannten Fluchs, an den er glaubte und auch wieder nicht glaubte, beides. Offenbar hatte sich der letzte Bauer von Hornbjarg auf die steile Böschung gestellt, auf der jetzt Jóhann steht, um das Treibeis zu beobachten, und alle möglichen Verwünschungen auf dieses Land hinabgeschleudert. Dies geschah ein paar Jahre vor dem Bau des Leuchtturms im Jahr 1934; von da an hatten bisher alle Leuchtturmwächter irgendein Mißgeschick erlitten – von Verletzungen bis hin zu plötzlichen Erkrankungen –, das sie daran hinderte, länger als fünf Jahre hier auszuhalten. Jóhann selbst war gegen Ende seines fünften Jahres auf den Klippen auf Vogeljagd gegangen, als er plötzlich das Gefühl hatte, daß ihm jemand oder etwas einen Stoß versetzte. Er purzelte rund sieben Meter weit hinunter auf eine vorstehende Felskante. Irgendwie gelang es ihm, sich zum Leuchtturm zurückzuschleppen und die Küstenwache anzurufen, die ihn per Hubschrauber nach Ísafjörður verfrachtete. Dort lag er dann im Krankenhaus, litt unter einem hübschen Sortiment blauer Flecken, Gleichgewichtsstörungen und einer ziemlich üblen Gehirnerschütterung und fragte sich, ob die Ängste seiner Jugend wieder auferstehen und in sein Geschick in Hornbjarg eingreifen würden. Doch sie blieben aus.

»Fühlen Sie sich hier nicht einsam?« fragte ich ihn, als ich feststellte, daß er im Umkreis von siebzig Meilen das einzige das ganze Jahr über hier wohnende Lebewesen mit weniger als vier Beinen oder weniger als zwei Flügeln war.

»Schau dir diese wunderschönen Klippen an, mein Freund! Schau dir den Dunst über dem Boden an! Und horch, wie dieser Bach dahinbraust! Wie kann ein Mensch einsam sein, wenn er solche Kameraden hat?«

Wir betraten den Leuchtturm, und da entdeckte ich noch einen guten Grund, warum er hier nicht einsam war. Hier in den Westfjorden pflegte man zu sagen, je entlegener ein Anwesen, um so größer seine Bibliothek und um so belesener ihr Besitzer. Nun, Hornbjarg war so ziemlich die entlegenste Behausung, die man sich aussuchen konnte, ohne unwiederbringlich ins Polarmeer abzugleiten, und nach Jóhanns eigener Schätzung gab es im Leuchtturm ungefähr sechzehntausend Bücher, die die Wände ausfüllten, sich in einsturzgefährdeten Stapeln auf dem Boden türmten, kistenweise in Schränken standen und den Zugang zu den Wetterkarten versperrten. (War das der Grund, warum Jóhanns Gehilfe sie nicht lesen konnte?) Ich rechnete sogar damit, im Gefrierfach neben seinem Notvorrat an Walfleisch ein paar Bücher zu entdecken.

Der Ehrenplatz gehörte den Sagas in mehreren vollständigen Ausgaben, darunter ein paar vereinzelte Bände der *Fóstbrœðra saga,* der Geschichte von den Schwurbrüdern, die in der Gegend von Hornbjarg spielt und vor allem wegen einer Szene bekannt ist, in der ein Vogeljäger von einer Klippe stürzt und ein anderer zu ihm sagt, er solle nicht so viel Lärm machen, denn damit verjage er die Vögel. Doch anders als einige seiner Landsleute ließ es Jóhann nicht bei den Sagas (und ihrer offenbar überall anzutreffenden Regalgefährtin Jane Fonda) bewenden. Ich entdeckte auch die gesammelten Werke von Faulkner, Theodore Dreiser, Hemingway, Dostojewski, Hamsun, Hardy, Nexø, Dickens, Isak Dinesen und dem isländischen Nobelpreisträger Halldór Laxness. Da standen ziemlich abgegriffene Exemplare von Dee Browns *Heygðu mitt hjarta við undað hné* und dem *Rauða kverið* des ehemaligen Vorsitzenden Mao. Da gab es den isländischen *Moby Dick,* übersetzt von Julius Hafsteinn, einem pensionierten Polizeibeamten aus Húsavík, der mit eigenen Augen gesehen hatte, wie zwei Wale im Meer kopulierten, und von diesem Anblick so beeindruckt war, daß er beschloß, Melvilles Roman zu übersetzen. Da gab es Joy Adamsons *Borin frjáls*

(Frei geboren), John Steinbecks *þrúgur reidarinnar (Früchte des Zorns),* Richard Llewellyns *Graenn varstu, Dalur (Grün warst du, Tal),* die Colette-Übersetzungen der Hebamme Margarete Tómasdottir und die Shakespeare-Übersetzungen des Apothekers Helgi Hafdanarsson. Und es gab ein einzelnes Bändchen im Quartformat mit dem englischen Titel *A Short Commentary on the Flowing Back of the Waters of the Red Sea for the Passage of the Israelites* (Ein kurzer Kommentar zu den zurückfließenden Wassern des Roten Meeres für den Durchgang der Israeliten).

Noch nie war mir ein Mensch begegnet, der beim Lesen einen derart eklektischen Geschmack bewies. Ich versuchte ihn davon zu überzeugen, daß *Sámsbœr (Peyton Place)* kein sonderlich gutes Buch war. (»Gefällt Ihnen das Buch wirklich?« – »Ja.« – »Aber es ist sehr schlecht geschrieben…« »Nicht auf isländisch, da nicht.«) Doch ich beharrte nicht auf meiner Meinung, da ich finde, man sollte einem hungrigen Menschen zugestehen, das zu essen, worauf er Appetit hat.

Jóhann sagte: »Hast du jemals die *Ástsaga (Love Story)* gelesen? Also das ist auch ein gutes Buch…«

Und vielleicht war es das im lieblichen Dunst von Hornbjarg auch.

Die nächsten paar Tage blieb ich in der Umgebung des Leuchtturms, ging im Dunst spazieren, holte einiges an Lektüre nach und konnte dank Jóhanns Funktelefon Gespräche von Fischern zwischen Schiff und Küste belauschen (»Bist du allein? Bist du sicher, daß du allein bist? Und was ist mit der Stimme, die ich da im Hintergrund höre? Klingt nach einem Mann…«) Eines Tages begegnete ich einem Polarfuchs, der so wenig Ahnung von menschlicher Aggressivität hatte, daß er mir eine halbe Tafel Prince-Polo-Schokolade aus der Hand fraß (wie jedem echten Isländer schien ihm Prince Polo zu schmecken). An einem anderen Tag wanderte ich am Ufer entlang und erbeutete ein wahrhaft üppiges Sortiment an Strand- und Treibgut, das die Nordostwinde hierher geweht hatten. Am selben Abend erzählte ich Jóhann von einer angeschwemmten Tomatensaftdose, die ich gefunden hatte und die sechs zu einem Knoten verschlungene, brüchige Seesterne enthielt. Er vermutete, die Seesterne hätten sich deshalb für diese spezielle Dose entschieden, weil sie rot war wie sie selbst und ihnen folglich wohl als gute Tarnung erschien. Dann zeigte er mir einen dänischen Holzschuh, den er vor einigen Jahren an derselben Stelle aufgeklaubt hatte, an der ich die Tomatensaftdose gefunden hatte. Er war verfärbt und übel zugerichtet, nur noch ein Schatten seiner selbst, nachdem er auf weiß Gott welchem Weg von Holland nach Hornbjarg gereist war.

»Ich habe vor hierzubleiben, bis der andere Schuh angeschwemmt wird«, erklärte Jóhann.

»Und was ist, wenn es bis an dein Lebensende dauert, bis er angeschwommen kommt?«

»*Nei,* so lange kann ich nicht warten. Mit siebzig muß ich vom Leuchtturm weg und in Pension gehen.«

Bei der Vorstellung, den Leuchtturm gegen die monotone Geschäftigkeit von Reykjavík eintauschen zu müssen, verdüsterte sich sein Gesicht plötzlich, und er sah aus wie der einsamste Mensch auf der Welt.

Am folgenden Morgen stattete das Versorgungsschiff der Küstenwache Hornbjarg seinen monatlichen Besuch ab, und ich überredete den Kapitän, mich nach Ísafjörður mit zurückfahren zu lassen. Während ich festgeschnallt im Schlauchboot saß, das auf dem Weg zum Schiff eine Welle nach der anderen ansprang, kam mir der Gedanke, daß wir fünf – der Kapitän, drei Leute Besatzung und ich selbst – ganz schön viele Leute waren, die sich da zur selben Zeit am selben Ort eingefunden hatten.

9 Ein Marsch durch die Wildnis

Zu Zeiten Erichs des Roten konnte man auf ein Handelsschiff mit offenem Deck springen oder sich vielleicht auch von einem norwegischen Bischof auf die fünftägige Fahrt zur Ostsiedlung Grönlands mitnehmen lassen. Heutzutage ist die Verbindung nicht ganz so einfach, wie ich feststellen mußte, als ich die Docks von Reykjavík auf der Suche nach einem nach Grönland auslaufenden Schiff absuchte. Weder Frachtschiffe noch Passagierschiffe wie die *Norröna* verkehrten auf der Strecke zwischen den beiden Inseln, und Trawler durften eigentlich keine Fahrgäste wie mich mitnehmen. Ein Skipper, der Freund eines Freundes, bot mir an, mich als zahlenden blinden Passagier mitzunehmen, warnte mich jedoch, daß wir möglicherweise gar nicht anlegen würden; beim letztenmal hatten sie ihren Kabeljau gefangen und waren dann auf dem schnellsten Weg nach Island zurückgedampft, zur großen Enttäuschung der Mannschaft, für die das Fischen vor der grönländischen Küste häufig bedeutete, daß sie an Land gehen und sich mit den einheimischen Mädchen amüsieren konnten.

Schließlich wurde mir klar, daß ich wohl oder übel fliegen mußte, wenn ich vor Einbruch des Winters nach Grönland gelangen wollte. Wenn ich flog, würde ich meinem ursprünglichen Plan allerdings untreu werden. Die Wikinger wären wahrscheinlich nicht geflogen, selbst wenn sie diese Möglichkeit gehabt hätten. Sie waren ein seefahrendes, seebegeistertes Volk, das stets mit seiner weltlichen Habe umherzog; und die Vorstellung, ihr Vieh in ein Flugzeug treiben zu müssen, hätte sie zweifellos abgeschreckt. Andererseits haben sich die Eingeborenen von Grönland stets den Jetstream zunutze gemacht. Es gibt Unmengen von Geschichten über ihre glanzvollen Flugversuche. Ein alter *angakok* (Schamane) mit Namen Angerlerduaq erhob sich einmal in die Lüfte, indem er mit den zwei

Flügeln einer Trottellumme heftig über seinem Kopf wedelte, und zwei andere *angakut* namens Ayiyaq und Uitsaleqangiteq pflegten zum Vergnügen ihrer Zuschauer Flugwettbewerbe zu veranstalten. Die Eremiten in den Bergen, dort *qivigtut* genannt, waren imstande zu fliegen, indem sie einfach nur ihre Daumen in die Nasenlöcher steckten und mit ihren Zeigefingern wackelten; sobald sie in der Luft waren, streckten sie ein Bein nach hinten aus wie ein Ruder und benutzten das andere zum Lenken. Robert Petersen vom Inuit-Institut in Nuuk erzählte mir einmal, er habe von einem Mann gehört, der fliegen konnte, indem er einfach nur ein Bein leicht anwinkelte und beide kleinen Finger vor und zurück bog – ein gewaltiger Durchbruch in der Wissenschaft der Aerodynamik, fand Petersen.

Und so kam es, daß ich mehr oder minder auf die Art der Eingeborenen nach Grönland gelangte.

Bei früheren Besuchen hatte ich mich unbändig in diese weitläufige, wie ein gigantischer bestrumpfter Fuß geformte Insel verliebt, die viermal so groß war wie Frankreich und deren Bevölkerung kleiner war als die von Wauwatosa in Wisconsin. Ich hatte mich in ihre ehrgeizigen Eingeborenen verliebt, einen Menschenschlag, der sich selbst als Inuit (echte Menschen) oder Kalladlit (ganz echte Menschen) bezeichnet, nie jedoch als Eskimos; das ist ein verächtlicher Ausdruck der Cree-Indianer, der »Esser von rohem Fisch« bedeutete. (Franzosen würden sich auch nicht gerne als »Esser von Knoblauch-Schnecken« bezeichnen lassen). Und ich hatte mich – für eine Nacht – sogar in eine junge Frau verliebt, die mit Abstand das schönste Paar Augen besaß, das ich je gesehen hatte, und somit das alte nordische Seefahrersprichwort bestätigte, welches besagt, daß die einzigen zwei Lebewesen auf der Welt, die wirklich menschliche Augen besitzen, Seehunde und grönländische Mädchen sind.

Normalerweise neige ich nicht dazu, Intimitäten auszuplaudern, aber über diese zuletzt genannte Liebe fühle ich mich verpflichtet, ein paar Worte zu sagen, weil es sich gleichermaßen um ein kulturelles wie um ein amouröses Erlebnis handelte:

Ich hatte mich in das kleine Dorf Igateq in Ostgrönland begeben, um dort einen alten Mann namens Salluq aufzusuchen, der in dem Ruf stand, der letzte verstockte Heide des Landes zu sein. (Die anderen waren Ende der zwanziger Jahre zum Christentum übergetreten.) Unglücklicherweise schipperte Salluq just zu der Zeit, zu der ich von Angmagssalik nach Igateq fuhr, mit einer Ladung Seehundfellen von Igateq nach Angmagssalik. So begegneten wir uns nie. Und jetzt saß ich in Igateq fest. Das Dorf lag am Fuß einer felsigen Anhöhe, deren heftig strapazierte Schönheit sich ringsum wild ausbreitete wie Höhenlinien auf einer Landkarte (der perfekte Ort für den letzten Heiden, dachte ich). Im Windschatten dieser Anhöhe schlug ich mein Zelt auf und richtete mich für den Abend ein. Ich machte mir gerade einen kräftigen, die Eingeweide versengenden Topf Kaffee, als neben mir plötzlich eine junge Frau auftauchte. Nach Aussage des Polarforschers Knut Rasmussen bewegen sich Inuit-Frauen mit der Lautlosigkeit der Jahrhunderte, und genau so hatte sich auch diese Frau bewegt – nicht einmal ein Sandkorn oder einen Kiesel hatte ich knirschen hören. Sie war einfach da, wie durch Zauberei. Jetzt lächelte sie. Ich lächelte auch. Sie lächelte wieder und sagte: *»Kusunsuaa unsukkapiq?«* (Hast du einen hübschen Penis?) Ich war etwas verblüfft, da dies nicht die Sorte Frage war, die ich von daheim gewöhnt war. Doch hier, so erklärte die Frau, bedeutete »ein hübscher Penis«, daß man keinen Tripper hatte. Ich sagte, mein Penis sei in Ordnung, aber ich muß zugeben, daß ich keine Ahnung hatte, worin ihr Auftrag bestand. Vielleicht war sie die Krankenschwester des Dorfes, die irgendeine medizinische Reihenuntersuchung durchführte.

Die Frau ging wieder und kam etwa eine Stunde später mit ihrem Mann zurück, dessen gepflegter, spitz zulaufender Körper die ideale Paßform für ein Kajak zu haben schien. Er lachte und schlug mir mit der Hand auf den Rücken, so daß ich die Hälfte von meinem Kaffee verschüttete. *Ela!* rief er, meine Frau hat eine Schwäche für dich. Freut mich, das zu hören, murmelte ich, noch immer etwas verwirrt, da mir nicht ganz klar war, warum sie für einen Schlafsacktouristen wie mich eine Schwäche haben sollte. Und es wäre mir eine Ehre, fügte er hinzu, wenn ihr beide heute nacht miteinander schlafen würdet. An diesem Punkt hätte ich um ein Haar auch noch den restlichen Kaffee verschüttet. *Heute abend?* Ich sagte, ich bräuchte noch etwas Zeit, um darüber nachzudenken. Er nickte freundlich und schlug mir wieder auf den Rücken. Ich linste hinauf zu seiner kleinen Frau, dann wieder zu ihm und erklärte mich dann – ich war jung, abenteuerlustig und vielleicht auch etwas naiv – bereit, sein äußerst großzügiges Angebot anzunehmen.

Und so wurde ich in den alten Inuit-Brauch des Frauentauschs in seiner modernen Version eingeführt. In alten Zeiten diente dieser Brauch gleichermaßen dazu, körperliche Gelüste zu befriedigen wie den Hunger von der Schwelle fernzuhalten. Wenn ein Mann seine Frau auslieh, konnte er damit rechnen, von ihrem Liebhaber Fleisch zu bekommen, wenn sein eigener Notvorrat aufgezehrt war. Das daraus entstehende Band war so stark wie ein verwandtschaftliches, und Liebhaber, die ihr Fleisch nicht teilten, kamen oft unter recht mysteriösen Umständen ums Leben. Heutzutage jedoch besteht keine Notwendigkeit mehr, seine Lebensmittelvorräte mit anderen zu teilen – bei der Königlich Grönländischen Handelsniederlassung kann man jederzeit ein paar Dosen südafrikanische Sardinen oder einen plastifizierten dänischen Schinkenaufstrich kaufen. Doch die Grönländer gehen nach wie vor ungezwungen mit ihren wechselseitigen Liebsten um, so als hätte ihre geistige Einstellung nicht ganz mit der Zeit Schritt gehalten: Man *gab* mir eine Frau, ohne daß damit irgendwelche Bedingungen verknüpft gewesen wären. Ob der Grund der war, daß ich einen einsamen Eindruck machte, oder ob der Frau einfach mein Aussehen gefiel, erfuhr ich nie.

Wir gingen in die aus zwei Räumen bestehende Behausung der beiden, und ich verbrachte die Nacht mit der Ehefrau Katrina, deren braune, wunderbare Augen in meine blickten und deren weiches Fleisch mit meinem verschmolz. Es war eine jener Nächte, in denen jeder Körperteil deutlich seine Zugehörigkeit zu allen anderen Teilen wie auch zu den nackten Himmelskörpern und Grasflächen des fleischlichen Universums spürt. Doch am deutlichsten von dieser Nacht ist mir der Mann in Erinnerung, der nebenan am Tisch saß und fröhlich Karten klopfte, *Klack! Klack! Klack!*, wieder und immer wieder. Am nächsten Morgen bedankte er sich für meinen Besuch und gab mir eine Seehundlende als Abschiedsgeschenk.

Ich kehrte zu meinem Zelt zurück und sah keinen von beiden jemals wieder. Als ich einige Tage später in einem Boot mit Außenbordmotor nach Angmagssalik zurücktuckerte, wandte sich der Mann am Gashebel plötzlich um und wollte wissen, ob Katrina mich leise auf die grönländische Art geliebt hätte oder geräuschvoll, wie die Europäer es tun. Ich zögerte und sagte dann: auf die grönländische Art.

Aber noch ein Wort zu Grönland selbst. Ich wäre ein ziemlich schändlicher Liebhaber, wenn ich mich der Unmenge von Problemen dieses Landes verschließen würde, deren keineswegs geringstes die offensichtliche Unvereinbarkeit – innerhalb und außerhalb der Schlafzimmerwände von grönländischen und europäischen Sitten ist. Dreihundertfünfzig Jahre lang war die Insel eine Kolonie der dänischen Krone, die ständig unzureichende Leistungen erbrachte. Während die afrikanischen und südamerikanischen Kolonien Überstunden für ihre europäischen Herren machten, schaffte es Grönland lediglich, die Königlich Dänische Schatzkammer zu schröpfen. Doch die Dänen harrten aus, wenn auch nur, weil sie glaubten, daß es unter all dem Eis irgend so etwas wie Bodenschätze geben müßte. Schon damals waren sie weniger habgierig als die meisten Kolonialherren. Sie schleppten ihre gewaltige, jammervolle Last von einem Jahrhundert ins nächste, sorgten für soziale und medizinische Einrichtungen, religiöse Unterweisung und die beste europäische Erziehung, die sich ein Nichteuropäer nur wünschen konnte. In der allerbesten Absicht machten sie allen Bewohnern europäische Lebensmittel von eingedosten Nahrungsmitteln bis hin zu glibbrigem Zukkerzeug zugänglich, ohne sich klarzumachen, daß eine Veränderung der Eßgewohnheiten dazu führen würde, daß ein für den Eigenbedarf arbeitendes Volk dann nicht mehr viel zu tun hatte. Und nicht ganz mit den allerbesten Absichten (sie hofften noch immer, daß sich unter dem ewigen Eis der Insel oder in ihren unergründeten Gewässern *irgend etwas* finden würde) gaben sie Grönland 1979 eine Scheinselbstverwaltung, wobei sie sich selbst die Entscheidung in allen wichtigen politischen Fragen vorbehielten. Grönland ist frei; die dänische Herrschaft besteht weiter.

Unser Flugzeug landete sehr temperamentvoll in Narsarssuaq, dem einzigen Flugplatz im Süden Grönlands, dessen Landebahn für einen Starrflügler lang genug ist. Ein Großteil meiner Mitreisenden waren Angestellte der Icelandair, die weder die Geduld noch das Standvermögen ihrer Vorfahren besaßen. Während die wikingische Kolonie fünfhundert Jahre lang Bestand gehabt hatte, wollten sie nur eine halbe Stunde in Grönland bleiben. Sie hatten keinerlei Interesse an der Insel selbst. Vielmehr wollten sie auf direktem Weg zum Flughafen Keflavík zurückfliegen, um dort ein paar Regale mit zollfreien Spirituosen auszuräumen, zu denen nur Passagiere auf internationalen Flügen Zugang hatten; und in diese Kategorie würden sie dank ihres Transits von Island nach Grönland und wieder zurück fallen. Ich konnte den Isländern kaum einen Vorwurf daraus machen, daß sie Narsarssuaq unmittelbar nach ihrer Ankunft wieder verlassen wollten. Es war ein unfreundlicher Ort – nicht mehr als eine Start – und Landebahn und ein Hotel am Ende eines beängstigend schmalen Tals. Dieses Hotel, ein ehemaliger US-Luftstützpunkt, wurde während des Koreakriegs in ein Entlassungslazarett umfunktioniert, in dem man die tragischsten und bemitleidenswertesten Kriegsversehrten unterbrachte, Männer, denen es die Eingeweide zerfetzt hatte oder deren Gesichter auf dem Schlachtfeld geblieben waren. Die meisten von ihnen starben, ihre Leichname wurden verbrannt, und die Asche verstreute man über den eiszeitlichen Schlick des sogenannten Hospital Valley. Ein Freund von mir, der einmal hierherkam, fand die Schädeldecke eines Mannes, der mit Sicherheit nicht damit gerechnet hatte, in Grönland zu landen, als er sich für Korea verpflichtete.

Als ich in den warmen, sonnigen Nachmittag hinaustrat, wurde ich vom hiesigen Begrüßungskomitee empfangen, das sich trotz seiner regen Verpflichtungen die Zeit genommen hatte, mich feierlich willkommen zu heißen. Vielleicht hatten sie gerade einen Moschusochsen zur Raserei getrieben, ein Rentier zu einem selbstmörderischen Sprung vom Rand einer Klippe gezwungen oder sich dem Mörder von ein oder zwei brütenden Vögeln gewidmet. Wie auch immer, jetzt jedenfalls schenkten sie mir die Gunst ihrer vollzähligen Aufmerksamkeit. Ich spreche von jenem winzigen Wesen, das sämtliche Warmblüter feierlich begrüßt, der Stechmücke *(Aedes rearcticus),* deren erbarmungslose Anwesenheit an einem Großteil der Westküste Grönlands schlimmer ist als im insektenverseuchten Amazonasgebiet.

An warmen Tagen wie dem heutigen erheben sich diese Tierchen in gewaltigen, lautstarken Wolken aus Tümpeln und Weidendikkicht. Die Männchen sind Gentlemen, schweben träge umher und summen sich den ein oder anderen Happen Insektenweisheit zu, wie ewige Junggesellen auf der Feuerwache. Die Weibchen jedoch sind winselnde, übellaunige Xanthippen, die mit ihren Stechrüsseln, scharf wie Nadeln und fein wie Bohrerspitzen, durch Jeans, Unterwäsche und Haut dringen. Verdammte Hartnäckigkeit! Einmal beobachtete ich sogar eine weibliche *Aedes,* die durch eine Öse in meinem Wanderstiefel nach einem Kapillargefäß suchte. Doch das Opfer macht sich etwas vor, wenn es glaubt, sein Hämoglobin sei für die arktische Stechmücke entscheidend zum Überleben. Stimmt absolut nicht. Sie bekommt sämtliche erforderlichen Nährstoffe aus dem Saft der Krautweide, doch sie braucht Blut, um ihre Fortpflanzungsorgane auf Vordermann zu bringen und damit zur Mutter von Hunderten ihrer Art zu werden.

In einem 1966 in *Meddelelser om Grønland* (Mitteilungen über Grönland) erschienenen Artikel berichtete der dänische Wissenschaftler Erik Nielsen, er habe einmal eine Landequote von dreiundachtzig »Individuen« pro Minute auf einem Menschen – sich selbst – beobachtet, als er in Narsarssuaq im Schatten saß. Während ich jetzt so in der Sonne stand, erschien mir das nicht sonderlich viel. Ich war von Kopf bis Fuß eingehüllt und versuchte natürlich, die Anzahl der Quälgeister dadurch zu verringern, daß ich ein paar von ihnen totklatschte. Je mehr ich umbrachte, um so mehr schwirrten heran – offenbar ein unerschöpfliches Reservoir an Ersatztruppen. Da Völkermord offenbar nicht die Lösung war, beschloß ich, ihnen etwas Respekt zu zollen und mir Tigerbalsam auf die Haut zu schmieren. Ziemlich viele Grönländer schwören, daß dieses in Singapur hergestellte Heilmittel für Rheumatismus, Kopfweh und Gicht das beste Mückenabwehrmittel auf dem Markt sei – viel besser als Seehundfett oder Überdosen von Vitamin B. Andere sind der Ansicht, daß Abwehrmittel eine schlimme Situation nur noch schlimmer machen. Tigerbalsam hält die Stechmücken zwar davon ab, einen bei lebendigem Leib aufzufressen, nicht aber, sich in Ohren und Nasenlöcher zu bohren, in die Augen zu fliegen, sich in den Haaren zu verfangen und die Kehle hinunter in ihr Verderben zu springen. Spar dir den Tigerbalsam, und sie saugen nur und verschwinden wieder. Nimm Tigerbalsam, und du hast einen schwirrenden, geschwätzigen Stechmückenschwarm als ständige Eskorte und den Kampfergeruch noch dazu.

Mein augenblickliches Ziel war Igaliko, einst das geistige Zentrum der Wikinger (Igaliko bedeutet »verlassene Kochstelle« – für die Grönländer, die es so benannten, waren leere Töpfe aussagekräftiger als eine leere Kathedrale) und der Ort, von dem aus im elften Jahrhundert die Schiffe nach Labrador und Neufundland ausliefen. Das Boot nach Igaliko lief erst am nächsten Morgen aus. Da ich keine Lust hatte, am Flugplatz herumzuhängen oder mir ein Zimmer in den überteuerten Baracken zu nehmen, die sich als Polarhotel ausgaben, marschierte ich in Richtung Hospital Valley. Was ich unterwegs sah, war alles andere als ein hübscher Anblick.

Narsarssuaq büßte seine Nützlichkeit Mitte der fünfziger Jahre ein, nachdem das Ingenieurcorps den Luftstützpunkt in Thule gebaut hatte, um dem amerikanischen Verfolgungswahn bezüglich der Sowjets mit einem Vorposten im hohen Norden nachzukommen. Die GIs verschwanden 1959, und die Dänen verkauften ziemlich viel von dem alten Eisen des Stützpunkts an einen norwegischen Schrotthändler – viel, aber nicht alles. Es liegt noch immer genug Schwermetall herum, um Narsarssuaq für William S. Burroughs zu einem erstklassigen Touristentreffpunkt zu machen: eine verrostete B-52, die wie ein abgestürzter Flugsaurier auf dem Rücken liegt; bis auf das nackte Gerippe ausgeschlachtete Militärfahrzeuge; das Gehäuse einer alten Asphaltfabrik; Überreste von Fliegerabwehrgeschützen; schlangenähnliche Installationen, deren spiralförmig gewundene Hälse sich einen halben Meter und mehr vom Boden emporrecken; und zu einem Knäuel verschlungene Maschinenteile, deren einziger Zweck anscheinend in ihrer Zwecklosigkeit besteht.

Ich hatte keinerlei Bedürfnis, inmitten all dieser toten Technologie mein Lager aufzuschlagen, und so wanderte ich noch ein paar Meilen weiter über eine kieselbestreute Gletscherebene mit einem Teppich aus graugrünem Moos. Ich ging, bis ich an einen Fluß gelangte, der so voller Schlick war, daß er wie Kakao aussah. Am Ufer dieses Flusses schlug ich mein Zelt auf, und jetzt knabberten nur noch einige wenige bösartige Stechmücken (den meisten dieser kleinen Biester war es inzwischen zu kalt geworden) an meiner Haut und meinen Nerven. Unmittelbar vor mir ragte der Qorqup Sermia auf, eine Gletscherzunge, die einer langen, rauhverputzten Wand ähnelte. Unmittelbar hinter mir war Wildnis, ein dichtes Gestrüpp aus Zwergebereschen und Zwergweiden, deren Samenhülsen aussahen wie zierliche graue Ohrringe. Ein paar Glockenblumen lagen verstreut herum, obwohl sie es hier sicherlich schwer hatten, klammerten sich dicht an den Boden, als erinnerten sie sich an die Winterstürme, die ihre Köpfchen in die Zange nahmen, und rechneten damit, daß sie jeden Augenblick wieder zuschlagen könnten. Es war schon ein merkwürdiges Gefühl, erst die riesige weiße Eiskappe anzuschauen und sich dann umzudrehen und soviel Vegetation zu erblicken.

An diesem Abend dachte ich über das Farbcodierungssystem Erichs des Roten im Nordatlantik nach. Erichs Verkaufsstrategie bestand angeblich darin, daß er Island als eisig, weiß und schrecklich darstellte und Grönland als grün und einladend. Ihm als Mörder fiel es vermutlich nicht schwer, sich die Gepflogenheiten der Werbebranche anzueignen. Allerdings hatte Island im zehnten Jahrhundert vierzehn Gletscher mehr als heutzutage, und an der Südwestküste Grönlands – wo Erich sich niederzulassen beschloß, nachdem er nach Norden bis zur Disko-Bucht gefahren war – gab es Fjorde, die für die Viehzucht ganz offensichtlich besser geeignet waren als die Küstenstreifen von Erichs vulkanischer Heimat. Außerdem bekommt der Südwesten Grönlands einen Schubs vom Ostgrönlandstrom, einem Ableger des Golfstroms, so daß einige seiner Täler im Sommer manchmal verblüffend grün sind. Falls Erich zu einer Zeit hier war, die die Meteorologen als statisches Tiefdruckgebiet bezeichnen (eine länger anhaltende Periode niedrigen Luftdrucks), kann es gut sein, daß er sich in das grünste, freundlichste Land auf Erden versetzt fühlte, ein Land, in dem vierundzwanzig Stunden am Tag Photosynthese stattfindet und in dem sämtliche Blütenblätter an sämtlichen Pflanzen fast sichtbar zu wachsen scheinen. Mit einem Wort, ein Land, das beredt, wenn auch jahreszeitenbedingt, von Thors Freigiebigkeit kündet.

Am nächsten Morgen in aller Frühe nahm ich die *Aleqa Ittuk,* eine kleine, zehn Knoten pro Stunde zurücklegende Personenfähre, von Nunarsarnaq nach Igaliko. Wir tuckerten an dem von steilen Wänden flankierten Tunugdliarfik-Fjord entlang auf die blaue Erhebung des Nunarsarnaq zu, der wie ein Miniatur-Matterhorn geformt war. Der Skipper, ein Grönländer mit einer Hasenscharte und einer gesprungenen Sonnenbrille, parierte ordentlich die vereinzelten Treibeisschollen, die der kalte Ostgrönlandstrom von ostgrönländischen Gletschern um das Horn von Kap Farvel und durch die Davis-Straße nach Süden verfrachtet hatte – ein langer Transportweg, der sie ganz schön mitgenommen hatte.

Genau dieses Treibeis war es auch, das während der sogenannten Kleinen Eiszeit im vierzehnten Jahrhundert die Eingänge zu den

Fjorden verstopfte und den wikingischen Siedlern späterer Zeiten die Verbindung zu Europa abschnitt. Im Augenblick jedoch war das Eis nicht schlimm, so daß wir ziemlich glatt durchkamen. Der einzige überhaupt erwähnenswerte Zwischenfall auf dieser Fahrt ereignete sich, als die Freundin eines betrunkenen Grönländers einen seiner Turnschuhe über Bord warf. (Das Opfer zuckte lediglich die Achseln und warf den zweiten hinterher.) Nach zwei Stunden rumste das Boot gegen einen kleinen Landesteg. An Land stießen zwei Schweizer Wanderer zu mir, suchten ihre Sachen zusammen (sie hatten genug Ausrüstung, um ein kleines Sportartikelgeschäft in Zürich damit auszustatten) und trotteten flott davon in die Berge.

Mit seinen zwei Meilen ist der mit Felsbrocken übersäte Berg- und Talweg nach Igaliko eine der längsten Straßen in einem Land, in dem eine Straße an sich schon eine Kuriosität darstellt. Ich folgte diesem Weg in den Ort, wobei mir die ständigen abrupten Schwenks und Serpentinen das Gefühl gaben, als würde ich mich in einem gewaltigen Darm vorwärtsbewegen. Gegen Ende erkannte ich allmählich die wuscheligen Gestalten grasender Schafe, denen offenbar samt und sonders nicht klar war, daß es sich hier um Grönland handelte und nicht um die Ebenen von Wyoming und daß sie hier eigentlich nichts zu suchen hatten.

Mir ist schon wiederholt der Gedanke gekommen, daß die autonome Regierung die Schafzucht unterstützt, um zu verhindern, daß ihre Wähler völlig ausgesaugt werden, da sich die arktische Stechmücke weigert, sich in der Nähe von Schafen aufzuhalten. Was immer der Grund für diese Aversion sein mag (schlechter Geruch? undurchdringlich dicke Wolle? eine Vorliebe für intelligentere Lebensformen?), jedenfalls habe ich nie den verräterischen Biß einer zukünftigen Stechfliegenmutter gespürt, wenn ich mich auf einem grönländischen Bauernhof befand. Doch ist dieses Fehlen von Stechmücken vermutlich der einzige landwirtschaftliche Erfolg, der dem Versuch beschieden ist, Schafe auf einer Insel zu züchten, in deren spektakulären Wintern stets etwa die Hälfte des Viehbestandes eingeht.

Als wikingische Vatikanstadt besaß Igaliko auch das wikingische Äquivalent zum Petersdom, eine Kathedrale, die dem heiligen Nikolaus, dem Schutzheiligen der Seeleute, geweiht war. Ich ging über ein dicht mit Kamille bewachsenes Feld und gelangte zu den Überresten dieser Kathedrale – ein paar verstreute, rote Sandsteinblöcke. Sie war ziemlich groß gewesen, etwa dreißig mal zwanzig Meter, und ziemlich üppig verziert, hatte anstelle der sonst üblichen ausgespannten Kalbsmägen grün verglaste Fenster gehabt. Doch jetzt sah sie so verfallen aus, daß es ein Kompliment gewesen wäre, sie als Ruine zu bezeichnen. Im Laufe der Jahre hatten die Eingeborenen sie Stein um Stein für den Bau ihrer eigenen, erheblich bescheideneren roten Sandsteinbehausungen abgetragen. Das bedeutete, daß jeder der etwa fünfzig Grönländer in Igaliko in einem, wenn auch noch so schäbigen, geweihten Haus wohnte.

Ich schlug mein Zelt etwa eine halbe Meile vom Dorf entfernt auf, unten am Igaliko-Fjord, wo mich die Leute in Augenschein nehmen und taxieren konnten. Damit folgte ich einem alten indianischen Brauch, dessen Klugheit ich zu schätzen weiß: Rücke nie deinen Gastgebern auf den Pelz, es sei denn, man fordert dich ausdrücklich dazu auf. Fremde sind per definitionem nicht vertrauenswürdig – sie wollen deinen Grund und Boden, deine Gerätschaften oder deine Frauen. Ich weiß genau, daß ich einem Menschen, der so ein Zelt wie das meine, teils Christo und teils Buckminster Fuller, in *meinem* Hof aufstellen würde, nicht freundlich gesinnt wäre.

An diesem Abend erhielt ich tatsächlich eine Art Einladung. Ich bewunderte irgend jemandes Rasen, übersät mit schartigen Ölfässern und alten Fischgerippen, als ein Zehnjähriger einen Fußball in meine Richtung kickte. Wenig später begaben wir uns auf einen Fußballplatz in der Nähe, der ebenso dicht mit Kamille bewachsen war wie der alte wikingische Kirchhof. Vielleicht hätte ich mir auf der Stelle einen Tee brauen sollen, denn Kamillentee wirkt bekanntlich beruhigend und hätte mir vielleicht geholfen, besser mit der blutrünstigen Art, in der die Grönländer Fußball spielen, fertigzuwerden.

Es dauerte nicht lange, da gesellten sich noch zwei Kinder zu uns. Nach einiger Zeit schlug einer ein Spiel vor. Da offenbar keiner von ihnen große Lust hatte, auf meiner Seite zu spielen, spielte ich zu guter Letzt gegen alle drei, ein weißer Mann gegen die zahlenmäßig überlegenen Eingeborenen. Umgehend stellte ich fest, daß sie ebenso gerne mich kickten wie den Ball. Das sah dann so aus, daß mich einer abblockte, ein zweiter auf meine Schienbeine eindrosch und der dritte den Ball triumphierend ins Tor schoß. Oder es konzentrierten sich alle drei ganz darauf, auf meine Schienbeine einzudreschen, ohne überhaupt an den Ball zu denken. Die unterschwellige Botschaft schien zu lauten: »Legt den weißen Kerl um.« Die große weite Welt des Geldverdienens und -ausgebens – *Sachen, Sachen und noch mehr Sachen* – mag ihm gehören, aber jetzt haben wir ihn auf dem geheiligten Boden unseres Fußballplatzes, und jetzt wollen wir doch mal sehen, wer hier der Boß ist. Ich vermutete, daß sie mir genau das verpaßten, was sie in ihren dänisch ausgerichteten Schulen jeden Tag verpaßt bekamen, von dänischen Lehrern, die (jedenfalls die meisten) Grönland hassen; meine Vermutung bestärkte sich, als diese Farce von einem Spiel beendet war und mich einer der kleinen Kerle – er war sicher nicht älter als acht Jahre – einen lausigen Dänen nannte. Ich erklärte ihm, ich sei ein lausiger Amerikaner, kein Däne. Diese Information schien seine Schaltkreise zu blockieren, denn mit größter Wahrscheinlichkeit hatte er außer im Fernsehen noch nie einen Amerikaner gesehen.

Wieder daheim in meinem Zelt, versorgte ich meine Wunden und liebäugelte kurz mit dem Gedanken an eine Revanche, *mano a mano,* bei der ich diese Bengel, einen nach dem anderen, zu Inuit-Gelatine machen würde. Doch während sich der helle, glänzende Abend dahinschleppte, schüttelte ich meine Gereiztheit allmählich ab. Eine Schar schillernder Wölkchen drängte sich am Horizont wie auf einem Gemälde von Piranesi. Im Fjord lagen nachdenklich ein paar launische Eisberge, und der Fjord selbst hatte ein tiefes Mittelmeerblau angenommen. Als ich einmal aufblickte, sah ich zufällig einen Seeadler auf gebieterischen Schwingen über den eingekerbten

Gipfel des Berges hinter meinem Zelt schweben. Es war eine unvergleichlich friedliche Szene, hingeworfen in der der Natur eigenen leichtsinnigen Art mit der Bemerkung: Du brauchst bloß die Augen aufzumachen, mein Freund, dann werde ich dich jeden Augenblick deines Lebens in Erstaunen versetzen.

Als ich am nächsten Tag aufwachte, fiel ein heftiger Regen wie bei einem asiatischen Monsun, nur war er sehr viel kälter und fegte, vom Wind getrieben, wie riesige flache Fächer um Igaliko. Ich dachte immer, Grönländer würden wasserdicht zur Welt kommen (man sieht sie häufig bei Regen und Schnee im Freien sitzen, als würden sie sich sonnen), aber dies hier war selbst ihnen zuviel, denn offenbar hatten sich alle – auch der fröhliche, schwachsinnige alte Mann, der während der vergangenen Tage immer neben seinem Haus gestanden und auf seiner Konzertina gespielt hatte – in ihre Häuser zurückgezogen. Ich beschloß, diese Gelegenheit zu nutzen, um Ausschau nach einem Führer für meine Überlandwanderung nach Qaqortoq zu halten.

Qaqortoq (grönländisch für Julianehåb) lag sechs oder sieben Tagesmärsche von Igaliko entfernt; der Weg dorthin führte nicht nur an mehreren wikingischen Gehöften vorbei, sondern auch an der alten Kirche von Hvalsøy, der möglicherweise letzten wikingischen Bastion in Grönland. Der Weg war nicht ohne Gefahren, angefangen von nicht vorhandenen Pfaden bis hin zu plötzlich steil abfallenden Bergschluchten, aber wahrscheinlich war er nicht gefährlicher, sondern nur länger als mein Marsch nach Hornbjarg. Und doch hatte ich hier – besonders hier, in diesem vielsprachigen, wirrköpfigen, heftig kolonisierten Land – das Gefühl, jemanden zu brauchen, der mir als Ombudsmann diente, um nicht eine der ältesten Reiseregeln zu verletzen: Der Eingeborene kennt sich am besten aus, und selbst wenn er sich nicht am besten auskennt, schafft er es wenigstens, einen in dieselben Schwierigkeiten zu bringen, in die er sich selbst immer gebracht hat.

Ich suchte einen Mann namens Gustav Olsen auf, dessen Lächeln so unbewegt war wie das Wasser in einer geschützten Bucht. Doch als ich ihm sagte, wo ich hin wollte, schluckte er eilig sein Lächeln hinunter, schüttelte den Kopf und sagte, er habe Angst *(»Niangiannatuk!«)* vor dem *qivigtoq*. Dieser *qivigtoq* hauste in einer kleinen Schlucht, Itigvitaq genannt, nur etwa eine Meile von meinem geplanten Weg entfernt. Dazu erzählte er mir folgende Geschichte:

Vor fünfzehn Jahren fuhren drei Freunde in den Igaliko-Fjord hinaus, um Robben zu jagen. Alle drei hatten mehrere Tage lang kräftig gesoffen, eine Kiste Bier nach der anderen, und so hatten sie ziemlich übertriebene Vorstellungen davon, wie viele Robben sie erlegen würden. Ein paar Stunden von Igaliko entfernt rammten sie ihr Schnellboot mit Vollgas in eine unter Wasser treibende Eisscholle, so daß das Boot kenterte. Zwei Männer ertranken, der dritte jedoch, der Anda hieß, erreichte das Ufer – ziemlich schlimm unterkühlt, aber noch schlimmer beschämt. Seine zwei Kameraden waren gestorben, und er war nicht mit ihnen gestorben. Er erkannte, daß es ihm unmöglich sein würde, weiterhin mit erhobenem Kopf unter seinen Mitmenschen zu leben, und so entschloß er sich, den Rest seines Lebens allein und von Scham geplagt in Itigvitaq zu verbringen.

»Für mich hört sich das gar nicht so beängstigend an«, meinte ich. »Ein bißchen traurig, aber nicht beängstigend.«

»Würdest du Angst bekommen, wenn du wüßtest, daß er sich in einen Eisbären verwandeln kann? *Elá,* würdest du dich fürchten?«

»Ich denke schon...«

»*Assâssakâq!* Er kann es. Das ist allgemein bekannt. Möchtest du, daß Anda dich auffrißt, weißer Mann?«

Als der Nachmittag dem Ende zuging, war es mir noch immer nicht gelungen, unter den an ihre Häuser gefesselten Einwohnern von Igaliko einen Führer aufzutreiben. Einige hatten Angst vor dem *qivigtoq,* andere vor mißlichem Wetter. Einige sagten, sie seien zu sehr mit ihren Schafen beschäftigt; andere waren zu sehr mit dem Faulenzen beschäftigt. Kaum einer wollte die freitägliche *kaffemik* (Kaffeegesellschaft) versäumen, eine Art Party, bei der alle herumsitzen und eine Tasse starken Kaffee nach der anderen trinken, bis ihnen beinahe das Herz aus der Brust zischt wie eine Rakete von der Abschußrampe.

Schließlich landete ich bei Paulassie Egede, einem grobknochigen, grübchenwangigen, zahnlückigen Mann Anfang dreißig. Paulassie wohnte mit seiner Freundin Meqqoq in einem Haus, dessen Wände mit Hunderten gelber Etiketten von Dole-Ananasdosen tapeziert waren. Als ich eine Bemerkung darüber machte, erzählte er mir, daß er eines Nachts betrunken gewesen sei und eine große Schiffsladung Dosenananas auf dem Dock habe stehen sehen; die dekorative Wirkung der bunten Etiketten habe ihn so beeindruckt, daß er sie allesamt abriß und die Wände seiner Behausung damit vollkleisterte. Die Dosen samt Inhalt warf er in den Fjord, auf dessen Grund sie vermutlich noch immer liegen.

Paulassie war ein etwas schräger Vogel, recht handfest und gleichzeitig ein bißchen altmodisch. Er pflanzte Haschisch an – magere, dürre, scheußlich aussehende Pflänzchen, die sich auf einem grönländischen Fensterbrett offenbar recht unwohl fühlten – und behauptete, er sei vollkommen zufrieden, sein ganzes Leben damit zu verbringen, Raben und Schneehühner zu jagen und sich die Sozialstaat-Kronen des dänischen Steuerzahlers einzuverleiben. Er fragte mich, woher ich käme, und schien aufrichtig enttäuscht, daß es nicht Alabama war, weil sein kostbarster Besitz – abgesehen von einer 70er Winchester mit einem fünfundfünfzig Zentimeter langen Lauf – ein Sweatshirt mit dem Aufdruck »University of Alabama« war, das er in einem auf amerikanische Klamotten spezialisierten Geschäft in Kopenhagen erstanden hatte. Er hegte die Hoffnung, eines Tages nach Alabama zu fahren, und sei es nur, um festzustellen, für welchen Ort er mit seinem Sweatshirt Reklame machte.

Paulassies körperliche Entspanntheit grenzte an Faulheit, nicht unbedingt eine Eigenschaft, die man normalerweise bei einem Führer sucht. Aber er kannte die Berge gut und hatte im vergangenen Sommer mehreren Dänen geholfen, das alte wikingische Anwesen in Sigssardlugtoq auszugraben. Auch hatte er weder Angst vor dem *qivigtoq,* noch brauchten ihn irgendwelche Schafe, noch interessierte er sich für die Kaffeeorgie (Bierorgien waren ihm lieber).

»*Elá*«, sagte er grinsend und schüttelte mir die Hand. »Du bist Mr. Peary, und ich bringe dich zum Nordpol…«

An diesem Abend putzte ich mir gerade draußen im Regen die Zähne, als eine Schneeammer herunterplumpste, sich auf mein Zelt hockte und mich so merkwürdig ansah, als wollte sie sagen: Was in aller Welt tust du da eigentlich, weißer Mann?

26. Juli. Ein freundlicher, beinahe tropischer Tag. Während wir so dahinwandern, scheint der Grönlandschild von seinem pflanzlichen Gewand immer mehr abzuwerfen und dem nackten Granit Platz zu machen. Wir gehen am Fuß des Berges Nujuk entlang, von dem Paulassie behauptet, er sei unbesteigbar wegen des Gerölls, das sämtliche Bemühungen jedesmal samt einem Schwung Schotter ins Rutschen bringt, und setzen unseren Weg an einer schroffen, serpentinenförmig verlaufenden Felskante fort. An jedem Joch und jeder Rinne steht ein Dickicht aus Zwergbirken, Zwergebereschen und Zwergweiden, alle nicht höher als einen knappen halben Meter; wir müssen wohl oder übel hindurchstapfen, was um einiges mühseliger ist, als von Stein zu Stein zu springen.

Alle fünfzehn Minuten bleibt Paulassie stehen und trinkt einen ausgiebigen, gesunden Schluck Wasser aus einem Bach. Alle halbe Stunde verschwindet er, um ein Schneehuhn zum Abendessen aufzustöbern, kehrt dann ohne Schneehuhn zurück, hat aber – wie ich aufgrund des Abprallgeräusches vermute – ein oder zwei Felsen erlegt. Seine Turnschuhe haben Löcher, ebenso seine dicken Socken. Etwa jede Stunde legt er eine Pause ein, damit sich diese beiden Löchermengen erholen können. Manchmal macht er auch nur Rast, ohne Wasser zu trinken oder seine Fußbekleidung neu zu ordnen. Was ist los? will ich wissen. Ich denke an meine Freundin, sagt er. Sie hat eine sehr hübsche *utsuuq.* Und er sagt, seine Großmutter habe ihm stets geraten, in den Bergen langsam zu gehen, da sie voll seien von bösen hundeköpfigen Wesen, sogenannten *erqigdlit. (Ihn* würden diese *erqigdlit* ja nicht sonderlich beunruhigen, meint er, aber seine Füße seien manchmal ziemlich beunruhigt.) Beim Weitergehen kommen wir an Rosenwurzbüscheln und fröhlichen Rosetten aus weinrotem Steinbrech vorbei, dessen Blütenblätter begierig zur Sonne hin gerichtet sind. Noch mehr hübsche *utsuuqs*.

Eigentlich habe ich nichts gegen unser gemächliches Tempo einzuwenden, da ich nicht in Eile bin, um den 5 Uhr 17-Zug zur Poona Junction, den 6 Uhr 09er vom Grand Central oder die abendliche Aeroflot nach Taschkent zu erwischen. Ein Zweck des Reisens besteht darin, seinem Ziel um jeden Preis auszuweichen (sobald man angekommen ist, ist man da, und dann kann man nie mehr die ausgiebige Spannung der Vorfreude genießen), und ab und zu weist mich Paulassie wirklich auf die erstaunlichsten Dinge hin. Ein Beispiel: Wir klettern die glattpolierte Rutschbahn eines ausgetrockneten Wasserfalls hinauf, steigen auf einen Berg, der Akudlipqaq heißt, hinauf und wieder hinunter und gelangen dann in ein abgelegenes, hübsches und allem Anschein nach unberührtes Tal, als Paulassie plötzlich wie angewurzelt stehenbleibt und mich auf etwas aufmerksam macht – vier Carlsberg-Dosen! Meine, sagt er stolz. Ich war vor zwei Jahren hier, um Raben zu jagen. *Sóruna,* sage ich zu ihm, du hast den Platz verschandelt. Bier ist nichts Schändliches, widerspricht er.

Nachmittag. Wir nehmen unseren Lunch auf einer Felsnase oberhalb des Igaliko-Fjords ein. Ich schaue auf den Fjord hinunter, eine blaue abgefallene Pfauenfeder, als Paulassie meine ehrfürchtigen Betrachtungen unterbricht, um mir zu erklären, ich säße auf einem seiner Vorfahren. Ich spähe durch die Zwischenräume eines deutlich erkennbaren Steinhaufens und erblicke darunter drei wie Baumstämme aufeinandergeschichtete menschliche Skelette; im Brustkorb des einen hat sich eine Schneeammer ihr Nest gebaut. Eines dieser Skelette stammt von einem Kind, an dessen winzigem, zitronengelbem Schädel noch ein paar dünne, schwarze Haarsträhnen hängen. Auf den anderen beiden wächst grünes Moos wie ein dichter Haarschopf (nichts regt Moospflanzen mehr zum Wachsen an als die Nähe eines ordentlichen Menschenschädels). Eine Familie, die dem Hunger zum Opfer gefallen ist, sagt Paulassie. Wahrscheinlich vor hundert Jahren oder so verhungert. Liegen sie deshalb nicht unter der Erde begraben, weil der Dauerfrost den Boden aufbricht? will ich wissen. Nein, entgegnet er, sie wurden über der Erde begraben, damit sie in alle Ewigkeit eine schöne Aussicht haben.

Später schlagen wir unsere Zelte am Ufer eines unglaublich türkisfarbenen Karsees auf, der Tattersuit heißt und auf dessen Ufer Schneerinnen zulaufen wie Ausrufezeichen. Der Tattersuit ist als See ein Phänomen, da er kein sichtbares Pflanzen- oder Insektenleben aufweist, sondern nur ein paar deplaziert wirkende silbergraue Breitblättrige Rohrkolben, die wie Leuchtfeuer aufragen. Doch binnen einer halben Stunde habe ich mit einem Spezialköder acht ausgewachsene Wandersaiblinge gefangen, jeder knapp zwanzig Zentimeter lang. Diese Saiblinge finden im Tattersuit wenig, wovon sie sich ernähren könnten, fast nur Plankton, aber offenbar genügt ihnen das zum Überleben; zum Wachsen freilich reicht es kaum. Viel mehr als über diese *erqalut* freut sich Paulassie über die Dose weiße Bohnen, die er aus meinem Rucksack hervorgeholt hat. Er hat noch nie weiße Bohnen gegessen und wirft die Dose einfach in unser Lagerfeuer aus trockener Krautweide – und schon macht es *plopp,* und sie explodiert. Die Bohnen sind perfekt gekocht. Leider besteht er darauf, die Saiblinge fast eine Stunde lang kochen zu lassen, wodurch ihr zartes, rosafarbenes Fleisch die Konsistenz eines alten Autoreifens annimmt.

Ein kalter, angenehmer Abend. Der See gekräuselt wie von Frostverwerfungen. Das Zelt, das leise im Wind raschelt. Von ferne das Gebell eines Polarfuchses. Ein paar vereinzelte Stechmücken, die sich an unserem Lagerplatz umsehen... sogar *sie* tragen zu unserem perfekten Wohlbefinden an diesem Abend bei, denn der *Aedes rearcticus* kann seine Operationen nicht durchführen – seine Flügelmuskeln arbeiten nicht anständig –, wenn die Temperatur nicht mindestens sieben Grad beträgt, und das ist im Augenblick nicht der Fall.

»Glücklich das Lager, das keine Stechmücken kennt«, zitiere ich ein altes Sprichwort der Mikmak-Indianer von unbestreitbarer Weisheit.

»Ich werde dir eine Moskitogeschichte erzählen, Allaut«, sagt Paulassie. Er hat sich angewöhnt, mich Allaut (Bleistift) zu nennen, denn sooft er aufblickt, kritzle ich etwas mit meinem handlichen Textverarbeitungsgerät. Und hier seine Geschichte:

Vor langer, langer Zeit lebten alle Moskitos, die es auf der Welt gab, auf einer kleinen Insel im Igaliko-Fjord, die Qerqertarssuaq hieß. Sie lebten völlig zurückgezogen, verließen die Insel nie, sondern paddelten nur ab und zu mit ihren Kajaks herum. Auf dem Festland lebte ein Mann namens Niliq, der ein notorischer Räuber und Dieb war und sogar seine Freunde betrog. Als Niliq einmal ein Boot voller Walfleisch klaute, war das der Tropfen, der das Faß zum Überlaufen brachte. Er ruderte das Boot hinüber zur Moskitoinsel, wo ihn, wie er sich einbildete, niemand finden würde. Doch seine Freunde folgten dem Geruch des Walfleischs. Sie beschlossen, Niliqs Diebereien ein für allemal ein Ende zu machen, und so schlugen sie ihn zu Brei und ließen ihn tot auf den Felsen liegen. Die Moskitos, die eine sehr magere Jagdsaison hinter sich hatten, näherten sich dem Toten und begannen sein Blut zu trinken; es schmeckte ihnen ausgezeichnet. Anschließend verließen die Moskitos die Insel, und seitdem machen sie Jagd auf Menschen, denn nachdem sie einmal menschliches Blut gekostet hatten, zogen sie es jeder anderen Nahrung vor.

27. Juli. Am späten Morgen klettern wir eine Seitenmoräne hinunter, die in Wellen zum Fjord hin abfällt, und gelangen auf eine üppige Wiese voller Löwenzahn. Die Lage ehemaliger wikingischer Ansiedlungen läßt sich in Grönland stets am Vorhandensein dieser für Wohnviertel am Stadtrand typischen Rasenplage erkennen. Gut möglich, daß der Grund und Boden mehrere Jahrhunderte von niemandem angerührt wurde, aber der Löwenzahn ist eine Pflanze, die alles andere überdauert und dankbar auf die in früheren Zeiten aufgewendeten Mühen reagiert; auch wenn diejenigen, die sich ursprünglich abgerackert haben, samt ihrem Viehbestand längst zu Staub zerfallen sind, steckt der Löwenzahn seine kräftige Pfahlwurzel noch immer bis fast in Dauerfrosttiefen und reckt im Juni und Juli noch immer seinen leuchtend gelben Kopf empor.

Auf diesem Gelände, das Sigssardlugtoq heißt, hat Paulassie im vergangenen Sommer mehrere Wochen lang mit zwei dänischen Archäologen und einer zweiten einheimischen Hilfskraft gearbeitet und die sauerstoffarme Erde noch mehr in Unordnung gebracht, indem er sie in einen Eimer füllte und dann durch ein Sieb schüttelte. Er deutet auf ein wikingisches Langhaus, zu erkennen lediglich an rechteckig verlaufenden Erdwällen, und auf ein paar herumliegende Steine – ob ehedem Kirche oder Kuhstall, ist jetzt schwer festzustellen. Er sagt, die Dänen hätten Hinweise darauf gefunden, daß durch einen Steinkanal Wasser aus einer Quelle in ein Becken im Boden des Langhauses floß und das überschüssige Wasser durch einen zweiten Kanal unter der Hausmauer hindurch abgeleitet wurde. Fließendes Wasser! Das war ein Luxus, den siebenhundert Jahre später kein Mensch in Igaliko genoß...

Ich grase das Gelände nach irgendwelchen Gebrauchsgegenständen ab, finde aber nur eine leere Kartoffelchiptüte, eine verrostete Sardinenbüchse, etwas Toilettenpapier, ein paar vereinzelte Patronenhülsen und wieder einen Haufen Bierdosen. Grönländische Küchenabfälle, zirka 1968. »Das war diesmal nicht ich«, erklärt Paulassie und zeigt dabei mit dem Finger erst auf sich selbst und dann auf die Dosen (er kennt seinen eigenen Abfall so gut wie seine Hosentasche). Ich nehme an, daß ein paar Robbenjäger hier Rast gemacht und sich inmitten der warzenknospigen Löwenzahne ein Picknick aus Kartoffelchips und Bier zu Gemüte geführt haben, und lasse ihre Überreste liegen, wo ich sie gefunden habe. Vielleicht wird mir irgendein Archäologe späterer Zeiten, der die Absicht hat, das ausgehende zwanzigste Jahrhundert zu rekonstruieren, für meine Vorausschau dankbar sein.

Eine Randbemerkung zum Thema Abfall: Im Amazonasgebiet

von Ecuador folgte ich einmal einer Pfadmarkierung durch den Dschungel, die aus den Hausaufgaben kleiner Shuar-Indianer bestand. Fehlerhafte Rechenaufgaben, zusammengestopselte Multiplikationstabellen und verstümmelte Teilungsaufgaben hingen an Lianenranken und kennzeichneten den Weg. Der Grund für diesen Abfall? Jeden Morgen kamen die Kinder auf dem Weg zur Schule hier vorbei, und jeden Nachmittag warfen sie die Früchte dieses Schulunterrichts fröhlich weg. Doch als ich ein paar Tage später wieder an dieser Stelle vorbeikam, war auch das letzte armselige Fetzchen Hausaufgaben vom klebrigen Dschungel erfaßt und verdaut worden und damit für immer verschwunden. In Grönland hingegen könnte ein Stück Papier unbeschadet, so daß die Schrift noch vollständig lesbar ist, schätzungsweise mindestens fünfhundert Jahre lang überleben, ob nun jemand da ist, der es liest, oder nicht. Denn die Dame Dauerfrost weigert sich beharrlich, nicht abbaubare Software, Hardware oder irgendeine andere Ware zu verspeisen, die Bestandteil unserer modernen Zeit ist. Sie kann dieses Zeug einfach nicht verdauen. In dieser Beziehung teilt sie den guten Geschmack der Grönländer, die keine leeren Carlsberg-Dosen oder benutztes Toilettenpapier – ganz zu schweigen von durchweichtem Isoliermaterial, nicht sinkenden Fischschachteln aus Styropor und Matratzen ohne Füllung – in ihren Häusern herumliegen haben mögen. Das Problem ist nur, daß die Dame Dauerfrost diesen Abfall in *ihrem* Haus auch nicht haben will. Und so liegt das Zeug einfach draußen in der Rumpelkammer Natur, weggeworfen und lästig, ewig über sich selbst nachbrütend, mit einer Halbwertszeit, die fast an die von Uran heranreicht.

Wieder hinauf auf dieselbe Moräne, höher und höher getreu der Bergsteigerlogik: Laß dir Zeit, wenn es dich auch nur im mindesten interessiert zu erfahren, welche Felsnasen, Abgründe, Klammen oder Spalten die Zukunft für dich bereithält. Wir kampieren in der Nähe eines namenlosen Sees, auf dessen klarem Grund sich die Felsen in inniger, schweigender Umarmung zusammendrängen. Zwischen den Flechten kriechen Ebereschen und Birken dahin, und aus einer Prise eiszeitlichen Moränenschutts lugt zaghaft ein makelloser blaßgelber Alpenmohn hervor.

Wieder ein klarer Abend. Schneehuhn, schwarze Krähenbeeren und Hafermehlkuchen zum Abendessen. Den Hafermehlkuchen (mit Weizenkeimen und einer Prise Zimt, mein eigenes Rezept, ausprobiert und für gut befunden) schleudert Paulassie Bissen für Bissen in die Luft und schießt ihn wie Tontauben herunter; er sei das absolut Schlimmste, was er je gegessen habe, erklärt er. Viel schlimmer, behauptet er, als das grüne flüssige Zeug, das die alten Leute von den Mägen toter Walrosse abschaben und als Garnierung verwenden. Dieses Kompliment ehrt mich. Bin fertig mit Epiktet und habe einen Simenon-Krimi angefangen. Schlief, eingemummt in meinen Schlafsack, so tief und fest, daß es mir fast vorkam, als wäre ich auf einer Seitenstraße der Ewigkeit dahingeflogen.

28. Juli. Wir befinden uns auf einem steilen Felsabbruch, dessen glattgeschrubbte Oberfläche ihm die Geradlinigkeit und Robustheit von etwas sehr Altem verleiht. Wir springen über einen reißenden, erfrischenden Schmelzwasserbach, nicht breiter als einen knappen halben Meter, schlittern dann auf Granittafeln entlang, die wie riesige Blechplatten daliegen. Paulassie bleibt stehen, um über seine Freundin nachzudenken oder etwas zu schießen – schwer zu sagen, was von beidem –, und ich klettere allein auf einen tief eingekerbten Felsvorsprung hinauf, um mir einen Wasserfall, den der Wind zu Korkenzieherlocken verbläst, aus der Nähe anzuschauen. Von oben kann ich die schneegestreiften Berge nördlich von Nanortalik erkennen, fünfundsiebzig Meilen weit entfernte, von einem Erdbeben verursachte Aufwerfungen; direkt unter mir treiben Eisberge friedlich im Fjord, wie kleine Schuppenstäubchen auf einem Sergeanzug.

Auf einmal erblicke ich einen Polarfuchs, der mit großen Sprüngen über das unebene Gelände davonläuft, eine Gestalt aus einem Fries, die quicklebendig geworden ist. Ich bin verblüfft. Wir sind auf unserem Weg nicht sonderlich viel an empfindungsfähigem Leben begegnet außer uns selbst, die wir gelegentlich zu Empfindungen fähig sind. Sonst nur Schneeammern, einigen Schneehühnern, vereinzelten Schafen, den Saiblingen und den Moskitos. Man darf mit Sicherheit behaupten, daß man im Stadtpark von Boston an einem guten Nachmittag mehr freilebende Tiere antrifft. Dasselbe gilt für die Bücher bestimmter Schriftsteller, in denen der Norden als belebte Sackgasse für Wildtiere geschildert wird – ein Eindruck, der vielleicht entstehen mag, wenn man mit dem Flugzeug von Herde zu Herde fliegt. Aber wenn man zu Fuß geht oder von einem Jäger mitgenommen wird, erlebt man die Landschaften des Nordens aus der völlig andersgearteten Perspektive des eigenen Magens, und dann ist man heilfroh, wenn man ein paar vertrocknete Streifen Walfleisch und gefriergetrockneten Kaffee-Ersatz mitgenommen hat.

Es gab einmal eine Zeit, da verringerten die Grönländer die Einsamkeit in ihrem großen leeren Land dadurch, daß sie alles, was es dort gab, bis hin zur letzten vertrockneten Faser, mit einer Seele ausstatteten. Jedes Tier hatte eine Seele, und ein Jäger mußte zu dieser Seele beten, sobald er deren körperliches Gegenstück getötet hatte, um sie nicht zu kränken. Pflanzen hatten Seelen. Wassertropfen hatten Seelen. Sogar Menschen hatten Seelen – zwei Seelen, um genau zu sein, beide nicht größer als eine mittelgroße Schneeammer, wobei die eine in der Kehle saß, die andere in einer Luftblase in der Leistengegend. Selbst das Lachen und der Schlaf hatten Seelen. Auf diese Weise konnte es weder geschehen, daß ein Mensch ganz ohne Begleitung irgendwohin ging, noch konnte er irgendwohin gehen und sich einbilden, daß seine mittelgroßen Schneeammern besser waren als die von Mr. Nepheline Syenite oder Mrs. Gabbro, auf deren leblose Körper er seinen Fuß setzen durfte. Besser als ein Fels? Besser als ein Löwenzahn? *Tássaqa!* (Nicht sehr wahrscheinlich!)

Bis zum Jahr 1721 konnte ein Grönländer einen liebenswürdigen Plausch mit seinem Schlaf oder vielleicht auch mit seiner Schlaflosigkeit halten, doch in jenem Jahr landete ein dänischer Pastor namens Hans Egede auf der Insel, um dort die im Eis eingeschlossene wikingische Kolonie zu suchen, deren seit langem angestaute geistliche Bedürfnisse er befriedigen zu können hoffte (er nahm an, daß die Wikinger zum Heidentum zurückgekehrt waren). Egede fand zwar keine Wikinger, doch da er ein Häufchen Heiden vorfand, richtete er seine ganze hochkirchliche Artillerie auf sie und prangerte in seinen täglichen Predigten die Sünden des Glücksspiels und des Wuchertums an, die es in Grönland gar nicht gab. Sonderlich viele Seelen bekehrte er damit nicht. Das änderte sich erst, als er dazu überging, den *angakok* auszupeitschen. Daraufhin waren die Leute offenbar aufgeschlossen für seinen Standpunkt, wenngleich sie sich noch immer fragten, was dieses »täglich Brot« sein mochte, um das sie beten sollten. Egede änderte das in »täglich Seehund« um, machte ihnen jedoch klar, daß Seehunde keine Seelen hatten. Nichts hatte eine Seele, solange es nicht getauft war, und er hatte keinesfalls die Absicht, einen Seehund mit Ring in der Nase in geweihtes Wasser zu tunken. Nur menschliche Wesen durften dieser Behandlung unterzogen werden. Und so taufte Hans Egede ein menschliches Wesen nach dem anderen und verschaffte damit den Grönländern die Möglichkeit, ebenso einsam zu sein wie alle anderen Menschen.

29. Juli. Heute abend fühle ich mich etwas wackelig. Kann ausnahmsweise nicht schlafen. Die Ereignisse des heutigen Tages kehren wieder und wieder zurück wie eine Melodie, die mir nicht aus dem Kopf will. Ich mache diese Aufzeichnungen bei flackerndem Licht im Zelt, untermalt von einem auffrischenden Wind und Paulassies tiefem, heiserem Schnarchen.

Gegen Mittag näherten wir uns Itigvitaq. Im letzten Augenblick wollte Paulassie einen Bogen um die Schlucht des *qivigtoq* Anda machen, ein Geästel aus Rinnsalen und plappernden Bächen, doch ich bot ihm an, auf sein Führerhonorar noch das Geld für die Rückfahrt von Qaqortoq nach Igaliko draufzulegen, wenn er diesen Abstecher machte. Er ließ sich erweichen, fühlte sich jedoch offensichtlich unbehaglich dabei; zum erstenmal auf dem ganzen Weg spürte ich, daß ihm unwohl war.

Aus beträchtlicher Entfernung erhaschten wir den ersten Blick auf Anda – eine winzige, koboldartige Gestalt, die vor einem Steinhaufen hockte. Alle paar Schritte rief ihm Paulassie, wie es üblich war, zu: Wir sind freundlich gesinnt, wir sind freundlich gesinnt, wir sind freundlich gesinnt. Keine Antwort. Schließlich standen wir vor ihm. Er blickte ohne sonderliches Interesse zu uns auf.

Aus Andas zerknitterter Pergamenthaut sprossen ein paar einzelne Barthaare – er erinnerte mich ein bißchen an einen chinesischen Mandarin. Er war ganz in Robbenfelle gehüllt, die offenbar selbst die Moskitos etwas widerlich fanden. »*Qaqqislunga qatangajualaq*«, flüsterte Paulassie. (Er hat sich seit Jahren den Rotz nicht mehr abgewischt.) Aus dem Innern des Steinhaufens drang der Geruch von verbranntem Öl und uraltem, abgestandenem Schweiß.

Langsam öffnete sich Andas Mund und enthüllte einen langen Zahn, der wie ein Reißzahn aus seinem Oberkiefer ragte. Dann fragte er mich mit einer von schlechtem Wetter und mangelndem Gebrauch eingerosteten Stimme, ob ich Tabak hätte. Ich bot ihm etwas von meinem Balkan Sobranie an, und er griff sofort danach und stopfte ihn in seine kurzstielige Pfeife – den im Norden bevorzugten Pfeifentyp, weil er dem Rauch weniger Zeit läßt, sich zu verdichten, und wie ein Hochofen brennt.

»*Qujanaq*. Vielleicht gebt ihr einem alten Mann etwas zu essen?«

Ich durchwühlte meinen Rucksack nach etwas, was in seinen Augen eßbar sein mochte, wobei ich ein paar Pakete gefriergetrockneter Dauernahrung beiseite legte. Offenbar dachte er, diese Pakete seien für ihn bestimmt, denn er schnappte sich eines – Bœuf Stroganoff –, riß es auf und schüttete sich mit einem dankbaren Lächeln den pulverisierten Inhalt in den Mund.

»*Qujanaq*. Ich habe den weißen Mann schon immer gemocht.«

Jetzt war die Reihe an ihm, den Gastgeber zu spielen. Er krabbelte in seinen Steinhaufen und kehrte mit einer Thermosflasche mit eiskaltem Tee zurück. Trinkt, befahl er uns. Wir tranken direkt aus der Thermosflasche (Tassen hatte er offenbar keine), obwohl ich mich fragte, welche der modernen Medizin bislang unbekannte Krankheiten ich mir wohl von einem Mann holen konnte, der in der Lage war, sich in einen Bären zu verwandeln. Der Tee schmeckte wie ein Sud aus morastigem Wasser und Sodbrennen, doch der Anstand gebot, Anda nicht dadurch zu kränken, daß wir das Zeug ausspuckten oder erbrachen.

Vor einem halben Jahr seien zwei dänische Wanderer vorbeigekommen, berichtete Anda, und seitdem seien wir seine ersten richtigen Gäste. Ich fragte ihn, woher er den Tee habe, und er sagte, er stamme von seinem Sohn Søren, der im Frühjahr und im Herbst zu Besuch käme und ihm jedesmal einen Vorrat an Tee, Zucker und Mehl und außerdem Batterien für seinen Kassettenrecorder mitbrächte. Sodann schob er eine Kassette von der Popgruppe Seqijaq (Taugenichtse) aus den frühen siebziger Jahren hinein, und wir kamen in den Genuß eines Sounds, der dem einer Herde brünstiger Weißschwanzgnus nicht unähnlich war. Offenbar hatte er die Tonköpfe sehr, sehr lange nicht mehr gereinigt.

»*Elá*. Wie viele Winter hab ich eurer Meinung nach auf dem Bukkel?«

»Siebzig«, antwortete ich; es war ein Versuch, diplomatisch zu sein.

»Ich bin siebenundvierzig.« Plötzlich brach er in Tränen aus und zog sich in seinen Steinhaufen zurück, wo er leise wie ein Kind vor sich hin weinte. Meine diplomatischen Fähigkeiten hatten kläglich versagt, und jetzt war mir selbst ziemlich kläglich zumute. Ich hatte diesen Mann nicht verletzen wollen: Daß er fünfzehn Jahre ganz allein in diesen Bergen, die keinerlei Nahrung boten, verbracht hatte, hob ihn in meinen Augen auf eine Stufe mit Jóhann Pétursson, wenn nicht gar mit den Wüstenheiligen. Es spielte weder eine Rolle, daß er in den Kategorien Schmutz und Ungepflegtheit neue Rekorde aufgestellt hatte, noch daß er vielleicht ein bißchen verrückt war. Ich empfand es als wirklich heldenhaft, wie er einen vom Schicksal vorgezeichneten Weg einschlug, der kaum leichter zu ertragen war als die Geweihe des großen irischen Elches (sie drücken das Tier zu Boden und bringen es früher oder später um).

Anda tauchte mit einem alten, verbeulten Lee-Enfield-Gewehr aus seinem Steinhaufen auf und zielte damit direkt auf meinen Kopf. »Verschwindet! Laßt mich mit meiner Schande allein...«

Wir gingen. Fünfzehn Minuten später schaute ich mich um, und das letzte, was ich von Anda, dem *qivigtoq*, sah, war ein Mann, älter als die Hügel, der neben seinen Steinen hockte und sichtlich zufrieden seine Pfeife schmauchte.

30. Juli. Schnee, der wie winzige Daunenfallschirme vom Himmel schwebt. Ich fühle mich noch immer etwas unbehaglich wegen der gestrigen Geschichte. Außerdem habe ich ein bißchen Angst. Die Adrenalin produzierenden Nebennierenzwillinge halten einen eine Weile oben, doch wenn sie mit ihrer aufbauenden Arbeit fertig sind, klatscht man unangenehm auf dem harten Boden auf. Vierundzwanzig Stunden später kommt es mir vor, als habe sich Andas brauner Wurstfinger am Abzug gerade erst vor ein paar Minuten in mein Bewußtsein gegraben. Erst jetzt erinnere ich mich daran, daß er ein Stück unterhalb des bläulichen Drecks unter seinen Fingernägeln eine Art Ring – einen Ehering? – trug.

»Siehst du, Bleistift?« sagt Paulassie. »Es ist nicht gut, einem anderen Menschen seine Einsamkeit wegzunehmen.«

31. Juli. Langsamer Abstieg über einen von Wasserrinnen durchzogenen Abhang. Dann durch ein Gestrüpp aus kniehohen und womöglich zweihundert Jahre alten Zwergebereschen voller Schneehühner, die einander liebevolle Nichtigkeiten zuplappern. Schließlich gelangen wir an eine den Gezeiten ausgesetzte Flußmündung und halten uns am Hvalsøy-Fjord nach Westen. Auf der einen Seite erhebt sich wie ein gigantisches Götzenbild aus einem chinesischen Tempel die Insel Arpatsivigaq, auf der anderen, noch höher, der Berg Qaqortoq, die Gottheit, der mit diesem Götzenbild gehuldigt wird.

Dann erblicken wir mitten in einem Feld leuchtender Butterblumen die alte Kirche von Hvalsøy. Es ist eine Kirche ganz nach meinem Geschmack, bescheiden (etwa so groß wie ein mittelgroßer Hühnerstall), nicht mehr in Gebrauch (seit dem fünfzehnten Jahrhundert) und verfallen (sehr). Dach hat sie auch keines. Sie erinnert mich an bestimmte baufällige Abteien in Irland, deren behauene Steine die Bauern in der Umgebung mit Vorliebe an ihre Gartenmäuerchen versetzen. Heutzutage betritt Gott Wohnstätten dieser Art lieber direkt durch die Luft, statt sich des schwierigeren und oftmals willkürlichen Weges über einen dazu berufenen Mittelsmann zu bedienen. Und wenn, so wie hier, keine Menschenseele da ist, dann paßt Er sich in Seinem Aussehen einfach an und durchdringt die Seelen der Felsen und die allzeit gegenwärtigen Seelen der Stechmücken.

Am 14. September 1408 fand in dieser Kirche die letzte wikingische Hochzeit statt, über die irgendein Nachweis existiert. Seit dieser Zeremonie herrscht Schweigen. Der feine Nebel letzter Ereignisse. Das frischvermählte Paar, Thorsteinn Olafsson und Sigrid Björnsdottir, steht für einen einzigen glücklichen Augenblick inmitten der Butterblumen und verschwindet dann für immer. Auch seine Nachkommen verschwinden für immer. Die Menschen haben Atome zertrümmert, künstliches Leben gezüchtet, menschliches Leben in Petrischalen erzeugt und sind auf dem Mond herumspaziert, doch das Schicksal dieser letzten vom grönländischen Eis eingeschlossenen Wikinger bleibt ein Geheimnis. Verdammte das Fehlen frischen Blutes sie zu sabberndem Schwachsinn? Wurden sie vielleicht von barbarischen Piraten gekidnappt und als weiße Sklaven verschachert? Hat sie vielleicht der Schwarze Tod ausradiert? Sind sie vielleicht irgendwie nach Nordamerika hinübergelangt und haben, wie der Polarforscher Vilhjalmur Stefansson einmal vermutete, ihre degenerierten Gene mit den erheblich besseren Genen der sogenannten Copper-Eskimos vermischt? Oder wurden sie schlicht und einfach bei lebendigem Leib von den Moskitos aufgefressen? Die Geschichte gibt darauf keine Antwort. Das heißt die europäische Geschichte. Vor etwas mehr als einem Jahrhundert erzählte ein alter Grönländer namens Abraham dem dänischen Volkskundler und

Mineralogen Heinrich Rink die folgende Geschichte, die er von seinem Vater gehört hatte:

Vor langen Zeiten lebten Grönländer und Wikinger zusammen am Ufer des Hvalsøy-Fjordes. Eines Tages paddelte ein Grönländer los, um Vögel zu jagen, und traf auf einen am Ufer stehenden Wikinger. Der Wikinger sagte: »Du dummer Mensch! Glaubst du wirklich, daß du mit so einem kleinen Pfeil einen Vogel triffst? Also, ich möchte wetten, du triffst nicht einmal *mich* damit...« Der Grönländer bewies ihm mit einem Pfeil zwischen die Augen das Gegenteil. Die anderen Wikinger waren so erzürnt über den Tod ihres Kameraden, daß sie ein Lager der Grönländer stürmten und alle umbrachten, Frauen und Kinder eingeschlossen. Jetzt waren die Grönländer erzürnt. Sie paddelten mit ihren Kajaks zur Kirche von Hvalsøy und steckten sie in Brand. In der Kirche spielten die Wikinger gerade mit dem Kopf einer Grönländerin Ball. Sie waren so in ihr Spiel vertieft, daß sie gar nicht bemerkten, daß die Kirche brannte. Und so warfen sie denn den Kopf hin und her, bis sie selbst verbrannten. Alle außer Ungartoq (Ingvar), ihrem Anführer. Er sprang mit seinem kleinen Sohn unter dem Arm aus dem Fenster und wehrte dabei die Pfeile mit den bloßen Händen ab. Ein Grönländer namens Kaissapê verfolgte ihn bis in die Berge, wo Ungartoq einen Augenblick innehielt, um seinen Sohn in einen eiskalten Bergsee zu werfen (es war besser, der Junge starb durch die Hand seines Vaters als durch die Hand eines Feindes). Schließlich holte Kaissapê Ungartoq im Schatten der Kathedrale von Igaliko ein. Er schoß einen Pfeil nach dem anderen auf den Mann ab, aber ohne ersichtliche Wirkung. Doch er hatte noch einen letzten Pfeil, der aus einem alten Wanderstecken seiner unfruchtbaren Frau geschnitzt war und Zauberkräfte besaß. Diesen Pfeil schoß Kaissapê in Ungartoqs Herz, und so kam es, daß der letzte Wikinger von Grönland tot umfiel...

Als ich mir später die Kirche ansehe, entdecke ich an ihren abgewetzten Granitblöcken ziemlich viel alten Ruß, so als hätte vor langer Zeit wirklich jemand versucht, sie anzuzünden. Ich erzähle Paulassie die Geschichte des alten Abraham, die er noch nie gehört hat.

Er zuckt nur die Achseln und sagt: »Mein Volk und dein Volk, Bleistift, die haben sich nie vertragen.«

1. August. Der letzte Tag. Es ist warm, und es weht kein Wind, und das bedeutet eine durchsichtige Moskitohaube um unsere Köpfe. Sie riechen jedes winzige Stückchen Fleisch, das nicht mit Tigerbalsam eingeschmiert wurde, und stürzen sich mit solchem Feuereifer darauf, daß man vermuten muß, sie betrachten uns womöglich als ihre letzte Chance, Mütter zu werden. Paulassie behauptet, das beste Gegenmittel sei Bier, viel, viel Bier. Ich habe schon gehört, daß man sich Seehundfett oder Rentiertalg auf die Haut schmiert, aber das hier ist mir neu.

»Man reibt sich den ganzen Körper mit *Bier* ein?«

»Nein, du blöder *qalunaaq*. Man trinkt es, und dann vergißt man die Moskitos völlig.«

Am Olserssuaq-See bekommen wir die ersten menschlichen Wesen seit fast einer Woche zu Gesicht, die nicht mit einer Dreckschicht überzogen sind oder über übernatürliche Kräfte verfügen. Und was für menschliche Wesen! Eine Schar junger Mädchen, die nackt im See herumhüpfen, kichern, lachen, spritzen und manchmal sogar in der obersten handbreiten Schicht Wasser schwimmen (darunter holt man sich Unterkühlungen). Paulassie und ich werfen uns einen Blick zu und nicken anerkennend. Nach so vielen rauhen, wenn auch lohnenswerten Felsen, so vielen gewellten Moränen, so vielen ausgebleichten Knochen sind diese Mädchen wie eine Vision irdischer Wonnen, mit der wir am letzten Fleckchen dieser Erde belohnt werden, an dem man damit rechnen würde – in einem abgelegenen Gletschertal mit einem eisigen Gletschersee und ein paar auf der Erde dahinkriechenden, nur selten länger als zwei Wochen im Jahr blühenden Rhododendronsträuchern, die ausgerechnet jetzt blühen...

Während die meisten grönländischen Städte offenbar nach dem Vorbild der South Bronx geplant wurden, ist Qaqortoq (1700 Einwohner) ein Beispiel für die etwas kleinkarierte dänische Bauweise – vielleicht deshalb, weil ziemlich viele seiner Einwohner kleinkarierte Dänen waren, die dafür sorgten, daß die Stadt von schädlichen grönländischen Einflüssen mehr oder minder verschont blieb. (»Mord als Freizeitvergnügen gibt es in Qaqortoq nicht«, witzelte einmal einer meiner einheimischen Freunde.)

Die Stadt ist anheimelnd, ungefährlich und angenehm langweilig. Sie besitzt sogar den einzigen Dorfanger Grönlands. Alles in allem erschien sie mir als genau der richtige Ort, um nach unserer langen Wanderung meine müden Glieder ausruhen zu lassen. Doch kurz nach unserer Ankunft schaute ich im Schiffsbüro vorbei und erfuhr, daß die *MS Disko* morgen auf dem Weg nach Nuuk hier Station machen und erst in zwei Wochen wieder anlegen würde. Wenn ich nicht mitfuhr, würde ich diese zwei Wochen in Qaqortoq festsitzen, und das erschien mir denn doch eine ziemlich lange Zeit, um nichts anderes zu tun, als Grönlands einzigen öffentlichen Brunnen anzustarren.

Ich kaufte Paulassie, etwas verspätet, ein gutes Paar Wanderschuhe und lud ihn ins Restaurant Nanoq zu einem Walsteak ein.

»Und wohin geht's jetzt?« fragte er mich. Morgen würde er mit der *Aleqa Ittuk* in sein mit Ananasetiketten tapeziertes Haus in Igaliko zurückkehren.

»Nach Nuuk. In eure Hauptstadt. Die Westniederlassung der Wikinger.«

»Nuuk ist ziemlich übel. Angeblich soll es die Stadt mit den meisten Selbstmorden auf der ganzen Welt sein.«

»Dasselbe habe ich von Aasiaat gehört.«

»Aasiaat ist keine Stadt...«

Nach dem Essen begleitete ich ihn noch ins Freizeitheim, wo ein Tanz stattfand. Wir versprachen einander, in Kontakt zu bleiben, wußten aber genau, daß das nur Gerede war. Die Wildnis erzeugt zwar ein Gefühl der Kameradschaft, solange man sie durchquert, und diese Kameradschaft ist auch ungleich intensiver – keine Körpergerüche werden verhindert, nichts ist heilig und buchstäblich alles öffentlich – als in der Stadt. Aber wir waren nicht mehr in der Wildnis, und bereits jetzt spürte ich, wie sich meine Freundschaft mit Paulassie taktvoll verflüchtigte. In Gedanken war er längst bei den Mädchen, die er beim Tanzen treffen würde; und ich war in Gedanken bei der Bootsfahrt die Küste hinauf. Er erstand an der Tür ein Päckchen Kondome (Kondomautomaten waren hier unbrauchbar, weil sie einfroren), drehte sich zu mir um und sagte: *»Ingerlalluariarnat, Allaut!«* (Gute Reise, Bleistift); dann ging er hinein. Er drehte sich nicht mehr um.

Bevor ich schlafen ging, sah ich einem Jäger dabei zu, wie er unten am Dock einer Robbe mit Ring in der Nase den Speck abzog. Die toten Augen des Tieres starrten mich an wie die Augen eines auf Samt gemalten mexikanischen Kindes. Seine Flossen lagen neben ihm wie unnütze Babyhände. Der Jäger fing mit seiner Arbeit gerade erst an. Erst nahm er die Gallenblase heraus, damit sie nicht platzte und das Fleisch verdarb; danach entfernte er die Leber, ein kulinarischer Leckerbissen ersten Ranges, vor allem wenn sie roh ist und noch dampft; dann holte er die Eingeweide heraus. Während seine Landsleute von den Dänen für die hochtechnisierte Zukunft (oder die schafzüchtende Nichtzukunft) ausgebildet wurden, saß dieser Mann hier glücklich und zufrieden in einer Lache geronnenen Blutes und hielt die erstaunlich dünnen Gedärme eines Seehunds in der Hand wie ein Katzenhalsband. Er wischte sich die fettigen Finger an seinem Anorak ab, als versuchte er, ihn dadurch wasserabweisend zu machen.

Wir plauderten eine Weile. Der Mann redete, ohne aufzublicken, im Rhythmus seiner Arbeit, so als sei jedes Wort eine Sehne. Dabei erzählte er mir folgende Geschichte:

Ein Rabe und eine Möwe zankten sich einmal um ein Stück Fleisch. Der Rabe hielt zu den Inuit, die Möwe zu den weißen Männern. Sie kämpften tagelang, wochenlang, ja sogar monatelang. Die Seite des Gewinners würde in Zukunft die stärkere sein. Wütend zerrten sie aneinander und hackten aufeinander ein. Schließlich gewann die Möwe: Der weiße Mann würde also mächtiger und reicher sein als der Inuit. Doch als sie endlich mit ihrem Stück Fleisch davonflog, war es schon ziemlich verdorben.

Der Mann erzählte mir das so gelassen und überzeugend, daß ich wußte, es war die Wahrheit.

10 Eine schreckliche Nacht in einer schrecklichen Stadt

Am nächsten Morgen ging es weiter nach Norden. Sobald die *Disko* Qaqortoq verlassen hatte, kam ihr Treibeis entgegen, durch das sie in den meisten Fällen hindurchfegen konnte, indem sie es mit ihrem roten Bug (grönländische Boote sind rot oder orange angestrichen, damit man sie vom Eis, das sie durchpflügen müssen, unterscheiden kann) lässig beiseite schubste, doch ab und zu zeigte ein etwas lauteres, hallenderes *Wumm* an, daß der eine oder andere Eisbrocken durchaus keine Lust hatte, diesem von Menschenhand geschaffenen Eindringling seinen Seeraum abzutreten. Er war nicht den ganzen Weg von Ostgrönland bis zu dieser kritischen Stelle geschwommen, um sich von irgendeinem opportunistischen Stück Metall einfach beiseite schieben zu lassen. In solchen Fällen fuhr das Boot rückwärts und versuchte dann nochmals, sich durch die unter Wasser verborgene Eismasse zu bohren. Normalerweise trudelte das Eis dann träge davon, manchmal aber auch nicht, und dann blieb einem nichts anderes übrig, als es zu umfahren. Es gibt Jahre, in denen so ein Treibeisfeld die *Disko* völlig zum Stehen bringt oder sie dazu zwingt, sich mit einem Viertel ihrer üblichen Geschwindigkeit drängelnd und rempelnd den Weg an der Küste entlang zu bahnen.

Während der ganzen Fahrt kauerten Eisberge im Wasser wie eine Ansammlung chinesischer Pagoden, etruskischer Paläste, Getreideheber, Flugzeugwartungshallen und alpiner Berggipfel. Einige hatte der peitschende Wind in zinnenbewehrte spitze Türme verwandelt, andere besaßen Höhlen und natürliche Gewölbe, und wieder andere sahen aus wie erstarrte Schiffswracks mit weißversteinerten Masten aus längst vergangenen Zeiten. Bei dichter Bewölkung leuchteten sie in einem unheimlichen, bläulichen Weiß, doch wenn die schrägen Sonnenstrahlen darauffielen, verwandelte sich das Weiß über Blau in Rosa und manchmal sogar in Schwarz. So erblickte ich die Kathedrale von Chartres, grellviolett angestrichen, kurz nachdem wir von Narssaq abgelegt hatten, einem kleinen Dorf, in dem der Physiker Nils Bohr zur großen Bestürzung der Einheimischen eine Uranerzader entdeckte.

Ab und zu hörte man ein unterdrücktes Knacken wie eine ferne Gewehrsalve, und ein Berg kippte um. Dann kehrte sich seine seifig glänzende Unterseite nach oben und nahm den Platz der ursprünglich schroffen Kanten und nahezu rechten Winkel ein, die aber bald selbst von der Töpferscheibe des Meeres glattgeschliffen wurden. Oder das Knallen bedeutete, daß ein Berg gekalbt und eine Nachkommenschaft ungestümer, kleiner Berge ausgestoßen hatte, die jetzt den Überlebenskampf auf hoher See allein aufnahmen.

Bestünde ein Eisberg nur aus Eis, könnte er, nachdem der kalte Kern seines Muttergletschers mit dem vergleichsweise warmen Meer in Berührung gekommen ist, nicht mehr im Wasser dahinschwimmen. Doch das Packeis mit seiner körnigen Beschaffenheit enthält Millionen winziger komprimierter Luftblasen, die es über Wasser halten. Gut möglich, daß diese Luftblasen in der letzten Eiszeit von zottigen Mammuts ebenso eingeatmet wurden wie von zottigen Menschen. Als die *Disko* einmal nahe an einen Berg heranfuhr, holte ein Mann von der Besatzung mit der Axt aus und hackte ein Stück Eis für die Pantry ab. Später sprudelte und zerplatzte dieses Eis in meinem Drink: Luft, die zum erstenmal seit möglicherweise fünfzigtausend Jahren freigesetzt wurde.

Am ersten Abend nach dem Auslaufen von Qaqortoq blieb ich an Deck und betrachtete diese Berge, die im weichen Ektoplasma ihres eigenen Nebels ruhten. Eine Handvoll dienstbarer Geister vorausgesetzt, die mich mit Essen und Trinken versorgten, hätte ich sie mein ganzes Leben lang betrachten und mich an ihrer unerschöpflichen Unbestimmtheit, dem völligen Fehlen eines Strukturprinzips, erfreuen können – Eigenschaften, die es nur in der natürlichen, nicht aber in der bildenden Kunst gibt. Hier in der Davis-Straße wird man nie zweimal annähernd die gleiche Eiskreation sehen, noch weiß man jemals, was als nächstes auftauchen wird – die Kathedrale von Chartres, der Annapurna oder das imposante Firmenzeichen der Versicherungsgesellschaft Prudential Life. Um halb drei Uhr nachts sah ich das Regierungsgebäude von Montpelier, Vermont, vorübergleiten, auf dessen Kuppel (besaß ganz schön viele Bodennährstoffe, dieses eisige Gebäude) eine Kolonie Dreizehenmöwen herumschnatterte, als hätte sie eine ungeheuer üppige Felswand entdeckt.

Wenn sich ein Skipper mehr für Seehunde interessiert als für seinen Zielhafen, kommt es gelegentlich vor, daß ein Passagierboot in Grönland einfach auf einen improvisierten Jagdausflug geht. In so einem Fall kann es dann passieren, daß das Boot mit einer Verspätung bis zu einem halben Tag ankommt und sein Deck einem Schlachthaus gleicht. Doch der Skipper der *Disko,* ein Däne namens Torbjørn, war gewissenhaft, zuverlässig und höflich, genau wie seine Greyhound-Kollegen, so daß wir ziemlich pünktlich in Nuuk ankamen. Zweieinhalb Tage: doppelt so schnell wie ein wikingisches Fahrzeug mit sechs Rudern, das, sobald die Ostniederlassung zu überlaufen war, in die weniger überfüllte Region der Westniederlassung ruderte.

Nuuk liegt auf einer Halbinsel aus Gneis und sumpfigen Mulden, die auf der Landkarte wie ein verschrumpelter Fötus aussieht. Im Jahr 1728 verlegte Hans Egede seine Missionsstation von der rauhen, windgezausten Habets Ø (Hoffnungsinsel) an diesen mehr oder minder geschützten Ort, den er Godthåb (Gute Hoffnung) nannte. Die Missionsstation florierte und entwickelte sich zu einer Stadt; seit der Selbstbestimmung führt sie ihren grönländischen Namen. Die Bezeichnung Nuuk (Kapuze) bezieht sich auf einen gezackten Berg unmittelbar im Norden der Stadt, der angeblich so aussieht wie ein unter einer Anorakkapuze hervorlugender Kopf. Ich habe allerdings nie jemanden getroffen, der fand, daß der Berg Sermitsiaq auch nur im entferntesten so aussah. Mich erinnert er eher an einen Hals kurz nach der Enthauptung.

Die Fjorde hinter Nuuk schützten die Westniederlassung der Wikinger, so daß ich auf meiner Wikinger-Tour selbstverständlich hier Station machte. Doch selbst wenn es nicht selbstverständlich gewesen wäre, hätte ich das Gefühl gehabt, daß es an der Zeit war, mir etwas städtische Verkommenheit nordischer Prägung anzusehen. Mit südlicher Verkommenheit rechnet man – malariaverseuchte Häfen, überquellende Slums und ausufernde Jauchebäche. Doch wenn man sich in den Norden begibt, erwartet man ein gewisses Maß an Sauberkeit, und sei es nur deshalb, weil man glaubt, weniger Menschen würden auch weniger Dreck produzieren. Blödsinniger Idealismus! Beim ersten Blick auf Nuuk sieht man zweiundzwanzig völlig identische Klötze mit Sozialwohnungen, jeder einhundertsiebzig Meter lang, in denen insgesamt fünfzehn Prozent der Gesamtbevölkerung Grönlands untergebracht sind. Schaut man durchs Fernrohr, so wird man von unzähligen, von Köpfen und Fäusten zerschmetterten Fenstern begrüßt (ein Grönländer empfindet ein zerbrochenes Fenster gleichzeitig als Innen- und Außendekoration). Richtet man sein Fernglas etwas tiefer, erblickt man vielleicht eine Horde Achtjähriger, die ziemlich beduselt in Lagunen aus grünlichem Schlamm hocken und spielen. Vielleicht sieht man sogar ein paar alte, noch aus der Steinzeit stammende Frauen, die sich, Kisten mit Carlsberg an die Brust gedrückt, zu den Sozialwohnungen hinaufkämpfen. An einem solchen Ort wirkt das ehrwürdige Bild des Eskimojägers mit der Harpune in der Hand nicht weniger exotisch als ein nackter Calypsotänzer.

Nachdem ich im Seemannsheim eingecheckt hatte – auch wieder eine billige Absteige mit Alkoholverbot, in der abends fromme Lieder gesungen wurden –, unternahm ich einen Spaziergang durch die Stadt. Wie üblich führte mich mein Weg an einem Elefantenfriedhof von Abfällen vorbei: aufgeweichtes Isoliermaterial, durchlöcherte Glasfiberboote, ramponierte Kinderwagen, alte Autoreifen, Honigschnuller für Kleinkinder, leere Carlsberg-Dosen und eine Flut von Kronkorken. Nach dem Anblick dieser immer gleichen Landschaftsgestaltung in jedem Hafen und an jedem Ankerplatz Grönlands beginnt man sich als Reisender nach etwas anderem zu sehnen, etwa nach Computergehäusen oder kaputten Videorecordern. Aber niemand wirft in Nuuk einen Videorecorder weg, solange man noch eine Kassette hineinschieben und sich zur abendlichen Unterhaltung amerikanische Filme mit Titeln wie *The Revenge of the Termite People* (Die Rache des Termitenvolkes), *Pistol-Packin' Mamas* (Mütter, die Pistolen tragen), *Teenagers on Mars* (Teenager auf dem Mars) und *Hollywood Wrestling Women versus the Aztec Mummy* (Hollywoods Ringerfrauen gegen die Aztekenmammi), alle in dänischer Synchronisation, reinziehen kann (ich muß zugeben, daß ich selbst neugierig auf die dänisch sprechende Aztekenmammi bin).

Bei einem dieser Sozialwohnungskästen bekam ich zufällig mit, wie ein französisches Mädchen eine Grönländerin auf englisch fragte (keine von beiden schien diese Sprache zu verstehen), wo sie eine Schachtel Tampons kaufen könnte. So wie sie es aussprach, klang es, als würde sie nach einer Schachtel Tomtoms fragen. Da ich die Ratlosigkeit der beiden nicht länger mit ansehen konnte, machte ich kehrt, entschuldigte mich für meine Kühnheit und schlug dem Mädchen vor, es doch einmal bei der Königlich Grönländischen Handelsniederlassung gleich unten an der Straße zu versuchen.

Ich habe die Franzosen immer als einen unglaublich zerbrechlichen Menschenschlag mit winzigen Vogelknöchelchen und vogelähnlichen Gesichtern erlebt. Auch dieses Mädchen war zart gebaut wie ein Spatz, doch der äußere Eindruck kann trügen, und als ich sie zur Handelsniederlassung begleitete, erzählte sie mir ein bißchen von ihren Reisen. Sie war im Juni aufgebrochen und hatte sich an der Küste entlang nach Norden bis Upernavík auf dreiundsiebzig Grad nördlicher Breite hinaufgeschlängelt. Ich konnte mir beim besten Willen nicht vorstellen, was sich die Bewohner dieses abgeschiedenen Jägerdorfes dachten, als sie plötzlich dieses schmächtige, rothaarige Mädchen mit fünfunddreißig Pfund Gepäck auf dem Rücken aufkreuzen sahen. Was *haben* sie denn gedacht? »Sie wollten mich als Krankenschwester haben, Monsieur«, sagte sie, »aber ich bin Fernsprechmechanikerin, keine Krankenschwester…« In Umánaq hatte sie den Gipfel des herzförmigen Berges erklommen, nach dem die Stadt benannt ist; meines Wissens hatten erst zwei Leute diesen Aufstieg gemacht, als erster ein Schweizer Bergsteiger, der auf dem Gipfel die Schweizer Flagge aufgepflanzt hatte, und nach ihm ein Grönländer, der in Gummistiefeln hinaufgestapft war, um diese Flagge zu entfernen. Sie berichtete zwar, daß es schwierig gewesen sei, die Zeltheringe in die beinharte Dauerfrostschicht zu schlagen, aber so wie sie es berichtete, hörte es sich an wie eines der größten Vergnügen im Leben.

Ich fragte sie, was sie von Nuuk hielte.

»Merde!« rief sie. Sie fand die Stadt so deprimierend, daß sie die Nachmittagsmaschine nach Ilulissat nahm.

Nachdem wir uns verabschiedet hatten, ging ich hinunter zum Markt am Hafen, um mir etwas zum Abendessen zu kaufen. Während ich mir Rentierbruststücke, Seehundseiten, tote Dreizehenmöwen und Fische mit Augen wie Computerknöpfe ansah, versuchte ich die zwei alten Männer zu ignorieren, die einander zugewandt dastanden, *imiaq* (selbstgebrautes Bier) tranken und dann erbrachen, wieder tranken und wieder erbrachen, wie zwei römische Generäle bei einem Bankett. Dieses Benehmen trug wahrhaftig nicht dazu bei, meinen Appetit anzuregen. Es dauerte nicht lange, da versuchte eine Frau mit einem weichen runden Gesicht und Schultern wie ein Außenverteidiger, mich für etwas zu gewinnen, was sie schlicht als *qimmeq* (Hund) bezeichnete. Eine andere Frau versuchte mir ein paar in Auflösung begriffene Seehundköpfe anzudrehen – *mikiaq*, eine hiesige Spezialität. Weder das eine noch das andere sagte mir sonderlich zu, und ebensowenig reizten mich die ältlichen Dreizehenmöwen, die mir ein Mann mit der Behauptung zu verkaufen versuchte, er habe sie erst heute morgen geschossen. Ich wandte meine Aufmerksamkeit dem Fisch zu, wühlte mich durch einen Haufen Heilbutte, die wie verzogene Pappe aufeinandergestapelt waren, fand sie für meinen Geschmack etwas zu »reif« und entschied mich schließlich für einen bescheidenen Kabeljau.

Der Mensch, der mir diesen Kabeljau verkaufte, war ein recht redseliger Mann, dessen furchiges Gesicht eine regelrechte Landschaft war. Er hieß Qalaseq (Bauchnabel). Warum man ihn so genannt hatte, erfuhr er allerdings nie, da seine Eltern beide an Tuberkulose starben, als er noch ein kleines Kind war. Aufgezogen wurde er von einer Tante, die an Tuberkulose starb, als er elf war. Dann wurde er an seinen Onkel weitergereicht, der wenig später bei einem Kajakunfall ums Leben kam. Damals war er dreizehn Jahre alt und völlig auf sich gestellt.

»Ziemlich viele Todesfälle für so ein kleines Kind«, sagte ich.

»Ila nâgga«, antwortete er. »Eigentlich nicht. Überleg doch nur mal, wie viele Leute nicht gestorben sind. Viele tausend. So mußt du die Dinge betrachten, mein Freund, sonst wirst du selbst vor der Zeit sterben.«

Jenen Tag freilich, an dem die Regierung ihn und seine Frau Pauline mit Brachialgewalt aus ihrem Dorf Kangeraatisaaq vertrieb, konnte Qalaseq nicht ganz so philosophisch betrachten. Er hatte Kangeraatisaaq geliebt, sagte er. Dort hatte er die schlauesten Hunde besessen, die sich je an die Fersen eines Mannes geheftet hatten. Im Meer dort gab es solche Mengen jagdbarer Tiere, daß man seine Harpune mit geschlossenen Augen werfen konnte und einen Seehund erwischte. Der Himmel dort war so blau, daß es einem den Atem verschlug. Wie fast jeder hier verabscheute er Nuuk.

Kangeraatisaaq war eines von Dutzenden kleiner Dörfer an der Küste, die infolge der berüchtigten G60-Politik in den fünfziger und sechziger Jahren verwaisten. Es war zu kompliziert, diese Dörfer mit all den Dienstleistungen zu versorgen, um die sie überhaupt nicht gebeten hatten, und für den dänischen Steuerzahler bedeutete es eine zu große Belastung, sie über Wasser zu halten, obwohl sie sich – ohne dänische Kronen – schon seit Jahrhunderten über Wasser hielten. Außerdem, so witzelten die Dänen, waren ihre Namen zu schwer auszusprechen. Da war es doch besser, die Leute an Orte mit kürzeren Namen zu verfrachten. So wurden die Menschen aus ihren Häusern aus Torf und Stein vertrieben, in Städte wie Nuuk verschifft und in Wohnungen mit geblümten Tapeten und Parkettböden untergebracht. Mag sein, daß einem das altruistisch vorkommt, und in gewisser Weise war es das auch. Aber die Dänen hatten auch noch ein anderes Motiv: Sie brauchten Arbeitskräfte für die florierende Fischindustrie. Unglücklicherweise sank die Wassertemperatur in den späten Sechzigern um ein paar Grade, so daß der Kabeljau – früher in der Davis-Straße in solcher Dichte vorhanden, daß man ihn mit einer gebogenen Nadel herausangeln konnte – mehrheitlich beschloß, weiter nach Süden zu ziehen. *Er* zumindest hatte nicht die Absicht, in einer unsympathischen Umgebung auszuharren.

Wie es der Art dieser Menschen entsprach, die stets gastfreundlich sind, selbst wenn sie einen hassen, lud mich Qalaseq in seine Wohnung ein. Er wohnte in Block P – dem längsten und monumentalsten Wohnblock in der ganzen Stadt mit nahezu tausend Bewohnern. Da die Dänen das Fundament aus dem massiven Felsen gesprengt hatten, konnten sie es sich nicht leisten, zimperlich zu sein, und bauten folglich Block P und seine Genossen so hoch, so lang und so massig wie die Blocks in den Neubausiedlungen von Hongkong. Zwanzig Jahre später hatte noch kein einziger dieser Klötze einen Namen.

Wir stiegen sechs Stockwerke hinauf in die oberste Etage; dabei fiel mir auf, daß sämtliche Wände mit Graffiti besprayt waren. Die meisten von ihnen huldigten besonders hübschen *utsuuqs* oder der Unabhängigkeitspartei der Inuit, die eine vollständige Ablösung von Dänemark anstrebt, doch daneben gab es auch ein paar kuriose, lokalpatriotische Kritzeleien wie etwa: »Pavia ist eine bärtige Seehundvorhaut.« Qalaseq sagte, sein Nachbar Pavia sei mit einer bläulichen Glückshaube über dem Kopf zur Welt gekommen, was alle irrsinnig komisch fanden.

Noch eine Anmerkung zum Naturell der Grönländer: Sie neigen dazu, Unglück amüsant zu finden. Einmal erlebte ich mit, wie ein Mann im Rollstuhl aus Dänemark zurückkehrte, und als seine Familie ihn wiedersah, klatschten sich alle auf die Oberschenkel und wälzten sich im Schnee, zeigten mit Fingern auf den alten Mann, der in diesem merkwürdig aussehenden Metallstuhl festsaß, und lachten über ihn (und er lachte mit).

In *The Last Kings of Thule* (Die letzten Könige von Thule), meinem Lieblingsbuch über Grönland, beschreibt Jean Malaurie, wie die guten Menschen von Thule immer wieder einen Lahmen namens Asarpannguaq nachäffen, der sich sexuell zu betätigen versucht. Grausam ist das schon, aber es ist eine Grausamkeit, die einem nützlichen Zweck dient oder zumindest früher einmal diente: In diesem Jammertal muß der Mensch zäh sein, sonst landet er schon bald unter einem Steinhügel. Ein Sprichwort besagt, daß die Dänen ihre Kinder schlagen, nicht aber ihre Hunde, während die Grönländer ihre Hunde schlagen, nicht aber ihre Kinder. Wahrscheinlich stimmt das; ich habe kein einziges Mal beobachtet, daß ein Grönländer ein Kind schlägt. Aber er bringt es fertig, dieses Kind gnadenlos zu verspotten oder ihm einen Spitznamen wie Usukitat (kleiner nichtsnutziger Penis) anzuhängen, der ihm sein Leben lang bleiben wird. In Igateq in Ostgrönland traf ich einmal einen Jäger namens Itiktarniq (flüssige Hundescheiße), der ein knallharter Bursche war.

Qalaseq und seine Frau Pauline wohnten in einem einzigen Zimmer im obersten Stockwerk. Der Raum war eine Kombination aus Küche, Wohnzimmer, Schlafzimmer, Arbeitszimmer und Schlachthaus. In der Spüle lag ein toter Seehund, aus dessen der Länge nach aufgeschlitztem Bauch weißes Fett hervorlugte. Qalaseqs Jagdgewehre standen in einer Ecke neben ein paar Schirmen und Paulines Spazierstock. An der Wand hing ein Oberammergauer Jesus einträchtig neben einer offensichtlich defekten Kuckucksuhr. Der Boden war, natürlich, Parkett.

»Wir leben seit 1968 in dieser winzigen Wohnung«, erzählte Qalaseq.

»Und sicher werden wir hier auch sterben«, fügte Pauline hinzu.

Pauline hätte für eine Eskimo-Specksteinplastik Modell stehen können. Sie war klein und untersetzt, trug ihr Haar zu einem festen Knoten geschlungen, und ihre Backenknochen lagen so hoch, daß sie ihren Augen gefährlich zu werden schienen. Sie sei in Igdlorssuit aufgewachsen, berichtete sie. Als kleines Mädchen habe sie auf den

Knien von Rockwell Kent gesessen, dem amerikanischen Kommunisten und Künstler, der seinen Wohnsitz in Igdlorssuit aufschlug, um sich ein paar Jahre lang der Hetze von seiten des Außenministeriums zu entziehen. Pauline war eine Cousine ersten Grades von »Mr. Kintes« Freundin und Haushälterin Salamina Fleischer. »Mr. Kinte« selbst war der erste glatzköpfige Mann, den sie je zu Gesicht bekommen hatte; die Angehörigen ihres eigenen Volkes wurden stets mit einem dichten Schopf schwarzer Haare begraben.

Ich sei ihr zweiter Amerikaner, sagte Pauline.

Ein derartiges Geständnis ruft einem wieder ins Gedächtnis, daß Nuuk noch immer etwas abgeschnitten von der restlichen Welt liegt. Die einzige Straße außerhalb der Stadt – mit sieben Meilen die längste im ganzen Land – führt zum Flughafen, und man kann zwar jederzeit problemlos ein Taxi dorthin nehmen, kommt bei schlechtem Wetter aber oft trotzdem nicht weg. Wenn das Wetter gut ist und man von Nuuk die Nase voll hat, ist der einzige Ort außerhalb Grönlands, den man direkt anfliegen kann, die kanadische Stadt Frobisher Bay (Iqaluit), die Folge eines fast ebenso gräßlichen Versuchs, den Norden zu urbanisieren, wie Nuuk selbst.

Nun stellte Pauline eine riesige Platte mit *mataq* auf den Tisch. Unter *mataq* versteht man die schwarzweiß gefleckte Haut und die erste Fettschicht des Narwals. Ißt man sie nicht sofort frisch, wie die messerschwingende Meute sie voller Begeisterung vom kaum getöteten Wal abschlägt, wird sie normalerweise in Würfel geschnitten, gekühlt und dann roh serviert, nicht selten zusammen mit Zucker und Beeren. Mir ist sie lieber pur, da ihr Aroma – zu vergleichen mit sehr wohlschmeckendem Gummi mit einer Spur Nuß- und Austerngeschmack – meiner Ansicht nach nicht sonderlich von solchen Beigaben profitiert. Ja, ich finde, sie büßt sogar etwas von ihrer übernatürlichen Nacktheit ein, ihrer Anspielung auf kalte Jahrhunderte im Meer, wenn sie wie eine Pastete künstlich verfeinert wird.

Das tibetanische Sprichwort »Um die Nahrung eines Lamas zu essen, braucht man eiserne Kiefer« gilt auch für diese ausgesprochen unlamahafte Nahrung. Man kaut und kaut. Das *mataq* gibt nur langsam, ja fast widerwillig nach, so als müßte es sich erst überlegen, ob es sich schlucken läßt oder nicht. Dann kaut man noch mehr, und sei es nur, weil man das Bedürfnis hat, sich dieser nicht kleinzukriegenden Nahrung würdig zu erweisen.

»Schmeckt es dir?« fragte Pauline.

»Besser als Hund«, gab ich zu.

Während wir kauten und immer weiterkauten, schauten wir uns im Fernsehen den Wetterbericht von vor drei Tagen an. Das Nuuker Wetter kommt auf eigens in Dänemark hergestellten Videokassetten; bis sie hier ankommen, scheint sich der von den Meteorologen vorhergesagte sonnige Himmel stets dicht bewölkt zu haben. Ein paar gewitzte Leute, die das Warten satt hatten, stellten Parabolantennen für den Satellitenempfang auf, um das Wetter noch am selben Tag zu bekommen – obwohl es normalerweise das Wetter von, sagen wir mal, Italien ist. Mir fiel auf, daß Qalaseq und Pauline eine Teillösung für dieses Problem gefunden hatten: Sie besaßen einen Fernseher, auf dessen Mattscheibe zu allen Zeiten überall Schnee zu sehen war.

Später hörten wir durch die blümchentapezierten Wände von Block P Geplärr und Gekreisch. Qalaseq sagte, bei den zankenden Nachbarn handle es sich um ein Paar aus Nuusuaq, einem anderen kleinen Küstenort, der ebenfalls Opfer der G60-Politik geworden und jetzt dazu verdammt war, zu Staub zu zerfallen. Die beiden brachten einander jeden Abend fast um, doch ein paar Stunden später sah man sie dann mit blaugeschlagenen Augen, ramponierten, blutigen Gesichtern und zerrissenen Kleidern von einem Ohr zum anderen grinsen und Händchen halten, als sei nichts geschehen. Das war wohl Liebe auf Inuit-Art, dachte ich: Früher einmal rieben die Leute ihre Nasen aneinander, jetzt brechen sie sie. Aber man kann »echte Menschen« nicht einfach aus der großen Weite des Grönlandschilds wegholen, sie in eine Schachtel stecken und erwarten, daß sie sich gesittet benehmen.

Während meines Aufenthalts in Nuuk hatte ich das Gefühl, ständig dem einzigen Fuhrpark an Bussen in Grönland ausweichen zu müssen, die wie verrückt gewordene Elefanten durch die Straßen jagten und alles plattwalzten, was sich ihnen in den Weg stellte. Eines Tages beschloß ich, einen dieser Busse zu nehmen und auf einen Hügel voller Beerensträucher unmittelbar im Norden der Sozialwohnungskästen zu fahren, von dem mir jemand erzählt hatte. Der Fahrer, ein Grönländer, legte die nervöse Unentschlossenheit eines Fluggastes an den Tag, der sich plötzlich allein den Steuerhebeln eines Flugzeugs gegenübersieht. Er spielte mit den Pedalen herum, fummelte an den Schaltern und warf immer wieder gehetzte Blicke über die Schulter, als rechnete er damit, jeden Augenblick entdeckt zu werden. Einmal hätte er um ein Haar eine Frau überfahren, die in einem Leiterwagen ein paar Kisten Bier hinter sich herzog, und eine Minute später überfuhr er dann wirklich einen halb abgespeckten Seehund, den jemand entweder verloren oder auf die Straße geworfen hatte. Gewissenhaft? Keine Spur. Höflich? Mag sein. Zuverlässig? Sicher nicht. Ich stieg aus und legte den restlichen Weg zu den Beerenfeldern zu Fuß zurück.

Ein andermal verließ ich die Stadt, um in den Bergen hinter dem Flugplatz ein bißchen herumzuklettern. Ich stieg Abhänge hinauf und hinunter, die so ziemlich das älteste Felsgestein auf der Welt enthielten, mit Hilfe von Isotopenuntersuchungen auf 3800 Milliarden Jahre zurückdatiert, Überreste der frühesten Erdkruste, wie die geologische Fama behauptete. Sie waren arg mitgenommen, erodiert und unglaublich eingeschüchtert, als hätten ihnen die Marathonzeitspannen, die sie erlebt hatten, körperlichen Schmerz zugefügt. Ich wanderte weiter und weiter, schlug Stechmücken tot und sprang über Findlinge. Doch selbst in zehn Meilen Entfernung von der Stadt hörte ich noch immer die geräuschvoll grasenden Bulldozer von Nuuk. Im Sommer, wenn fast ununterbrochen Tageslicht herrscht, machen die Dänen Tag für Tag Überstunden wie eifrige Biber und scheffeln dabei genug Kronen, um sich außerhalb von Kopenhagen eine hübsche kleine Zweitwohnung kaufen zu können und nie mehr in Grönland die Zähne zusammenbeißen zu müssen. Ich dachte andauernd, sobald ich den nächsten Kamm oder Felsvorsprung erreichte, würde ich außer Hörweite sein, aber dazu kam es nie. Ich stieg jedoch so weit hinauf, daß ich die Nacht, zusammengerollt zwischen ein paar recht jugendlich aussehenden Basaltsteinen, in den Bergen verbringen mußte. Gegen Mitternacht kam ein Rentier vorbei, kaute an einem Fleckchen verkrüppeltem Heidekraut herum und schnaubte laut und ganz verblüfft, als es mich erblickte – ich schreckte aus dem Schlaf hoch –, und rannte dann zu Tode erschrocken davon (ich war auch zu Tode erschrocken).

Eines Abends beschloß ich, das Christinemut, Nuuks bei weitem beliebteste Sauf- und Raufeinrichtung aufzusuchen, ein derart rüdes Etablissement, daß sich eine irische Bar in South Boston dagegen wie ein Herrenfriseur ausnimmt. Im Christinemut findet früher oder später irgendeine Faust den kürzest möglichen Weg zur eigenen Kinnlade. Tatsächlich wird oft behauptet, daß nur die Menge der hier erlittenen Kieferbrüche den Unterschied zwischen den ortsansässigen Zahnärzten und den Sozialhilfeempfängern ausmacht. Qalaseq hatte mich vor dem Christinemut gewarnt, doch ich bildete mir ein, ich würde mit einem Augenzeugenbericht vom Kriegsschauplatz davonkommen, wenn ich mich aus allem heraushielte und still vor einem Bier in der Ecke sitzenbliebe.

Kurz vor zehn Uhr traf ich dort ein und schob mich in einen mit Menschen vollgepackten Raum. Bald stellte sich heraus, daß mein Gesicht das einzige weiße Gesicht war, einmal abgesehen von zwei oder drei Dänen, die schon so weit hinüber waren, daß sie nicht mehr als Gesichter zählten. Anfangs fühlte ich mich vermutlich ebenso deplaziert und verfolgt wie ein Schwarzer, der aus Versehen in ein Picknick der rechtsradikalen John Birch Society hineingeraten war. Ich stellte mir vor, daß diese Leute auf ein vereinbartes Zeichen hin womöglich ihre Bierflaschen abstellen und ihre uralte Feindseligkeit an mir abreagieren würden. Dieses Gefühl hatte ich in Grönland noch nie erlebt, obwohl ich einmal einen Monat unter Menschen im Osten verbracht hatte, für die die Weißen noch immer Sagenwesen waren, halbmenschliche Ausgeburten einer Frau aus ihrer Gegend, die sich mit ihrem Hund gepaart hatte.

Aber niemand beachtete mich auch nur im geringsten. Und ebensowenig beachtete man die zwei extrem fetten, extrem betrunkenen Frauen, die mitten auf der Tanzfläche standen und sich gegenseitig die Seele aus dem Leib zu prügeln versuchten. Eine dieser Frauen erkannte ich wieder: Sie hatte auf dem Markt die vergammelten Seehundköpfe verkauft.

»Warum raufen die zwei denn?« fragte ich am Tresen.

»Sie raufen um einen Mann. Die, die ins Krankenhaus wandert, die verliert ihn.«

Schließlich fand ich einen Tisch, an dem drei Männer saßen, die offenbar noch als einzige nüchtern waren. Ich begrüßte sie auf grönländisch, doch dann stellte sich heraus, daß sie keine Grönländer waren, sondern Japaner. Sie fuhren mit einheimischen Trawlern hinaus, um für die feinsten Restaurants von Tokio Garnelen mit der Hand zu verlesen. Ich fragte sie, wie ihnen Nuuk gefiele, und sie sagten, es gefiele ihnen sehr gut, doch soweit ich feststellen konnte, rührte dieser positive Eindruck von dem anscheinend unerschöpflichen Vorrat verfügbarer junger Frauen her. Einem von ihnen war es sogar gelungen, ein Verhältnis mit der Krankenschwester anzufangen, die ihm eine Penicillinspritze gegen den Tripper verpaßte, den er sich von einer anderen Krankenschwester geholt hatte.

Nach einiger Zeit gesellte sich ein Mann zu uns, der fünfzehn Minuten damit verbrachte, mich scharf ins Auge zu fassen, wobei er auf mein Gesicht zielte, aber meistens das untere Ende des Halses erwischte. Zwischen mehreren kräftigen Zügen Bier schwenkte er den Kopf hin und her und sagte: *»Silagiq!«* (Wunderschöner Tag heute.) Ich übersetzte das den Japanern, die dies offenbar als schlagendes Beispiel für die Unvereinbarkeit der beiden Kulturen ansahen, da dieser Tag grau in grau mit einem kräftigen Nordwind gewesen war. Doch dann setzte sich noch ein Mann zu uns an den Tisch, und unser betrunkener Freund sagte dasselbe zu ihm, wofür er eine kräftige Ohrfeige kassierte und aufgefordert wurde: *»Baarit!«* (Fick dich ins Knie!) Nur weil sich der arme Mann in Bezug auf das Wetter geirrt hatte? Ich dachte über diesen Wortwechsel nach, und da dämmerte mir plötzlich, daß er nicht *»Silagiq«* gesagt hatte, sondern *»Silayiq«*, was soviel heißt wie »du Hohlkopf«. In Grönland kann ein einziger hastiger Konsonant den Unterschied zwischen gutem Wetter und einem schlichten Verstand ausmachen.

»Wil glauben, die Eskimos tlinken gelne zuviel«, sagte einer der Japaner grinsend.

»Ihr würdet genauso trinken, wenn ihr einen so miserablen Wechselkurs hättet«, sagte ich.

Als ich später an der Bar stand und mir noch ein Bier bestellte, kam eine Frau in mittleren Jahren in einer knalligen Hawaii-Bluse zu mir herübergetorkelt und sagte: *»Tingasa.* Komm, tun wir's.« Falls sie damit meinte, wir sollten miteinander schlafen, wäre das absurd gewesen, denn in ihrer Sprache voller halb verschluckter Gutturale, Schnalzer und uvularer Reibelaute beschwört der Ausdruck »miteinander schlafen« das Bild von zwei Menschen herauf, die, in ihre Traumwelten versunken, Seite an Seite im Bett liegen. Es war sowieso absurd. Die Frau sah aus, als bekäme sie häufiger eine Geschlechtskrankheit als eine warme Mahlzeit.

»Ich bin zu müde«, erklärte ich ihr.

»Komm, wir gehen heim und tun es«, wiederholte sie.

Dann kam ein Mann auf uns zu, bei dem es sich vermutlich um ihren Ehemann handelte. Er hatte einen gedrungenen, stämmigen Körper und ziemlich kräftige Arme und bewegte sich nicht torkelnd, sondern gleichmäßig in geduckter Haltung vorwärts, wie ein Raubtier. Eine faltige Narbe zog sich im Zickzack über sein Gesicht und verzog seinen Mundwinkel zu einem auffälligen, höhnischen Grinsen. »Warum willst du's nicht mit ihr tun?« fragte er mit finsterem Blick.

»Ich habe einen schlechten Penis«, erklärte ich ihm. Offenbar genügte das nicht als Entschuldigung, da die besten Männer in Grönland allesamt einen schlechten Penis (Tripper) hatten. Inzwischen rieb die Frau ihren Körper an meinem und zwickte mich vergnügt in die Nase. »Hör doch auf«, protestierte ich und versuchte zurückzuweichen.

»Du und sie, ihr müßt es tun«, befahl der Mann.

»*Elá!* Du und ich, wir müssen es tun«, wiederholte die Frau und grapschte nach meinem Schritt.

Vor acht Jahren hatte mir der Jäger in Igateq seine Frau mit dem Charme eines Mannes angeboten, der mir einen großen Gefallen erwies. Hier wurde mir von einem Mann, der den Charme eines Abszesses besaß, ein Stück Fleisch angeboten, nein, mit Gewalt aufgedrängt. Und ich wollte nichts davon haben.

»*Nâgga, nâgga*«, sagte ich und wich zurück.

Doch der Mann hatte offenbar nicht vor, mich so leicht davonkommen zu lassen. Als ich ein paar halb betäubte, schwankende Betrunkene beiseite drängte, tat er dasselbe. Als ich mir meinen Weg zur Tür bahnte, bewegte auch er sich auf die Tür zu. Er hielt den Blick auf mich geheftet wie eine Seidenspinnerraupe, die als einziges Lebewesen auf der Welt nur ihren Gefährten sehen kann – nur daß ich nicht der Gefährte dieses Mannes war, sondern das Opfer, auf das er es abgesehen hatte. Wenn ich nur zur Tür gelangen könnte, überlegte ich, dann würde ich laufen, was das Zeug hielt, und ihn bis zu der von Liedern widerhallenden Schwelle des Seemannsheims wahrscheinlich abhängen, die er aus Angst vor der Rache des lutherischen Gottes nicht zu übertreten wagen würde. Irgendwann zwischendurch hatte er mich am Pullover gepackt, doch ich riß mich los, so daß er ins Leere schlug. Dann wieder stürzte er sich auf mich und verfehlte mich. Einmal brüllte er, er würde mir die Kehle durchschneiden, und im nächsten Augenblick machte er mit dem Zeigefinger der einen Hand und mit Daumen und Zeigefinger der anderen eine Geste, die ausdrückte, daß er noch immer wünschte, daß ich mit seiner Frau Unzucht trieb. Was wollte er eigentlich? Zum Mörder werden oder zum gehörnten Ehemann? Es war ein uraltes Dilemma. Was mich betraf, so wollte ich nur in meine Unterkunft zurück und ein paar von diesen herrlich langweiligen, frommen Liedern singen.

Die Stimme des Mannes donnerte wie eine Faust: »*Du und sie, ihr müßt...*«

Plötzlich schob sich ein völlig Fremder unsanft zwischen uns und versetzte ihm einen saftigen Aufwärtshaken. Zunächst reagierte der Mann auf diesen Schlag nur mit leichtem Blinzeln, als hätte er nichts anderes erwartet. (Schließlich war das Christinemut eine Garantie für gebrochene Kiefer.) Dann taumelte er vier oder fünf Schritte rückwärts und brach auf der Tanzfläche zusammen, auf der ein Paar über ihn hinweg den Two-Step des Hunnen Attila tanzte. Er schien die beiden überhaupt nicht zu bemerken.

Der Mann, der sich für mich eingesetzt hatte, besaß den gleichen gedrungenen, stämmigen Körper und die gleichen kräftigen Arme wie mein Racheengel. Seine Narbe zog sich über die rechte Backe, knickte dann plötzlich nach Osten ab und verlief in Zacken an seiner linken Augenbraue entlang. Er sah aus, als würde er mich zusammenschlagen, falls ich versuchen sollte, mich zu bedanken, also ließ ich ihn in Ruhe. Außerdem stand er ohnehin schon am Tresen und gab den Kasten Bier in Auftrag, den die meisten Klienten bei der letzten Bestellung verlangten, um sich damit über die nächtlichen Stunden hinwegzuretten.

»Bist du bereit, es jetzt zu tun?« hörte ich die Frau mit seltsam hoffnungsvoller Stimme hinter mir herrufen, als ich ins Freie hinaustrat. Zehn Minuten später sprach mich vor dem Seemannsheim ein Mädchen an: »*Asavakkit*. Ich liebe dich. Hast du einen hübschen Penis?« Dieses Mädchen war selbst recht hübsch, aber sie war schätzungsweise nicht älter als zehn Jahre und sehr, sehr betrunken...

Genug! Wenn ich eine Lektion von den umherziehenden Wikingern gelernt hatte, dann diese: Zieh weiter, Freund, sobald die Wände zu dünn, die Leiber zu dick oder der Komposthaufen zu gewaltig wird. Was die Wikinger von Nuuk gehalten hätten, kann ich mir nicht annähernd vorstellen. Wahrscheinlich nichts; sie hätten beim ersten Anzeichen von Ärger (der Theodolit eines Landvermessers? eine Betonmischmaschine? ein Parkettboden?) ihre Zelte abgebrochen und wären auf dem schnellsten Weg verduftet.

So kam es, daß ich bereits am nächsten Tag an Bord einer Dash 7 ging, die nach Søndre Strømfjord flog. Es war ein interessanter Start; das »Rygning Forbudt«-Zeichen (Rauchen verboten) war eingeschaltet, aber alle rauchten, der Pilot eingeschlossen. Da ich nicht abseits stehen wollte, zündete ich meine Pfeife an. Nach einiger Zeit konnte es der bläuliche Dunst im Flugzeug mit den dichten Wolken draußen aufnehmen. Ich benützte die Gelegenheit, um über die letzten paar Tage nachzudenken. Aus der Perspektive einer verrauchten Flugzeugkabine 1600 Meter über dem Boden kam mir Nuuk gar nicht mehr wie der schlimmste Ort auf Erden vor, zumal es mir ja gelungen war, ihm gesund an Leib und Gliedern und mit einer dicken Tüte schwarzer Krähenbeeren zu entrinnen. Keineswegs der schlimmste Ort. Um diese zweifelhafte Ehre stritten sich nach wie vor die pakistanischen Städte Darra und Londi Khotal, in denen jeder, der älter ist als acht Jahre, ebenso lässig eine Kalaschnikow unter dem Arm trägt wie die Franzosen ihre Stange Weißbrot. Technologie tötet. Fäuste tragen nur dazu bei, daß sich der Zahnarzt eine Zweitwohnung außerhalb von Kopenhagen leisten kann.

11 Ausflüge in die späte Steinzeit

Der Asienforscher Sven Hedin brach angeblich in Tränen aus, als er zum erstenmal die schneebedeckten Gipfel des Himalaja vor sich aufragen sah. Ich hätte auch in Tränen ausbrechen können, als ich zum erstenmal die Berge von Ostgrönland sah, nur wurde mein Flugzeug vom stürmischen Wetter so gebeutelt, daß sich mein Magen dort befand, wo meine Tränenkanäle hätten sein sollen.

Das war vor einigen Jahren. Ich war der einzige Passagier in einer Mitsubishi Turboprop, an deren Steuerknüppel ein befreundeter isländischer Buschpilot saß, der seine grönländische Freundin in Kulusuk besuchen wollte. Ich hatte mich ihm angeschlossen, um einige Angehörige der menschlichen Spezies aufzusuchen, die seit 1884 keinen Besuch mehr von Weißen erhalten hatten; damals umrundete Lieutenant Gustav Holm von der Dänischen Marine Kap Farvel in einem *umiaq*, einem sogenannten Frauenboot, und fuhr dann weiter nach Nordosten in unbekannte Gefilde. Lieutenant Holm war auf der Suche nach der verschwundenen wikingischen Kolonie; sogar zu diesem späten Zeitpunkt gingen die Skandinavier, stets optimistisch, was die Überlebensenergie ihrer Rasse betraf, noch davon aus, daß sich in der entlegenen Fjordlandschaft Grönlands noch ein paar Wikinger herumtrieben. Wie fast alle Leute zur damaligen Zeit glaubte auch Holm, daß sich die alte Ostniederlassung an der Ostküste befand, so wie die Westniederlassung an der Westküste. Sie lagen jedoch beide an der Westküste der Insel. Aber bis zu seinem Besuch hatten die Europäer, die in der Nähe umhersegelten – Martin Frobisher, Henry Hudson, William Scoresby der Jüngere und zahlreiche Walfangmannschaften –, wegen der stattlichen Packeisprozession überhaupt nicht bemerkt, daß die Ostküste nicht von bleichgesichtigen Ebenbildern ihrer selbst bewohnt wurde, sondern von einer winzigen Schar Eiszeitjäger, die völlig abgeschnitten von ihren Brüdern an der Westküste lebten. So entdeckte Lieutenant Holm die Tunumiut (wörtlich: »Menschen von der Rückseite« – der Rückseite Grönlands), und sie entdeckten ihn.

Die Geliebte des Buschpiloten pinkelte vor den Augen fremder Besucher ungeniert in ein Ölfaß und glaubte nach wie vor an die überlieferten Lehren ihres Volkes. (Wenn man zum Beispiel schwanger ist und die Gedärme eines Seehundes ißt, bekommt das Kind die Form eines Darms.) Mein Freund konnte sich sehr glücklich schätzen, eine solche Frau gefunden zu haben, zumal in einer so verlassenen, rückständigen Gegend wie Kulusuk. Das Dorf lag auf einer Insel, deren einziges herausragendes Merkmal eine riesige, kugelförmige Fernfrühwarnstation war, eine von einundsechzig miteinander gekoppelten und über den ganzen Norden verstreuten Radarstationen, die dem Zweck dienen sollten, irgendwelche Streiche der Sowjets frühzeitig anzukündigen. Diese Kugel blickte haßerfüllt nach Osten wie das einsame Auge eines intergalaktischen Insekts. Der Rest war Fels.

Kurz nach unserer Ankunft ging ich ins Dorf. Es fiel feiner Schnee. Durch diesen Schleier machte ich Aufnahmen von Hundeschlitten, die wie Autos vor jedem Haus parkten. Ich machte auch Fotos von den Hunden, die stämmig gebaut waren und in deren Augen ein falsches, wölfisches Glitzern lag. Ich machte Fotos von Kindern, die Eskimokuchen aßen (eine beliebte Spezialität, die tatsächlich so hieß). Als ich ein paar Schritte zurücktrat, um das ganze Dorf ins Bild zu bekommen, verlor ich den Halt, rutschte Hals über Kopf eine steile, vereiste Böschung hinab und stürzte in die kalte Novembersee. Es war die heftigste, gewaltsamste Kälte, die ich je verspürt habe, und sie traf mich wie ein herabfallender Ziegel.

Irgendwie stolperte ich wieder hinauf aufs Trockene, wo mich ein paar halbwüchsige Jungen auflasen und in die Krankenstation von Kulusuk brachten. Ich zitterte heftig. Eine Druckwelle nach der anderen erschütterte meinen Körper vom Scheitel bis zur Sohle und wieder zurück. Die Krankenschwester, in Kopenhagen ausgebildet, konnte dieses Zittern nicht zum Stillstand bringen. Mein Pilotenfreund verpaßte mir eine knochenzermalmende Massage, aber auch die hatte keinen Erfolg. Und ebensowenig nützten mir die einheimischen Kinder, die angelaufen kamen, um über diesen merkwürdigen, bibbernden *qalunaaq* zu kichern. Endlich kam eine alte Frau herein, watschelnd wie eine mit Eiern angefüllte Ente, und befahl mir, meine restlichen Kleider auszuziehen. Dann machte sie sich daran, mir ein ausgesprochen klebriges Zeug auf die Haut zu schmieren, das irgendwie vertraut aussah und roch. Walroßöl? Seehundfett? Bärentalg? Nein: Crisco, das streichweiche Backfett. Die alte Frau sagte, das habe sie immer bei ihren Söhnen angewandt, wenn die sich arg unterkühlt hatten. Es schloß die Körperwärme ein und gleichzeitig die Kälte aus, indem es die Hautporen wie eine Verpackung abdichtete. Nach erstaunlich kurzer Zeit hörte ich tatsächlich zu zittern auf. Das altehrwürdige Heilmittel Crisco hatte gesiegt.

Sooft ich heutzutage einen feuchten, weichen Keks esse oder auch einen hoch aufgegangenen, duftigen Kuchen, muß ich an die eisigen Gewässer von Ostgrönland denken und an meine eigene Sterblichkeit.

Nachdem ich einen Tag lang am Flughafen von Søndre Strømfjord eingenebelt war, ging es weiter nach Kulusuk. Kulusuk war nicht mein Reiseziel, auch wenn ich dort ganz gerne noch etwas herumhängen wollte, um den Einheimischen zu beweisen, daß ich auch etwas anderes konnte, als in ihre Fjorde zu plumpsen. Diesmal hoffte ich, bis zu dem winzigen Außenhafen Sermiligaq zu gelangen, der mein letztes wikingisches Ziel in Grönland sein sollte. Um Sermiligaq von Nuuk aus zu erreichen, wo ich tags zuvor aufgebrochen war, mußte ich nach Søndre Strømfjord fliegen, dann weiter nach Kulusuk, mußte von Kulusuk einen Hubschrauber des Typs Bell 212 nach Angmagssalik nehmen und hoffen, daß in den nächsten paar Wochen irgendein Transportmittel die Küste hinauffahren würde. Es erübrigt sich wohl zu erwähnen, daß Sermiligaq sogar in Grönland den Ruf genießt, vollkommen abgeschieden zu liegen.

Doch bei einem Weltdorf, von dem aus man fast so schnell nach Neuguinea hinunterjetten kann, wie man Michael Rockefeller sagen kann, macht die Tatsache, daß es schwer zu erreichen ist, vielleicht den letzten Rest an Charme aus.

Wie es der Zufall wollte, wurde der Hubschrauber nach Angmagssalik gerade repariert, so daß ich einen Nachmittag in Kulusuk totzuschlagen hatte. Also wanderte ich ins Dorf, an einer Felsspalte entlang, auf der Milliarden ganzjähriger Schneekörner glitzerten. Diese Felsspalte mündete in Kulusuks Hauptstraße, eine Mischung aus Schotter, Schlamm und Hundedreck. Endlich erblickte ich die Wellblechhütten mit ihren Steildächern und den kleinen Fenstern, die ich schon kannte, einige auf Pfählen, um mehr Stauraum zu schaffen, andere von Pfählen gestützt, damit sie nicht einstürzten.

Ich stellte ein paar Nachforschungen über meine alten Freunde an. Die alte Crisco-Frau war gestorben, desgleichen der Mann, der mir damals in der Krankenstation alle möglichen Geschichten erzählt hatte, darunter die offenbar wahre Geschichte von seinem Großvater, der sich so sehnlichst eine neue Frau wünschte, daß er die alte aufaß. In dieser Krankenstation traf ich eine äußerst diensteifrige neue Krankenschwester an, die aussah, als würde sie es eher mit einer Strahlenbehandlung versuchen, als zulassen, daß einer ihrer Patienten mit Crisco eingeschmiert wird. Ein junger Mann kam auf mich zu und sagte: »*Elá!* Ich erinnere mich an dich. Aber ich erinnere mich nicht mehr, wieso ich mich an dich erinnere.« Wir unterhielten uns eine Weile, und da wurde mir klar, daß er einer von den kleinen Kerlen gewesen war, die meinen zittrigen Zustand so komisch gefunden hatten. Inzwischen hatte er selbst zwei Kinder und einen Job (wie er mir stolz erzählte), der darin bestand, daß er die Plastikblumen und -kränze auf dem Dorffriedhof reinigte.

Als ich zum Flughafen zurückging, vertrat mir ein Mann, der ein perfektes Ebenbild von Nanook aus dem Norden war, den Weg. Über eine Kluft von zehntausend Jahren hinweg sagte er: »*Elá-elá, qalunaaq*. Ich brauch ein Bier. Gib mir ein paar Kronen, sonst sterbe ich.«

Ich gab dem Mann ein paar Kronen.

Später nahm ich den Pendelhubschrauber in das zwanzig Meilen entfernte Angmagssalik (1100 Einwohner), ein über mehrere Schotterhügel ausgebreitetes Städtchen, in dem es nicht einmal eine taschentuchgroße glatte Fläche für ein Flugzeug mit starren Flügeln gibt.

Schottrige Hügel, ein schlechter Hafen, ein Fjord, schmal wie ein Flaschenhals und häufig mit Eis verstopft, fast keine Tiere, die man hätte jagen können, Nordoststürme und gelegentlich ein *piteraq*-Wind, der sämtliche Fensterscheiben in der Stadt aus ihren Rahmen drückt. Die Entwicklung von Angmagssalik kann nur als eine geographische Variante des Parkinsonschen Gesetzes betrachtet werden, welche besagt, daß der unwahrscheinlichste Ort stets der ist, den sich der weiße Mann aussuchen wird, um seine Last abzuladen. Ausgerechnet hier richtete Gustav Holm (inzwischen Kapitän) zehn Jahre nach seinem gescheiterten Versuch, die verschwundenen Wikinger aufzuspüren, die erste Handelsniederlassung auf dieser Seite von Kap Farvel ein. Sie vergrößerte sich wie ein Fort im Indianergebiet; diejenigen, die kamen, um Handel zu treiben oder das Sakrament der Taufe zu empfangen (Christus akzeptierten sie in erster Linie deshalb, weil ihnen die Missionare auch Schnupftabak anzubieten hatten), blieben für den Rest ihres irdischen Lebens hier. Angmagssalik wuchs so kräftig, daß 1925 einundachtzig »Ostländer« beschlossen, ihre Zelte zusammenzupacken und nach Norden in weniger überfüllte und fruchtbarere Jagdgründe an der Mündung des Scoresby-Sundes zu ziehen, fast fünfhundert Meilen weit weg von ihren nächsten Nachbarn.

Eine solche Entwicklung läßt auf ein zweites Eskimoghetto wie Nuuk schließen, doch Gustav Holms vormaliger Handelsstützpunkt hat durchaus nichts Ghettohaftes an sich. Mit seinem Durcheinander an zusammengeschusterten Häusern und zusammengeschusterten Regierungsgebäuden (Angmagssalik ist das Verwaltungszentrum von Ostgrönland) breitet es sich unregelmäßig und gemächlich aus wie eine Grenzstadt oder – in Anbetracht der steilen

Hügel zwischen den Häusern – wie die klotzige, einsame und schartige Felsgrenze selbst. Ich habe Angmagssalik immer gemocht; es erinnert mich an so unterschiedliche Städte wie Fort Yukon in Alaska und Everglades City in Florida. Städte, in denen es die von Menschen geschaffenen Bauwerke etwas zu irritieren scheint, daß sie Bestandteil der Landschaft sind, und die folglich eine trügerische, baufällige Bescheidenheit annehmen. Auch fällt es einem schwer, einen Ort nicht zu mögen, der dem Zuhörer Tag und Nacht so grandiose Freiluftkonzerte beschert – die unablässige Musik der Schlittenhunde.

Alles bringt diese Hunde auf Touren: Kirchenglocken, ein Megaphon, die Fehlzündungen eines Lasters, Zuschauer bei einem Fußballspiel. Doch richtig vom Klang ihrer Musik erfüllt werden die Hügel von Angmagssalik erst, wenn jemand beschließt, seinen Jaucheeimer in ihren Speisesaal zu kippen. Glückliche Hunde! Glückliche Hunde vor allem im Sommer, wenn ihre Herren sich Mühe geben, ihren Stoffwechsel auf kleiner Flamme zu halten, indem sie ihnen nur Fischgräten und ab und zu einen Fischkopf zu fressen geben. Der Inhalt der Jaucheeimer bedeutet nicht nur eine anregende Abwechslung im Speiseplan, sondern liefert auch viele wichtige Nährstoffe (was immer die Nachteile von Scheiße sein mögen, Vitamine hat sie reichlich). Und da die Schlittenhunde von Wölfen abstammen, bejubeln sie ihr Glück nicht mit Gebell, denn das wäre weibisch, sondern mit Geheul. Sie heulen ganze Wagner-Opern, Chöre aus dem *Messias*, Hits von Rodgers und Hammerstein, Oldies but Goodies, Beatles-Songs und Bluesmelodien. Ein Hund beginnt mit einem langen, sich ständig wiederholenden Motiv, dann fallen die anderen ein, und nach einiger Zeit heult die ganze Stadt. Der Sound ist berauschend. An manchen klaren Nachmittagen möchte man sie am liebsten selbst mit der eigenen, etwas weniger musikalischen Stimme begleiten.

Doch ich begleitete sie nicht. Vielleicht später. Im Augenblick mußte ich darüber nachdenken, welche Möglichkeiten – ohnehin nie sehr viele, im Augenblick bedrückend wenige – ich hatte, um nach Sermiligaq vorzudringen. Wie ich erfuhr, gab es in absehbarer Zeit keine Flüge außer bei einem medizinischen Notfall. Kong Oskars Havn (wo Angmagssalik liegt) und der Angmagssalik-Fjord waren derart mit Eis verstopft, daß das 200-Tonnen-Versorgungsschiff *Einar Mikkelsen* seine übliche Rundfahrt zu den Lagerhäusern und Außenhäfen in der Umgebung nicht machen konnte. Ein kleineres Schiff, die *Kronprins Christian*, hatte versucht, die Strecke abzufahren, und steckte jetzt hoffnungslos irgendwo in der Nähe von Kûgmiut im Eis fest. Sermiligaq, nur fünfundsiebzig Seemeilen von Angmagssalik entfernt, war für einen Besucher so schwer zu erreichen, daß es ebensogut auf der anderen Erdhalbkugel hätte liegen können.

Im Schiffsbüro der Königlich Grönländischen Handelsniederlassung erwähnte ich einem Dänen gegenüber, daß ich wild entschlossen sei, Sermiligaq einen Besuch abzustatten. »Warum, um Himmels willen, wollen Sie ausgerechnet dorthin?« fragte er und behauptete, es sei ein rückständiges, wenn nicht gar vollkommen rückschrittliches Dorf. Und außerdem etwas dreckig.

»Zufällig ist das genau die Sorte Ort, die ich mag«, erklärte ich ihm.

»Dann sind Sie wohl ein Sozialarbeiter?« Er lächelte.

Nachdem ich mich in diesem Punkt für unschuldig erklärt hatte, blieb mir nichts anderes übrig, als ihm von meinen Streifzügen zu erzählen. Sermiligaq sei ein absolut einsamer Ort, sagte ich: weit entfernt, altmodisch und ohne Annehmlichkeiten. Außerdem war es der Ort, an dem sich nach Gustav Holms Überzeugung seine letzten wikingischen Verwandten verkrochen hatten. Zwar entdeckte er dort keine Spur von ihnen, doch das hielt ihn nicht davon ab, zwei Inselchen vor der Küste von Sermiligaq nach Erich dem Roten und seinem Sohn Leif zu benennen. Selbst wenn keine dieser Inseln den Besuch eines Wikingers erlebt hatte, erklärte ich, so hatten sie doch zumindest Namen, die bei mir den Wunsch weckten, meinen Fuß auf ihre entlegenen, schmucklosen Küsten zu setzen.

Der Däne schrieb mir den Namen eines Mannes auf, der ein Boot besaß, das erheblich kleiner war als die *Einar Mikkelsen*. »In einem Wasser voller Eisminen zählt Beweglichkeit genausoviel wie Größe«, sagte er. »Sprechen Sie mit diesem Mann, vielleicht kann er Ihnen helfen.«

Und so kam es, daß ich einen Seehundjäger namens Avannaq Brodersen aufsuchte. Avannaq lebte mit seiner Frau Else und diversen Enkeln (eine Tochter war an Leukämie gestorben) in einem kleinen Wellblechhaus, das fast in einem 45-Grad-Winkel auf seinem Fundament aus nacktem gewachsenem Fels hing. Ich ging einfach hinein, weil die Ostländer es für recht unhöflich halten, wenn man mit der Faust an eine fremde Tür schlägt; man riskiert zwar, den Betreffenden bei irgendeinem intimen häuslichen Zeitvertreib zu stören, aber das ist nicht so schlimm, wie an sein Haus zu hämmern. (Das Haus könnte schließlich einstürzen.) Wie sich herausstellte, störte ich bei nichts Intimerem als einem kleinen Imbiß: Avannaq und Else saßen am Tisch und aßen kleine, in Würfel geschnittene Stückchen Seehundnase, die sie an den Barthaaren festhielten wie an Zahnstochern. Das ist die richtige Art, Seehundnase zu essen, wenn man keine fettigen Finger bekommen will.

Avannaq war um die Fünfzig, recht stämmig und ging wie John Wayne, nur nicht ganz so langsam. Er hatte ein breites Raubtiergesicht wie ein Tiger oder Puma und genoß wegen seiner Begabung, Seehunde aufzuspüren, selbst wenn die Ausbeute für alle anderen noch so mager war, den Ruf eines *piniartorssuaq,* eines mächtigen Jägers. Er war einer der wenigen Männer, denen ich in Grönland begegnete, der nicht trank – vermutlich in erster Linie deshalb, weil so ein *piniartorssuaq* den ganzen Tag lang damit beschäftigt ist, seine Fähigkeiten unter Beweis zu stellen, während Freunde und Nachbarn seine Tüchtigkeit als Jäger preisen und sich dann mit einer Kiste Carlsberg zurücklehnen. Ein mächtiger Jäger muß seinem Ruf gerecht werden, sonst könnte er am Ende seinen heldenhaften Beinamen einbüßen, und das wiederum könnte ihn dazu treiben, selbst zu trinken.

Avannaq erklärte sich einverstanden, die Fahrt nach Sermiligaq zu machen, vorausgesetzt, ich würde mich vorne an den Bug stellen und nach Eisschollen unter der Wasseroberfläche Ausschau halten. Er sei scharf auf die Kronen, sagte er, denn es herrschten harte Zeiten. Der internationale Robbenfellmarkt war auf einem Tiefpunkt angelangt, so daß viele Jäger ihre überschüssigen Seehundfelle als Hundefutter verwerteten. Er berichtete von einem Kinderbuch mit dem Titel *Inuk's First Seal* (Inuks erster Seehund), das die autonome Regierung an die rund hunderttausend Kinder auf der ganzen Welt verschickte, die Briefe an den heiligen Nikolaus in Grönland geschrieben hatten. Das Buch handelte von einem kleinen Jungen, der einen Seehund erlegt, das Fleisch ißt und nicht begreifen kann, warum sein Vater das Fell nicht verkaufen kann. Sein Vater begreift es auch nicht, weil nämlich die grönländischen Seehunde durchaus nicht gefährdet sind. Avannaq sagte, er habe sogar einen persönlichen Brief an Brigitte Bardot geschrieben, in dem er erläutert habe, wie dumm dieser Robben-Boykott sei, doch er bekam nie eine Antwort. Er fragte sich, ob sie vielleicht gar nicht lesen konnte.

Während ich mich mit Elses Mann unterhielt, schwieg sie die ganze Zeit. Kaukasische Müßiggänger wie ich sind in Angmagssalik nicht gerade etwas Alltägliches, und sie betrachtete mich ungefähr so, wie sie einen grünhäutigen, warzenübersäten Besucher vom Planeten Pluto betrachtet hätte. Als ich mich schließlich anschickte zu gehen, redete sie endlich. *»Ivikkatailiniakkutit muutammi«*, sagte sie. (Gib acht, daß du nicht aus dem Boot fällst.) Ein guter Rat! Dann schob sie die Seehundhaare vom Tisch in ihre hohle Hand und warf sie, zusammen mit ein paar Zigarettenkippen, den Hunden zum Fenster hinaus. Beim Hinausgehen sprang mich einer der Hunde an; vielleicht hatte er diese Kost satt und war begierig darauf, ein paar Bissen kaukasisches Tatar zu kosten.

Ich schlug mein Zelt etwa eine Meile westlich der Stadt in Blomsterdalen auf, einem überraschend hübschen, grasbewachsenen Fleckchen mit einem richtigen, flußgespeisten See voller Lachse. Ein mit flauschigem Schnee bedeckter Höhenzug trennte Blomsterdalen von Prestdalen, dem nächsten Tal, in dem früher die *angakut* zu hocken und ihre Kräfte zu sammeln pflegten. Endlose Tage lang rieben sie im Prestdalen Steine aneinander, bis sich aus den kalten Tiefen des Tassifiaq-Sees ein riesiger Eisbär erhob. Und dieser Bär war dann so verärgert über das schrecklich monotone Steingereibe, daß er den Missetäter auffraß. Sodann verdaute er den jungen *angakok*-Novizen und spuckte anschließend seine Knochen aus, die irgendwie wieder Fleisch ansetzten, bevor sie auf die Erde fielen. Aus dieser Erfahrung, die sich jedes Jahr wiederholte, bezog der *angakok* seine Ausbildung in geistigen Dingen. Nach ungefähr zwölf Jahren war er dann in der Lage, sich zum Beispiel die Kehle durchzuschneiden und die klaffende Wunde wieder verschwinden zu lassen, indem er einfach nur mit der Hand darüber strich; oder Kranke mit einem Mischmasch aus Heilkräutern und befremdlichen Beschwörungsformeln zu heilen; und das Haar der Meergöttin Nerrivik zu kämmen. Der letzte Mann, der auf diese Weise seine Ausbildung erhielt, war ein *angakok* namens Georg Uparsima, der bis Mitte der siebziger Jahre in Angmagssalik lebte. Man hat mir erzählt, daß Georg – ein fröhlicher alter Mann, obwohl er sooft ausgespuckt worden war – ein derartiges Gespür für das Numinose besaß, daß er die kleinen Seelen, die jedem Kieselstein entlang Kong Oskars Havn innewohnten, sehen konnte.

Das Prestdalen war ein Paradies voll kahler, dumpf vor sich hinbrütender Berge, schwammigem Moos und Einsamkeit. Es herrschte eine fast übernatürliche Stille, in der man einen mindestens zwei Meilen entfernten Wasserfall mit Schmelzwasser vom vergangenen Winter so deutlich herunterplatschen hören konnte wie das Badewasser von nebenan. All das beeindruckte mich so sehr, daß ich meinen Lagerplatz dorthin verlegte. Ich schlug mein Zelt am Ufer des Eisbärensees auf, wo es genug Steine gab, um eine ganze Armee von *angakut* auszustatten – Steine in allen Größen und Formen, deren üppige Vielfalt mich daran erinnerte, daß das ostgrönländische Wort für Stein, nämlich *ujaraq*, gleichzeitig auch Erde bedeutet.

In dieser Nacht lag ein blauer, durchsichtiger Frostschleier über dem See, durch den die schneegetüpfelten Berge am anderen Ufer so aussahen, als schwebten sie in der Luft. Allmählich wurde mir etwas kalt, und da ich keine grönländischen Mantras kannte, versuchte ich es mit der uralten tibetanischen Kunst des *thumo reskiang*, mit deren Hilfe man seinen Körper so aufheizen kann, daß einem Flammen aus der Schädeldecke schießen. Man weiß von buddhistischen Wandermönchen, die, nur mit dünnen, safranfarbenen Gewändern bekleidet, im Himalaja Temperaturen unter null Grad überlebt haben, nur weil sie *thumo reskiang* praktizierten; ihre meditativen Kräfte erfüllten denselben Zweck wie ein voller Kleiderschrank.

Also konzentrierte ich mich fest... fester... noch fester. Beim Ausatmen stieß ich Stolz, Unwillen und Faulheit aus. Beim Einatmen nahm ich den Heiligen Geist in großen, heilsamen Zügen in mich auf. *Fester.* Mehr Stolz und Unwillen wurden ausgestoßen; mehr Heiliger Geist eingeatmet. *Noch fester.* Aber es funktionierte nicht. Wenn überhaupt, dann fror ich jetzt, nachdem ich alle meine Gedanken nach innen gerichtet hatte, noch mehr als zuvor. Aber das schadete auch nichts, denn wenn es mir tatsächlich so warm geworden wäre, daß ich mich von der physischen Realität entfernt hätte, hätte ich den Frostschleier nicht würdigen können, zu dessen buchstäblichem Bestandteil ich inzwischen beinahe geworden war. Durch diesen Schleier sickerte das goldene Leuchten der Polarnacht, so daß auf dem See schlaglichtartig aufblitzende Geister Walzer zu tanzen und herumzuspazieren schienen. Hier und jetzt beschloß ich, falls der im See hausende Bär in Ermangelung eines ordentlichen, schmackhaften *angakok* mich als Festmahl verspeisen wollte, würde ich ihn nicht daran hindern. Schließlich gab es nur fünfzehntausend Eisbären auf der Welt und immerhin fünfzehn Milliarden von meiner Sorte. Zuzulassen, daß einer von ihnen mein ausgesprochen gewöhnliches Fleisch verschlang, würde, wenn auch nur in geringem Maß, dazu beitragen, das schmerzliche Ungleichgewicht zurechtzurücken.

13. August. Verspätete Abfahrt. Schon den ganzen Morgen bläst ein kräftiger Westwind, der über die polare Eiskappe fegt und Angmagssalik und Europa ihr jeweiliges Wetter bringt. Doch bis zum frühen Nachmittag ist der Wind eingeschlafen, der Himmel ist gleichzeitig strahlend und bewölkt, und Kong Oskars Havn sieht aus wie blankpoliertes Silber. Avannaq sagt, diese Harmonie zwischen Meer und Himmel, die er als *ilimanarsertivaligajikkalivarimmit* bezeichnet, mache die Jäger verrückt. Das einzig Verrückte, was ich an diesem konkreten Jäger feststellen kann, ist die Art und Weise, wie er beim Verpacken des Proviants Eßwaren liebevoll zwischen undichte Benzinkanister stopft. Ich weiß, daß ich mich später damit abfinden muß, doch im Augenblick mache ich mir mehr Sorgen um den Zustand unseres Gefährts, eines acht Meter langen hölzernen Dingis, das gut und gern aus der Zeit von Gustav Holm stammen könnte: ein verschlissenes Segeltuchverdeck, von Farbe keine Spur, hervorstehende Nägel, ein abgeschnittenes Auspuffrohr und angetrieben von einem altehrwürdigen Einzylindermotor. Aus irgendeinem Grund steht vorne am Bug das Wort *Ulalujuq* (Wirbelwind)…

Wir fahren an einer kleinen Felsinsel vorbei, schrumpelig wie ein alter Arbeitshandschuh und, einmal abgesehen von einem an der Küste entlanglaufenden himmelblauen Teppich aus Blausternen, doppelt so trostlos, und gelangen dann von Kong Oskars Havn in den Angmagssalik-Fjord, dessen prächtiges Geschmeide aus Eisbergen und Eisschollen vollkommen unbewegt im grauen Wasser ruht. Nach einem Bogen in Richtung Nordosten tuckern wir unterhalb steiler, kreuzschraffierter Klippen dahin, lauter Falze und Risse, bei deren Anblick ich an die Haut einer prähistorischen Eidechse denken muß. Avannaq deutet auf eine dieser Klippen und erzählt, da habe es einmal ein Mädchen gegeben, das zu Stein wurde – erst ihre Lenden, dann der restliche Körper –, weil es nicht heiraten wollte. Erscheint mir ein bißchen sehr hart, findest du nicht? frage ich. *Tássaqa!* entgegnet er: Alle Mädchen müssen heiraten. Doch bevor er das weiter ausführen kann, tauchen plötzlich zwei Finnwale, deren helle Rückenflossen deutlich sichtbar sind, in der Nähe des Bootes auf und lassen aus ihren Nasenlöchern gleichzeitig fünf Meter hohe Fontänen hochschießen. Wir werden von einem Sprühregen begossen, der wie verwesendes Fleisch im letzten Stadium riecht. Der einzige mir bekannte Geruch, der schlimmer ist als der aus dem Nasenloch eines Wals, ist der Atem eines Wals – ein mephistophelischer Gestank, den nur wenige Walbeobachter jemals gerochen haben können; sonst hätten sie sich auf der Stelle der Beobachtung winziger geruchloser Wesen wie etwa Eintagsfliegen zugewandt. Nachdem sich Avannaq das feuchte Zeug aus dem Gesicht gewischt hat, sagt er: »Dieses Mädchen hieß Aleqasiaq und war die älteste Schwester meiner Großmutter.« Was ihn zum Großneffen eines Felsbrokkens macht!

Übernachtung auf Qernertuarssuit, wahrscheinlich einer von Gunnbjorns Felseninseln, die deshalb so heißen, weil ein Wikinger namens Gunnbjorn Ulf-Krakason um das Jahr 900 in dieser Gegend vom Kurs abgeweht wurde, was Erich den Roten neunzig Jahre später auf die Idee brachte, sich auch vom Kurs ab und nach Westgrönland blasen zu lassen – die quadratischen Segel der Wikingerschiffe schienen derlei Kursabweichungen zu begünstigen. Qernertuarssuit ist wie ein Batzen Lehm, den die Faust eines Leviathans zusammengequetscht, dann auf den Boden geklatscht und dort hat trocknen lassen. Die immense Kraft und Größe dieser Faust sind in Gestalt der dichtgeschlossenen Bergketten und der zerklüfteten Lebenslinien der Insel erhalten geblieben. Avannaqs Stiefbruder Martin und Martins Frau Dorothee leben hier; nur zwei andere Familien und etwa sechzig Schlittenhunde haben das Recht, etwas Ähnliches von sich behaupten zu dürfen.

Martin ist offenbar ebenfalls ein *piniartorssuaq*. Vor seinem roten Wellblechhaus befinden sich drei mit langen knorrigen Streifen Seehundfleisch behangene Gestelle. Im Eingang steht ein Eimer mit Seehundköpfen, deren Gesichter sich darüber zu wundern scheinen, daß sie hier sind. Als wir uns zum Abendessen hinsetzen, gibt es eine Mahlzeit aus gekochtem, mit etwas ranzigem Seehundöl gewürztem Seehundfleisch und dazu eine Seehundspeckseite. Dorothee fragt mich, ob ich ein paar aus Seehunddärmen gemachte Würstchen möchte. *Qanorme!* sage ich und bediene mich. Es hat keinen Sinn, noch Platz für das Dessert zu lassen; nicht einmal Dorothee würde es schaffen, eine Seehundmousse oder einen Seehundkäsekuchen zu zaubern.

Ähnlich wie der Philosoph Ludwig Wittgenstein gegen Ende seines Lebens nur noch Cornflakes aß (er war der Meinung, wenn man ein Nahrungsmittel gefunden hatte, das einem schmeckte, sollte man dabei bleiben), aßen Martin und Dorothee offenbar nur Seehund, die Augen eingeschlossen, die leicht sautiert werden und nach Martins Überzeugung das einzig wirklich wirksame Mittel gegen Kater sind. Doch im Gegensatz zu Wittgenstein haben die beiden in dieser Beziehung keine andere Wahl, da die hiesige Handelsniederlassung – zweieinhalb Regale in einem Schrank – nur Zucker und Munition vorrätig hat.

14. August. Heute ist das Meer grüner Pfefferminzlikör zwischen Eisplatten und -scheiben, die von Ebbe und Flut umherbewegt, aber nie ins offene Wasser hinausgeschwemmt werden. An uns vorbei schwimmen ein paar Lummen, deren Füße das Meer aufwühlen wie alte Schaufelraddampfer.

Durch das Eis zu fahren ist etwa so, als würde man die Teile eines scheinbar unendlichen Puzzles nachzeichnen wollen – nur daß jedes dieser Teile ein bedrohliches Maul hat. Ständig fahren wir im Zickzack, um offene Kanäle zu suchen, »Wasserrinnen«, die sich wie Flüsse mit starker Strömung fortbewegen. Außerdem soll ich nach kleinen Eisbergen knapp unterhalb der Wasseroberfläche Ausschau halten, keine leichte Aufgabe für mein ungeübtes Auge. Irgendwann am Vormittag gibt es plötzlich ein volltönendes *Rumms!,* das uns beide umwirft; das Boot ist fast vollständig auf eine große blaue Eisscholle aufgelaufen, die unmittelbar unter uns wie eine Kiesbank lauerte. *Tautûa,* sagt Avannaq, die hast du wohl nicht gesehen. Hab ich nicht, antworte ich entsprechend kleinlaut. Noch mehr Eis;

plötzlich schneidet uns ein ganzes Fußballfeld den Weg ab und zwingt uns, in einer großen parabelförmigen Schleife ringsherum zu fahren. Habt ihr in Amerika auch soviel Eis? will Avannaq wissen. Er wirkt etwas überrascht, als ich sage, soviel Eis gäbe es da nicht. Er hat immer nur gehört, Amerika sei in jeder Beziehung das größte Land auf der Erde.

Avannaq muß zugeben, daß er nicht sonderlich weit herumgekommen ist. Er kam in Kulusuk zur Welt und zog im Alter von zehn Jahren mit seiner Mutter (seinen Vater kennt offenbar nur der liebe Gott) nach Angmagssalik. Er hat diese Küste nicht ein einziges Mal verlassen, was ihn mit einem gewissen Stolz erfüllt, da viele Ostländer in der Fischfangsaison zum Arbeiten in Richtung Westen nach Nuuk oder Ilulissat ziehen und verbittert wieder zurückkehren, weil sich die Leute dort in brutaler Weise über ihre nuschelige Aussprache und ihre rückständigen Sitten lustig gemacht haben. Außerdem ist er stolz darauf, daß er erst zweimal in seinem Leben einen Arzt aufgesucht hat: einmal, als er sich einen Nagel in den Daumen geschlagen hatte (das traditionelle Heilmittel, nämlich den Daumen in heißem Kaffee einzuweichen, hatte nicht funktioniert), und das zweite Mal, als er sich Frostbeulen geholt hatte. Im Alter von vier Jahren allerdings brachte man ihn einmal mit einem bellenden Husten zu einem *angakok*. Dieser *angakok* empfahl ihm, seinen Namen zu ändern, da so ein Husten genau wie Schlaflosigkeit oder ein Felsbrocken ein beseeltes Wesen war, das eine eigene Art zu denken besaß und leicht in Verwirrung geriet, wenn es feststellte, daß es sich in der falschen Person festgesetzt hatte. So bekam Avannaq vorübergehend den Namen Atsuiliq, Gesunder Kerl, und der Husten verschwand.

Ankunft auf der Insel Salissaq: ein Rücken aus purpurfarbenen Bergmassiven und Schneewehen. Sobald wir näher kommen, hoppeln ein paar kalkweiße Schneehasen davon, nicht auf allen vieren wie gewöhnliche Hasen, sondern wie Känguruhs auf ihren überdimensionalen Hinterpfoten – Hinterpfoten, mit denen sie sich auch im lockersten, tiefsten Schnee, den der Wettergeist Sila auf ihr Freiluftgehege fallen lassen kann, an der Oberfläche halten. Der auf Salissaq vorherrschende Bewuchs besteht offenbar aus leuchtend zinnoberroten Flechten, *Caloplaca elegans* (von den Grönländern *sunain anaq,* Sonnenkacke, genannt), und grünen Carlsberg-Dosen, die in der Nähe der Küste wachsen. In einer Höhle entdecke ich einen geheimen Vorrat an Birken- und Fichtenstämmen, die von der jahrelangen rastlosen Reise aus ihrer sibirischen Heimat auf dem Ob, der Lena und dem Jenissej glattpoliert sind wie Marmor. In einer anderen Höhle verfolgen meine Augen einen großen weißen Vogel, der das Wasser ein paar hundert Meter weit durchpflügt. Avannaq klärt mich höflich darüber auf, daß das keineswegs ein Vogel ist, nein, nicht im entferntesten ein Vogel, sondern ein Eisbär, den unsere Gegenwart derart zermürbt hat, daß er jetzt davonschwimmt.

Wieder im Angmagssalik-Fjord. Eine Schar Eisenten, aufgeregt quakend voller Vorfreude auf ihren Winterurlaub, schert über den bewölkten Himmel. Vor einer fernen Landspitze hüpfen Robbenköpfe wie schwarze Punkte auf und ab, doch Avannaq meint, sie seien zu weit weg, um einen Schuß zu riskieren. Außerdem befinden wir uns auf ihrer Luvseite, wo sie uns hören können, nicht im Windschatten, der für uns günstiger gewesen wäre. Robben haben ein phantastisches Gehör, aber schlechte, ständig triefende Augen, deren Zustand sie selbst noch verschlimmern, weil sie nie mehr als ein paar Minuten am Stück schlafen, dann abrupt aufwachen und ängstlich vor allem nach Bären und Menschen Ausschau halten. Am besten kann man ihnen diese Angst als Jäger nehmen, erklärt Avannaq, wenn man selbst Seehund spielt. Er ist gerne bereit, mir das einmal vorzuführen, bellt, raunzt, läßt den Kopf auf und ab hüpfen, blickt nervös nach rechts und links und verwandelt sich so, einmal abgesehen von der John Player's Special in seiner rechten Flosse, in den überzeugendsten Seehund, den ich je gesehen habe.

Kûngmiut (100 Einwohner): ein Ort mit lauter Fertighäusern, der heiter auf einem von Bergen eingefaßten Felsvorsprung aus dem Azoikum dahindöst. Es ist das einzige Dorf in Grönland, bemerkt

Avannaq, in dem es *keine einzige Badewanne* gibt. Na gut, denke ich im stillen, dann muß ich eben eine Zeitlang ohne Bad auskommen. Bei seinen Polarexpeditionen kam Fridtjof Nansen auch einmal drei Jahre lang ohne ein Bad aus, und später hat er immerhin den Friedensnobelpreis bekommen.

15. August. Der Himmel sieht aus wie eine federleichte, flauschige Wolldecke. Ein Schwarm zerzauster Wildgänse schießt zielstrebig dahin in ferne Regionen. Wir fahren am Ikarasaq entlang, einem schmalen, mit verstreuten Eisschollen wie ein verrücktes Labyrinth gemusterten Fjord voller Sackgassen und abrupt endender Schneisen, aus dem wir mit hustendem und spuckendem Motor wieder herausfahren. Wenn wir so weitermachen, werden wir, genau wie dieses Eis, im Süden beim Kap Farvel landen und nicht in Sermiligaq. Immer wieder bleibt die *Ulalujuq* stehen, und von Mal zu Mal hört sie sich beim Anspringen tuberkulöser an. Könnte es sein, daß das Ende der alten Kiste unmittelbar bevorsteht?

Kein Grund zur Sorge, meint Avannaq. »Falls wir im Eis festsitzen, habe ich ganz viele Tüten mit Kartoffelchips dabei, die wir essen können.« Und dann fügt er hinzu, daß das Eis hier eigentlich gar nicht so schlimm sei; einmal habe er ein paar Wochen lang unmittelbar nördlich von hier festgesessen und mußte sich von einer Ringelrobbe ernähren, die er erlegt hatte. Bis er schließlich nach Angmagssalik zurücktuckern konnte, war seine Tochter gestorben, einer seiner Söhne hatte geheiratet, und Grönland hatte eine autonome Regierung.

Von einem einsamen Sonnenkringel aufgeweckt, kommt plötzlich ein scharfzackiger Bergkamm auf dem Festland in Sicht, steil und außer von dem zarten Licht, das an den Hängen emporsteigt, mit Sicherheit nicht zu erklimmen. Wir sehen ein paar Ringelrobben mit den für sie typischen seitlichen Stößen zwischen den Eisschollen umherschwimmen, vorangetrieben durch die Kraft ihrer Schwanzflossen. Sie sind noch immer zu weit weg, um in den Genuß von Avannaqs Schrotflinte zu kommen. Da sie um diese Jahreszeit relativ wenig Speck haben, würden sie untergehen, bevor er sie mit seiner uraltmodischen, mit einer Eisenspitze versehenen Harpune aufspießen könnte.

Etwa fünfzehn Meilen von Sermiligaq entfernt geraten wir in die verbreitetste menschliche Klemme: Wir stecken fest. Avannaq kann die *Ulalujuq* in keine Richtung mehr bewegen, ohne an scharfkantige, dahintreibende Eisschollen zu stoßen. Genau das, was ich befürchtet habe. Genau das, was er nicht befürchtet hat. Er zieht sich in den mit Segeltuch überspannten Laderaum zurück, und es dauert nicht lange, da höre ich Geschirr klappern, was bedeutet, daß er uns ein Mittagessen zubereitet. Hat schließlich keinen Sinn, sich durch eine läppische Zwangslage wie die, daß wir für den Rest unseres Lebens hier festhocken, von einem anständigen Essen abhalten zu lassen. Wenig später schlürfe ich mein Walgulasch, in dem ich einen würzigen Hauch von Treibstoff entdecke. Ich würde es selbst dann freudig schlürfen, wenn Avannaq es über Nacht in Treibstoff mariniert hätte. Denn die vollkommen reine Luft und die tiefhängenden Wolken in dieser Gegend regen den Appetit an; Urgestein und eisiges Wasser vergrößern ihn; und ein anständiger steifer Nordostwind schließlich befreit ihn von seiner kleinlichen Vorliebe für Sojasauce anstelle von Diesel.

Einige Stunden später dreht der Wind, so daß sich das Eis leicht verschiebt und wir uns zentimeterweise an die Küste einer kahlen, unfruchtbaren Insel schieben können, die Qianarteq heißt. Wir gehen bei den Trümmern einer winzigen Siedlung an Land, die inzwischen fast nur noch aus einer Reihe schwarzer, mit Zeltringen umgebener, aufgeweichter Löcher besteht. Aus mehreren Steingräbern ergießen sich leuchtend orangefarbene, Salpeterböden bevorzugende Flechten, als hätten die Leichen sie zum Wachsen animiert.

In einem dieser Steinhaufen entdecke ich ein wie ein Fötus zusammengekrümmtes Skelett; in einem anderen ein komplettes Knochengerüst, dem nur der linke Arm fehlt. Wieder in einem anderen liegen zwei aneinandergeklammerte Skelette, wahrscheinlich Mutter und Kind. Was glaubst du, wie sind sie gestorben? möchte ich wissen. Nichts zu essen, antwortet Avannaq. Und dann reißt er fröhlich eine Tüte Kartoffelchips auf.

16. August. Qianarteq. Wir haben unser Lager neben Unmengen von Steinen aufgeschlagen, die in einer Moräne zusammengepackt sind wie Eier in einem Eierkarton.

Im Lauf des Tages schoß Avannaq eine zweijährige Sattelrobbe, die man in Grönland *allatooq* nennt, um sie von der ganz jungen Sattelrobbe *(aataveraq)*, der einjährigen *(aataatsiaq)*, der vierjährigen *(aalattooruaq)*, der fünfjährigen *(aataarsuaq)* und so weiter unterscheiden zu können, das heißt, jede Robbe wird mit linnéscher Genauigkeit je nach Alter einer bestimmten Gruppe zugeordnet. Später schlägt Avannaq dem schalen Geschmack des Schneewassers ein Schnippchen, indem er Lipton's Tee daraus braut. Lese bei flakkerndem Licht einen Simenon-Krimi. Der Radau, mit dem windgepeitschter Regen und Graupel auf unser Zelt einschlagen, vertreibt jeden Gedanken an Schlaf.

Wir hielten uns drei ununterbrochen stürmische Tage lang auf Qianarteq auf. Am vierten Tag schichtete der Wind einen Großteil des Eises um, so daß wir beim Aufwachen blaue Flecken offenen Wassers vor uns sahen. Schnell kramten wir unsere Sachen zusammen und fuhren los – nach Angmagssalik. Denn Avannaq mußte am 22. August dort sein, da vereinbart war, daß er ein Team britischer Gletscherexperten zu der mit einer Eisschicht bedeckten Landzunge in der Nähe von Isortoq bringen sollte. Britische Wissenschaftler, so meinte er, seien sehr empfindlich, was Pünktlichkeit betraf. Vor einem Jahr sollte er eine Gruppe Geologen nach Kûngmiut verfrachten, und als er einen Tag zu spät kam, waren sie bereits mit jemand anderem gefahren.

Ich war so erleichtert, daß uns nicht dasselbe Schicksal ereilt hatte wie unsere knochigen Kameraden auf Qianarteq, daß ich nicht einmal enttäuscht war, nicht bis Sermiligaq gekommen zu sein. Ich brachte es sogar fertig, das Positive daran zu sehen. Die Wikinger waren nämlich auch nicht bis Sermiligaq gekommen. Folglich stand unser Scheitern absolut im Einklang mit *ihrer* Route. Während wir uns mühsam unseren Weg durch die verrückte Eispflasterung bahnten, erzählte mir Avannaq eine Geschichte:

Vor fünfzehn Jahren hatte er den Winter in Skjoldungen verbracht, einem kleinen Jägerdorf, das ähnlich wie Scoresby-Sund gegründet worden war, um das überlaufene Gebiet rings um Angmagssalik zu entlasten. Skjoldungen lag in einer der unzähligen Falten und Kerben der König-Frederick-VI.-Küste, ein paar hundert Meilen südlich von hier. Eines Tages fuhr er mit seinem Hundegespann an einem Fjord entlang, der zwei Tagesreisen von Skjoldungen entfernt lag. Er kampierte in einer schmalen Bucht an der Spitze des Fjordes und entdeckte an seinem Lagerplatz einen weiteren, erst vor kurzem verlassenen Lagerplatz, der schwarze Holzkohlespuren im Schnee, ein paar Zeltringe, einen Abfallhaufen mit Knochen und weggeworfenen Fellen aufwies und außerdem einen Steinblock, der aussah, als hätte er zum Abziehen von Seehundspeck gedient. Er suchte die Umgebung ab, fand aber nichts, was auf Zeitgenossen hätte schließen lassen, etwa Eisenteile oder verschossene Munition. Andere Männer waren mit ähnlichen Berichten über verlassene Lagerplätze nach Skjoldungen zurückgekehrt, und ein Mann behauptete sogar, er habe eine in Treibholz geschnitzte Landkarte entdeckt, die in gewisser Weise den alten Holzkarten ähnelte, die die Ostländer in der Zeit vor Gustav Holm anzufertigen pflegten. Alle Funde schienen auf ein Häufchen Steinzeitjäger hinzudeuten, die noch irgendwo in diesen abgeschiedenen Fjorden lebten, eine Handvoll versprengter Nomaden, die offenbar niemals einem ihrer modernen Landsleute begegnet waren. Daß ein solches Grüppchen bis heute überlebt habe, sei durchaus möglich, meinte Avannaq, weil bis zur Gründung von Skjoldungen im Jahr 1938 nahezu kein Mensch diesen Küstenstreifen betreten habe. Es sei durchaus möglich, wiederholte er mit weit aufgerissenen Augen, und dann fügte er hinzu: »*Elá*. Es wäre das beste, wenn niemand hinfahren würde, um sie zu entdecken. Vielleicht sind sie glücklich, vielleicht sind sie traurig, aber es wäre das beste, wenn man sie in Ruhe ließe. Wenn man sie in Ruhe leben oder verhungern ließe, wie sie wollen. *Attuniannaguk!* Es wäre das beste, sie überhaupt nicht anzurühren...«

Ich versprach ihm, sie niemals anzurühren.

Und dann liefen wir mit keuchendem Motor in Angmagssalik ein, und meine Ohren wurden von einem Chor Schlittenhunde begrüßt, die eine Bluesnummer heulten, die sie bei ihren menschlichen Herren aufgeschnappt haben mußten.

12 Kains Land

Bevor das Eis sie gefangennahm, segelten die Nachfolger Erichs des Roten auf der Suche nach Holz für ihre Schiffe, ihre Dachbalken und ihre Küchenutensilien durch die Davis-Straße nach Baffin Island. Auf der Baffin-Insel gab es, sofern das überhaupt möglich war, noch weniger Wald als in Grönland, also segelten sie weiter nach Süden in die Labradorsee. Der erste Wikinger, der nach Labrador kam, war ein Mann namens Bjarni Herjulfsson. »Ein wertloses Land«, urteilte Bjarni. Doch Thorfinn Karlsefni, den es im Jahr 1010 dorthin verschlug, fand weitläufige Wälder und lange Sandstrände vor, die sanft zum Meer hin abfielen. Unglücklicherweise lebten dort *skrælings* (Indianer), die an Thorfinn und seinen Leuten Anstoß nahmen, vor allem nachdem diese ihnen Milch zu trinken gegeben hatten, eine Flüssigkeit, zu deren Verdauung ihnen die Enzyme fehlten. Es ist durchaus möglich, daß Thorvald Eriksson, Leifs Sohn, in der Hamilton-Einfahrt von einem indianischen Pfeil getötet wurde; die heutigen Bewohner von Labrador, stolz auf ihr Erbe, halten zumindest an diesem Glauben fest.

Die Legende behauptet, daß Custers letzte Worte auf dem Gras von Little Big Horn lauteten: »Nun, wenigstens müssen wir nicht durch Süddakota zurück.« An meiner negativen Einstellung zu Nuuk hatte sich nichts geändert, aber ich mußte von Kulusuk aus dorthin zurückfliegen, weil Nuuk der grönländische Hafen war, von dem aus man mit größter Wahrscheinlichkeit ein Schiff erwischen konnte, das Richtung Südwesten nach Labrador fuhr. Am Hafen fragte ich einen französischen Sportsegler, ob er mich auf seinem Heimweg in die Normandie an irgendeinem Außenhafen von Labrador absetzen könnte. »*Pas possible, Monsieur!*« rief er. »*Pas possible!*« Er reagierte so vehement, daß ich mich fragte, ob er mich mißverstanden hatte: Ich hatte Labrador gesagt, nicht El Salvador, wo üblicherweise ein Teil der Post für Labrador landet. Ich wiederholte meine Anfrage, doch er hatte mich tatsächlich richtig verstanden. Schließlich kam ich zu dem Schluß, daß er einfach mißtrauisch gegenüber dem Fleckchen Erde war, das sein Landsmann Jacques Cartier im sechzehnten Jahrhundert als »das Land, das Gott dem Kain gab«, bezeichnet hatte.

Wieder einmal mußte ich meinen ursprünglichen Plan fallenlassen, mich nur auf langsame Boote zu beschränken. Ich flog von Nuuk nach Frobisher Bay auf Baffin Island; flog von Frobisher Bay nach Montreal; flog von Montreal nach Gander auf Neufundland; nahm von Gander aus den Bus nach Lewisporte; und nahm dann die Staatliche Kanadische Seefähre *Sir Robert Bond* von Lewisporte in das fünfhundert Meilen entfernte Goose Bay in Labrador. Alle paar Stunden setzte der Motor der *Bond* aus, so daß sie bedenklich abtrieb. Und sie machte offenbar in jedem Außenhafen Neufundlands und Labradors Station und schaute sich ein bißchen um, bevor sie endlich in die Hamilton-Einfahrt steuerte und an der »Goose« (Gans), wie sie liebevoll genannt wird, festmachte. Die Wikinger hatten nicht mehr als zwei Tage nach Labrador gebraucht, bei mir dauerte es viereinhalb. Das sind die Eigenheiten des modernen Reiseverkehrs.

Der erste Laut, den man bei der Ankunft in Goose Bay hört, ist das ohrenbetäubende *Bbrrrrrccchhh!* von Kampfflugzeugen. Ich hörte es schon, bevor ich die *Bond* verließ. Ich hörte es wieder, als ich ins Captain Submarine ging, einen Sandwichladen, in dem auch die Redaktion der einzigen Zeitung von Labrador untergebracht war. Ich hörte es abermals in dem Augenblick, als der Angestellte im Eckladen die Registrierkasse für einen Sechserpack Molson-Bier klingeln ließ.

Befand sich Labrador etwa im Krieg mit dem restlichen Kanada? Schickte es seine Luftwaffe los, um Ottawa zu bombardieren? Oder befand es sich nur im Krieg mit der Provinz Neufundland, die Labrador gleichgültig verwaltet?

Nichts dergleichen. Diese kriegerischen Jets waren Bestandteil des NATO-Manövers Deep Strike, dessen Zweck darin bestand, Ziele weit im Inneren der Sowjetunion zu treffen, falls die freie Welt beschließen sollte, die sowjetische Innenarchitektur etwas umzumodeln. Neun Monate im Jahr starten belgische Kampfflugzeuge vom Typ F-16, italienische Jagdbomber und die Phantomflieger, Alpha Jets und Tornados der deutschen Luftwaffe von Goose Bay aus zu Übungstiefflügen in die Wildnis des Landesinneren. (Das Landesinnere Labradors hat angeblich Ähnlichkeit mit der Taiga und den Tundren der UdSSR.) *Bbrrrrrcccbhh!*

Ich zuckte zusammen. Der Angestellte nicht. Goose Bay, so sagte er, war der Favorit für das neue NATO-Ausbildungszentrum für strategische Waffen, eine Tatsache, die ihn begeisterte, weil das Militär in seinem Jetstream offenbar stets Aufschwung mit sich brachte. Ich sagte, Aufschwung sei wahrscheinlich das Schlimmste, was einem Ort passieren könnte.

»Du bissoch nich etwa auffa Seite von diese verdammtn Injuns?« fragte er grinsend.

»Nein, um Gottes willen, mein Freund. Ich mußte nur gerade an eine kleine Stadt namens Troja denken. Kennst du Troja? Das war auch mal eine blühende Stadt. Jetzt steht das meiste davon in Berlin im Museum.«

Aber ich *war* auf Seiten der verdammten Injuns. Oder Innu, wie sie lieber genannt werden. Sie schätzten es nicht sonderlich, daß die Flugzeuge der NATO dreißig Meter über ihren Köpfen die Schallgrenze durchbrachen (wer setzt die bloß wieder zusammen?), mit ihren mageren Pinocchio-Nasen Wettflüge direkt über ihren Lagerplätzen veranstalteten und ihre generelle Umweltzerstörungswut an ihren uralten Jagdgebieten ausließen. Die Innu, eine Horde zerlumpter Kerle, die der indianischen Sprachfamilie der Algonkin in Südamerika angehören, ziehen seit dem Ende der letzten Eiszeit auf der Halbinsel Labrador umher und sind wahrscheinlich die einzigen Indianer in den Vereinigten Staaten oder Kanada, die nie irgendeinen Vertrag mit den Weißen unterzeichnet haben – weder einen

Vertrag, in dem sie ihr Land für einen Teller dicke Gemüsesuppe abtreten, noch einen, in dem sie ihren Luftraum irgendwelchen auf dem neuesten Stand der Technik befindlichen Jets zur Verfügung stellen. Tatsächlich betrachten sich die Innu nicht einmal als kanadische Bürger. Ihre Heimat ist ein spärliches Toupet auf der kahlen Oberfläche des Kanadischen Schildes, den sie Ntesinan (Unser Land) nennen. Ihre Stammesmutter ist nicht Ihre Majestät, die Königin Elizabeth, sondern die Bisamratte; und ihr Vater ist der Amerikanische Vielfraß, der größte Räuber aus der Wieselfamilie. Doch die Bisamratten in Labrador sind von den Tieffliegern dezimiert worden, und die Amerikanischen Vielfraße hat man gejagt, bis sie fast ausstarben. Schon traurig, wenn man sich vorstellt, daß unsere Spezies bald in einem biologischen Waisenhaus leben wird.

Solche Leute haben zahlreiche Gründe, sich zu betrinken, und als sich draußen vor dem Eckladen ein Innu-Krieger namens Penote zu mir gesellte, der aussah, als wollte er sich betrinken, bot ich ihm etwas von meinem Molson an. Er nahm mit einem breiten, zahnlosen (Zucker, Mehl, Zivilisation) Lächeln an. Ich wußte, daß es ein armseliges Bier war, verglichen mit dem legendären selbstgebrauten Sprossenbier, das an sich schon einem Tiefflug gleichkommt. Erst kochen die Innu die innere Rindenschicht einer Rottanne eine Stunde lang, bevor sie sie mit einem Sud aus Hefe und Melasse vermengen; dann fügen sie Rosinen, Pflaumen, Vanilleextrakt, oder was sonst gerade zur Hand ist, hinzu und lassen das Ganze vier Stunden kochen. Ich habe von einem Mann gehört, der ein Fläschchen Schmerztabletten hineingeschüttet hat, und von einem anderen, der irgendeinen Puder gegen Fußschweiß hineinkippte. Nachdem man sich dieses Bier einverleibt hat, geht der Gärungsprozeß im Magen weiter.

Penote und ich plauderten oberflächlich über die Doppelzüngigkeit des weißen Mannes, als der nächste Flieger lärmend direkt über unsere Köpfe röhrte. *Bbrrrrrcccbhh!* Instinktiv duckten wir uns.

»Takutauat«, sagte Penote, wobei er das Innu-Wort für Goose Bay benutzte, »ist ein beschissener Ort.«

Ich nickte zustimmend. Wir beschlossen, irgendwo hinzugehen, wo die einzigen Räuber und Plünderer die von Gott geschaffenen Kriebelmücken waren.

Es gibt ein arabisches Sprichwort, das besagt, wenn es in deinem Land zu viele Straßen gibt, dann stirbst du. Falls das stimmt, dann haben die Bewohner von Labrador geographisch betrachtet die besten Voraussetzungen, ewig zu leben (ungeachtet der Phantomjäger), da es auf der ganzen Halbinsel nur vier Straßen gibt. Eine davon führt nach Westen zum Wasserwerk bei den Churchill-Wasserfällen und zum Smallwood-Reservoir. Eine morastige Schotterstraße durchschneidet die Gegend von Wabush mit ihren Erzminen und führt zur Endstation der Bahnlinie von Quebec in Esker. An der dritten Straße sind ein paar Fischerhäfen entlang der Belle-Isle-Straße im Süden aufgefädelt. Penote und ich nahmen die vierte, die am Ufer des Melville-Sees entlang nach Northwest River und zu dem Innu-Dorf Sheshashui führt. Wir gingen langsam und gemächlich. Es war so warm, wie es an einem Sommertag im subarktischen Kanada nur sein kann: eine geballte, feuchte, fast stickige Wärme, die allen Sauerstoff aus der Luft aufzusaugen und ihn in Gestalt von Kriebelmücken wieder auszuspucken scheint. Die Mealy Mountains auf der anderen Seite des Melville-Sees wurden von dem heißen Dunst zu einer rauchblauen Silhouette vor dem ebenfalls rauchblauen Himmel verwaschen.

Wieder röhrte ein Jet über unsere Köpfe und ließ die zusammengequetschte Luft donnernd zurück.

»Die Abgase von diesen Flugzeugen hinterlassen einen grünen Film auf dem Wasser«, sagte Penote, wobei er mit seiner Bierflasche himmelwärts wedelte. »Die Forellen schwimmen drin herum, und am nächsten Tag treiben sie mit dem Bauch nach oben. Und erst der Lärm! Die Biber trauen sich nicht mehr aus ihrem Bau. Enten und Gänse legen ihre Eier einen Monat zu früh. Die weiblichen Karibus haben Mißgeburten. Die Füchsin hat solche Angst, daß sie ihre eigenen Kinder auffrißt. Und die Stachelschweine haben alle Selbstmord begangen.«

»Hast du ein anständiges Gewehr? Hol doch ein paar von diesen Vögeln einfach vom Himmel runter.« Ich mußte an Farley Mowats liebsten Zeitvertreib als Kind denken, der darin bestand, daß er auf die amerikanischen Militärflugzeuge schoß, die über seine Heimat Neufundland hinwegflogen. Heruntergeholt hat er keines, aber vielleicht benutzte er das falsche Gewehr. Penote schüttelte traurig den Kopf. Die Mounties, die Königlich-Kanadische Reiterpolizei, hatten sein Gewehr nach einem Unfall, bei dem er seinen Schwager angeschossen hatte, eingezogen. Der eigentliche Unfall bestand vermutlich darin, daß er den Schwager nicht getötet, sondern ihm nur liebevoll eine Kugel ins Bein verpaßt hatte.

Sieben Meilen außerhalb von Goose Bay gabelte uns ein Mann von der Hudson Bay Company auf und nahm uns mit nach Northwest River. Ich teilte mir den Rücksitz mit einem messingfarbenen Köter, der einen unglaublich bedrohlich aussehenden Maulkorb trug.

Northwest River hatte mit seinen weißen Holzhäusern, die zurückgesetzt zwischen Lärchen lagen, und den mit blühendem Rittersporn gesäumten Gehsteigen den gepflegten Charme eines typischen Neuengland-Dorfes. Hier gab es Gärten, die zum erstenmal seit drei Monaten diese Bezeichnung auch verdienten; sie waren ein Vermächtnis von Lord Strathcona (Donald Smith), dem Begründer der Canadian Pacific Railway, der in den achtziger Jahren des letzten Jahrhunderts hier gelebt und den Einheimischen beigebracht hatte, wie sie dem nicht unbedingt großzügigen Erdreich Gemüse abringen konnten.

Sheshashui auf der andern Seite des Flusses, nach dem Northwest River benannt ist, besaß überhaupt keine Gärten. Als eine Art Zwischenstation für die Innu, die sich derzeit nicht im Busch aufhielten, sah es aus wie eine Kreuzung zwischen einem Appalachendorf und einem Zigeunerlager, die durch ein Erdbeben erschüttert worden war. Segeltuchzelte standen neben unisolierten, vom Staat gebauten Siedlungshäuschen, die, wie es schien, aus Gleichgültigkeit demoliert worden waren (ich glaube, ich hätte meines auch demoliert).

Die Abfälle ringsum ließen vermuten, daß die Innu bei den Grönländern Nachhilfeunterricht in Landschaftsgestaltung genommen hatten. Laufflächen von Schneeschlitten, schartige Benzinfässer, Pappkartons, defekte Außenbordmotoren, Knochen, Bierdosen, Kronkorken und Kleidungsstücke – alles wurde ohne irgendwelche Skrupel einfach weggeworfen. Ein Haufen Pampers hie und da bewies, daß die Innu mit der Zeit Fortschritte machten: Früher benutzten sie Rentierflechten anstelle von Windeln. Und noch nie habe ich irgendwo solche Mengen von Würstchendosen gesehen. Sie nahmen wahrhaftig gigantische Ausmaße an. Merkwürdigerweise sah ich während meines Aufenthalts in und um Sheshashui nicht ein einziges Mal jemanden, der Wiener Würstchen aß, woraus ich schloß, daß es sich bei den Dosen um winterharte Pflanzen handeln mußte, die dieser außergewöhnliche Gärtner Lord Strathcona gesetzt hatte.

Penote bot mir für den Rest meines Lebens einen Schlafplatz bei seiner Familie an, vorausgesetzt, sie müßten nicht für mich kochen. Er wohnte mit seiner Frau Annette, drei herrlich verdreckten Kindern und einem sabbernden Säugling in einem kleinen Fertighaus. Eine ganze Innenwand war mit Glanzpapierplakaten vom Papst beklebt – ein Tribut an die Laienbrüder, die die Innu von dem Glauben an Weissagungen aus Schulterblättern befreit und ihnen zu einem Glauben an Weihwasser und Transsubstantiation verholfen hatten.

Mir stieg nicht nur der Geruch von ungewaschenen Körpern in die Nase, sondern auch der von Nachttöpfen.

»Recht gemütlich«, meinte ich, »aber wann leert ihr eigentlich eure Jauchekübel aus?«

»Erst wenn sie voll sind«, antwortete Penote.

Statt sein freundliches Angebot anzunehmen, beschloß ich, mein Zelt auf einer kleinen Kuppe südwestlich von Sheshashui aufzuschlagen. Es war ein hübsches, ruhiges Fleckchen, ein geeigneter Zufluchtsort nach der turbulenten Zeit des Umherwanderns. Ich tappte barfuß auf den Rentierflechten herum, einer ungeheuer üppigen, flauschigweichen Flechtenart, auf der die Fußabdrücke tagelang sichtbar bleiben. Ich scheuchte Dutzende von Kanadischen

Rebhühnern auf; sie flogen auf benachbarte Äste, wo sie dann hockten und mich erstaunt angackerten. Und ich las Dillon Wallaces quälenden Bericht über die unglückliche Hubbard-Expediton im Jahr 1903 von Northwest River zur Ungava Bay mit dem Titel *The Lure of Labrador Wild* (Die Lockungen der Wildnis von Labrador). Die Expedition – bestehend aus Leonidas Hubbard junior, einem New Yorker Naturliebhaber und gelegentlichen Sonntagsschullehrer, Dillon Wallace, einem Rechtsanwalt, und George Elson, ihrem indianischen Führer, einem Cree-Halbblut – scheiterte beinahe auf Anhieb, da die drei den Susan Brook irrtümlich für den Neskapi River hielten, die übliche Innu-Route ins Landesinnere. Ihre erste mühsame Kanufahrt den Susan hinauf nahm zwei qualvolle Wochen in Anspruch, machte das Tragen der Kanus über Portagen erforderlich, was an sich schon kleinen Expeditionen gleichkam, und brachte sie schließlich nicht mehr als vierundzwanzig Meilen weiter. Nachdem sie den Susan verlassen hatten, zogen sie auf der Suche nach dem Michikimau-See im Ödland herum, wobei sie sich immer mehr und immer hoffnungsloser verirrten. Je näher der Winter rückte, um so verzweifelter irrten sie umher. Das Land, das ihnen ihren anfänglichen Fehler nicht verzieh, hatte ihnen nur eine Hungerkost aus ausgekochten Rentierhufen und Geweihen anzubieten. Wallace und Elson gelangten letztendlich mehr tot als lebendig nach Northwest River zurück, doch Hubbard starb in der winterlichen Einöde. Sein Tod war ein Denkmal für ein unglückliches Schicksal und eine Tapferkeit, die ihre Kraft aus Kiplings Poesie und der Bibel bezog.

»Hätte Hubbard einen alten Labradortrapper dabeigehabt«, sagte Gordon Maclean, selbst ein alter Fallensteller, einmal zu mir, »wäre er nie im Leben verhungert. Nein, Sir. Das hat's noch nie gegeben, daß ein Labradortrapper verhungert ist oder seine Kumpel verhungern lassen hat. Haben Sie schon mal Stachelschwein gegessen? Also das ist das köstlichste Fleisch, was es gibt. Schon mal Luchs gegessen? Schmeckt genauso wie Truthahn...«

In der Zwischenzeit trieb Penote einen flotten Handel mit Biberdrüsen. Obwohl jeder Trapper auf seinen eigenen Lieblingsköder schwört (Katzenminze, Aftershave, Fischtran und so weiter), bevorzugen die meisten Innu offenbar Penotes Spezialmischung aus zwei Teilen Biberdrüsen auf je einen Teil Wintergrün und Old Spice. Ich habe mir sagen lassen, daß Marder diese Mischung so gerne mögen, daß sie, wenn sie sich einer Falle nähern und ein anderes Tier dort sehen, am Fallengürtel entlanglaufen, bis sie eine freie Falle entdekken, ganz begierig darauf, eingehüllt in den Duft der Biberdrüsen zu sterben. Die Innu müssen sich wegen der immensen Abnutzung in der Wildnis von Labrador jedes Jahr einen neuen Schneeschlitten anschaffen, und ein paar hochwertige Marderpelze, als Zobel deklariert, helfen da schon ein gutes Stück weiter. Dieser Betrug kommt einem als angemessene Rache für die Zeiten vor, in denen die Innu weiße Fuchspelze gegen unbezahlbare Kostbarkeiten wie leere Schmalzkübel eintauschten.

In Sheshashui hatte ich Wichtigeres zu tun, als einem Mann dabei zuzusehen, wie er seine Trinkgewohnheiten durch den Verkauf von Biberdrüsen aufrechterhielt. Ich mußte mir einen anderen Eingeborenen als Führer mieten, diesmal für den Weg zum Porcupine-Strand, einem Küstenstreifen, den meine wikingischen Vorgänger Furdurstrandir (Herrlichen Strand) genannt hatten. Auf ihrem Weg nach Süden waren sie endlos an dem weißglitzernden Sand entlanggerudert und glaubten sicher, daß sich dieser Strand ewig weiter so hinzieht. Er ist tatsächlich fast fünfzig Meilen lang, wurde jedoch nie von Strandfans entdeckt, denn um hierher zu gelangen, hätten sie mehrere aufregende Tage in einem Schnellboot über sich ergehen lassen müssen, gefolgt von einem langen Weg durch Wälder und Küstentundra.

Auch die Innu schienen den Porcupine-Strand nicht für sich entdeckt zu haben. Ihre Wanderungen im Hinterland führten sie in die entgegengesetzte Richtung, in das Land der Luftwaffe, und so hatte kaum einer von ihnen je von diesem Strand gehört. Und aufgrund eines ziemlich unangenehmen Zwischenfalls in jüngster Zeit war ich nicht allzu versessen darauf, an ihre Türen zu klopfen oder in ihre Zelte einzudringen. Ein junger Innu hatte den Job angenommen, das Haus eines Offiziers in Goose Bay an das Kabelfernsehen anzuschließen, doch seine Freunde hatten ihn, weil er nicht nur für einen Weißen schuftete, sondern (das schlimmste aller Übel) für einen weißen Militär, derart verspottet, daß er den Job aufgegeben hatte. Er kam zurück und schlitzte das Zelt eines Freundes auf und den Freund, der sich zufällig im Zelt befand, gleich noch dazu. Plötzlich schien ich stellvertretend für den weißen Offizier zu stehen, und die ganze Angelegenheit war auf einmal *meine* Schuld. Ein Mann mit einer kräftigen Bierfahne und einer Mütze mit der Aufschrift FERTIGARSCHLOCH – NUR ALKOHOL ZUFÜGEN kam auf mich zu, bohrte mir einen Finger in die Brust und fragte mich, was ich in Sheshashui zu suchen hätte. »Wikinger«, antwortete ich. Jede andere Antwort hätte ihn vielleicht dazu veranlaßt, sein Messer herauszuziehen, doch diese schien ihn zu befriedigen; zufrieden rülpsend trollte er sich. Ein oder zwei Stunden später traf mich beinahe ein Brocken des Kanadischen Schildes am Kopf, jener gewaltigen Granitmasse, bei der es sich um die größte, offen zutage liegende Felsfläche aus dem Präkambrium handelt. Geworfen hatte ihn ein kleines Mädchen, vielleicht acht Jahre alt, das auf Geheiß von ein paar älteren Kindern zu handeln schien. Als ich sie ansah, lächelte sie scheu. Noch ein paar Jahre, und sie würde eine gute Partie für einen Mann abgeben, der sich unbedingt eine Gehirnerschütterung holen wollte.

Allmählich bezweifelte ich, daß ich einen Führer finden würde. Doch irgendwann eines Abends kreuzte Penote mit einem Mann in meinem Zelt auf; er war etwa fünfundfünfzig, hatte Säbelbeine, einen breiten Brustkorb, eine ledrige Haut und vorwiegend asiatische Gesichtszüge, die auf eine Reise seiner Vorfahren vor etwa 15000 Jahren über die Beringstraße schließen ließen. Trotz der kühlen Luft trug der Mann nur Jeans und ein T-Shirt. Er wurde mir als George Apatet, ein ganz außergewöhnlicher Führer, vorgestellt, der ansonsten Großwildjäger, die es auf Schwarzbären abgesehen hatten, in den Busch begleitete. George sagte, er wurde mich zum Porcupine-Strand bringen, wenn er unterwegs ein paar ausgetrocknete Flußtäler, in denen es viele Beeren und möglicherweise auch viele Bären gab, auskundschaften könne. Die Beeren seien jetzt gerade reif. Ja wirklich, sehr reif. Er zeigte auf Penote. So reif wie die Nase in diesem betrunkenen Indianergesicht.

Ich erzählte George von meinen Reisen im Nordatlantik. Sooft ich einen Ort erwähnte, den ich aufgesucht hatte, schnalzte er erstaunt mit der Zunge. Er hatte nie einen Schritt aus Labrador herausgetan, und sein sehnlichster Wunsch war, einmal eine Kuh zu sehen.

4. September. Ein aus merkwürdigen Elementen zusammengesetzter Tag, wie eine schlechte Kopie eines Bergman-Films, bleiern und dunkel, mit einem so feinen Dunst, daß man ihn nur erkennen kann, wenn einzelne Sonnenstrahlen ihn von hinten beleuchten. Georges sieben Meter langes Motorboot bahnt sich den Weg in schmale Buchten und steuert an hügeligen Inseln vorbei, die mich in ihrer Gesamtheit an die Küste von Maine erinnern, ein Fries aus lauter Wald und Fels, den die zurückweichenden Gletscher abgescheuert haben. Viele Bäume entlang dieser Küste sind vom winterlichen Eis, das jedes Jahr aufbricht, nach hinten gebogen worden: Das Eis schiebt sich ruckartig aufs Land hinauf, wirft mit seinem Gewicht um sich und schüchtert die Bäume so ein, daß sie entsetzt zurückweichen. Irgendwann machen wir an einem vergammelten Pier fest und gehen eine Meile landeinwärts, um die alte spitzgieblige Schutzhütte eines Fallenstellers aufzusuchen, neben der eine einzelne, schon fast protzige rote Lorbeerrose steht, die Labradors gelegentlichen Bestäubern ihre Reize anpreist. Keine lärmenden NATO-Flugzeuge sind in Sicht. Auch keine Bären. Dafür aber ein paar Haufen uralten Bärenkots, weiß wie Talkum.

Außerhalb von Waterton Lakes in Alberta sah ich einmal einen Grizzlybären aufrecht gehen und war verblüfft, wie sehr er einem übermäßig zotteligen menschlichen Wesen glich. George behauptet, diese Ähnlichkeit verstärke sich noch, wenn man einem toten

Bären das zottige Fell abzieht. Ohne Fell gleicht der tote Leib eines Baren auf verblüffende Weise dem eines Menschen – die Innu sahen in einem solchen Kadaver ihr Spiegelbild und hatten die Angewohnheit, sich in seinem Beisein hinzusetzen und ihre Pfeifen zu rauchen (dem toten Bären steckten sie ebenfalls eine Pfeife voll Tabak ins Maul). Unverheiratete Frauen wurden nicht für würdig erachtet, einen Bärenkadaver auch nur anzusehen, und nur Männern war es gestattet, Fleischstücke davon abzuschneiden. Der Schwanz durfte unter keinen Umständen abgetrennt werden, sonst wäre der Geist des Bären beleidigt gewesen und hätte sich im Leben nach dem Tod, das ihm mit den menschlichen Wesen gemeinsam war, gerächt. Die Innu vermuteten, daß Bären ihre Sprache verstanden, sowie einige von ihnen früher einmal in der Lage gewesen waren, fließend Bärisch zu sprechen. Aber diese Fähigkeit war ihnen inzwischen abhanden gekommen. George kennt nur einen etwa hundert Jahre alten Mann, der einräumt, ein paar Grunz- und Schnaublaute der Bärensprache zu kennen.

Zurück zur Hamilton-Einfahrt. Noch mehr Inseln, die im Bauch des Gletschers ausgebrütet wurden und jetzt tief im Wasser liegen wie träge Wale mit ein bißchen Gestrüpp auf dem Rücken. Vielleicht ist Thorvald Eriksson auf einer dieser Inseln mit Georges Vorfahren zusammengeprallt. Ich äußere George gegenüber diese Vermutung, aber die einzigen Wikinger, von denen er je gehört hat, sind die aus Minnesota; allerdings glaubt er, daß Minnesota im Staat Los Angeles liegt. Während wir uns unterhalten, hebt er seine Schrotflinte, pflückt eine Kanadagans mit schwarzbestrumpftem Hals vom Himmel und befördert sie schwungvoll vom Wasser ins Boot, was dazu führt, daß er seine Zigarette auf den Treibstofftank fallen läßt. Die Möglichkeit, daß diese vergammelte Gauloise meine Fahrkarte zum Leben nach dem Tod sein könnte, kreuzt meine Gedanken, aber im Norden ist der Tod so sehr dem Zufall überlassen – erzürnte *qivigtut,* kleine Mädchen, die mit Felsbrocken um sich werfen, eine Fahrt den falschen Fluß hinauf –, daß ich ebensogut Angst vor Isobaren haben könnte. (Vor mehr als hundert Jahren wurden Reisende noch gewarnt: »Nimm dich in acht vor den schrecklichen Isobaren.«)

Wir kampieren an einem Ort, der Baikie's Creek (Baikies kleine Bucht) heißt. Die kleine Bucht scheint ausgetrocknet zu sein, und auch von Baikie ist weit und breit nichts zu sehen. Beim Abendessen erzählt mir George eine Geschichte aus der Zeit, in der alle lebenden Dinge dasselbe geistige Reich bewohnten:

Es war einmal ein Jäger, der ziemlich lange nichts gegessen hatte. Er wanderte durch die Wälder und das Ödland und gelangte schließlich in sumpfiges Gelände, wo er im Wasser einen Schwarm Gänse sah. »Brüder«, sagte er, »heute abend feiern wir eine große Party.« – »Einverstanden, Bruder«, antworteten die Gänse. In dieser Nacht versammelten sie sich alle auf einer kleinen Lichtung, und der Jäger sagte zu den Gänsen, sie sollten die Augen schließen, denn er wolle seine Trommel schlagen. Während er trommelte, tanzten die Gänse ums Feuer. Und während sie nacheinander an dem Jäger vorbeikamen, packte er eine nach der anderen und drehte ihr den Hals um. Schließlich begriff der Anführer der Gänse. »Brüder!« kreischte er. »Unser Bruder bringt uns um!« Und da öffneten die paar, die noch übrig waren, ihre Augen und flogen davon.

»Nach dieser Party«, sagt George und beißt kräftig in seine Gänsebrust, »waren die Innu und die Gänse keine Brüder mehr.«

5. September. Eskimo Island: ein knubbeliger unbewohnter Klumpen Land am östlichen Halsansatz der Hamilton-Einfahrt. Eine Menge Treibholz liegt herum wie weggeworfene Unterschenkelknochen von Dinosauriern. Der Boden ist mit einem Heidekrautgewächs bedeckt, das Labradortee heißt und einen abscheulichen Tee ergibt; George behauptet allerdings, das Zeug ließe sich ausgesprochen gut rauchen, und rollt sich eine Teezigarette, um den Beweis anzutreten. Die Legende behauptet, auf Eskimo Island habe der letzte saftige Kampf – eine Schlacht, bei der Felsbrocken geworfen, Speere geschleudert und Äxte geschwungen wurden – zwischen den uralten Widersachern Labradors stattgefunden, den Inuit und den

Innu. Doch auch kürzlich fand hier ein Kampf statt: Vertreter der beiden Gruppen (die Inuit kamen aus Nain) wurden zu einer Bürgerversammlung zusammengeholt, bei der es um Tiefflüge ging. Auf der Stelle sprangen sie sich gegenseitig an die Kehlen, statt gemeinsam auf die bösartigen Donnervögel loszugehen. Sie benahmen sich genauso wie ein halbverhungerter Rotfuchs und ein halbverhungerter Polarfuchs, die einen Brocken köstliches Aas ignorieren und sich bekämpfen, bis einer auf der Strecke bleibt und das ethnische Vorurteil über das nackte Überleben triumphiert.

Das wärmere Wetter hat wieder Unmengen hungriger Kriebelmücken hervorgebracht. Wie bei den Stechmücken beißen auch hier nur die Weibchen, eine Tätigkeit, die sie mit hurenhafter Hemmungslosigkeit ausüben, um Eiweiß für ihre Eier zu bekommen. Eines jedoch kann man zur Verteidigung der Kriebelmücke sagen, nämlich daß sie im besten Sinne des Wortes konservativ ist, wild entschlossen, um jeden Preis – oft unter Aufopferung des eigenen Lebens – die Wildnis zu bewahren, indem sie die großen weißärschigen Menschenwesen verjagt, so daß Labrador auch weiterhin eine einsame Gegend bleiben wird. (Ich habe mir sagen lassen, daß Bodenschatzschnüffler am anfälligsten sind, obwohl sie sich mit Schleiern, Netzen und Handschuhen rüsten.) Dafür zumindest sollte man die Kriebelmücke zum Wappentier dieser Region erklären. George meint, man müsse einfach nachgeben und sie samt Histaminschock und allem als eine Grundgegebenheit des Lebens akzeptieren. Selbst jetzt kümmert er sich nicht mehr um sie als um einen feinen Nieselregen. Sein Gesicht ist ein Mosaik aus Kriebelmücken, aber trotzdem steht er gelassen an der Meerenge zwischen Eskimo Island und Henrietta Island und zieht eine vom Meer angespülte Forelle nach der anderen aus dem Wasser. Als ich ihn frage, was er mit diesen ganzen Forellen vorhat, antwortet er: »Essen.«

Abendessen, bestehend aus köstlich schmeckenden Forellen und wie Sägespäne schmeckenden Kartoffelkeimen. Ein milder, verwirrender Abend. Wir unterhalten uns über den Ungava-Grizzly, in Labrador (höchstwahrscheinlich) seit 1914 ausgestorben; damals wurde ein letzter zerzauster brauner Pelz in die Herrnhuter Missionsstation in Makkovík gebracht. Georges Großvater war möglicherweise einer der letzten Menschen, die einen lebenden Ungava-Grizzly gesehen haben. Er beobachtete ihn um die Jahrhundertwende dabei, wie er mit der schieren Lust des Fleischfressers eine Rentierherde beäugte. Doch als dann die Feuerwaffen kamen, wurden so viele Rentiere getötet, daß der Grizzly seine Hauptnahrungsquelle einbüßte und als komplette Tiergattung im Jenseits landete.

Ein Gedankenspiel: Trennen wir ein paar tausend Quadratmeilen von Labrador für diesen Bären ab, um seinen zweifellos verdrossenen Geist zu besänftigen. Werfen wir alle menschlichen Wesen hinaus, die noch nicht von den Kriebelmücken verscheucht oder bei lebendigem Leib von der sogenannten Labradorbulldogge aufgefressen worden sind, einer Bremsenart, die zwar ungleich weniger verbreitet ist als ihre schwarzen Schwestern, dafür aber ungleich gewaltsamere Fleischwunden zufügen kann. Und hoffen wir dann verzweifelt, daß dieses großzügige Geschenk dem alten ausgestorbenen Kameraden zusagen wird und daß er sich in seinen Pelz hüllen und abermals durch das unfruchtbare Land stapfen wird wie in alten, fruchtbareren Zeiten.

6. *September*. Ein auflandiger Wind hält uns noch einen Tag auf Eskimo Island fest. Forelle zum Frühstück. Ich lausche dem bravourösen Orchester des Windes und lese ein bißchen in der von E. C. Carr geschriebenen Biographie des russischen Anarchisten Bakunin. Bakunin hatte offenbar die bedauernswerte Angewohnheit, chiffrierte Briefe zu verschicken und den Code in denselben Umschlag zu stecken. Außerdem zwang er sich dazu, verdorbene Lebensmittel zu essen, weil die russischen Bauern auch verdorbene Lebensmittel aßen. Ich frage George, was das Schlimmste sei, was er je gegessen habe. Ohne zu zögern antwortet er: Chips, die er sich aus seinen Schneeschuhen geschnitzelt hatte. Haben die Innu in alten Zeiten nicht Rentierlosung gegessen? Oh, sagt er, Rentierlosung schmeckt gar nicht schlecht, wenn man sie anständig zubereitet...

Wir fuhren durch die Klauen der Meerenge und kamen in Groswater Bay heraus und hangelten uns dann an der puzzleartigen Atlantikküste entlang nach West Bay, einem ehemaligen Fischerdorf, das jetzt größtenteils von der Küstentundra zurückgefordert wurde. Zusammen mit Hunderten anderer tropfenförmiger Außenhäfen fiel es in den fünfziger und sechziger Jahren dem Umsiedlungsprogramm für Fischer von Joey Smallwood, dem Premier von Neufundland und Labrador, zum Opfer, einer der G60-Politik in Westgrönland nicht unähnlichen Maßnahme. Mit gemeinsamer finanzieller Unterstützung von Staat und Gemeinden ging Smallwood das Problem der Umsiedlung von Landbewohnern mit einer militanten Ködertaktik an. Er stellte die Grundversorgung ein und bot den Bewohnern der Außenhäfen Arbeitsplätze und gleichzeitig besondere Anreize, wenn sie ihre Sachen zusammenpackten und in die vorgesehenen »Wachstumszentren« zogen. Smallwood, früher ein erfolgloser Schweinefarmer, glaubte, daß er die Fischer verstand; er glaubte, sie würden Fabrikarbeit und hygienische Fließbänder ihren stinkenden Gerätschaften vorziehen. Er irrte sich. Wie die verpflanzten Menschen in Grönland verabscheuten auch diese Vertriebenen ihre neue Umgebung aus tiefstem Herzen und nutzten jede verfügbare seetüchtige Einrichtung, um ihren angestammten gewachsenen Fels wieder aufzusuchen, und sei es nur für den Sommer.

West Bay und Fish Cove boten an diesem Küstenstreifen die einzig sicheren Liegeplätze, von denen aus man zum Porcupine-Strand gelangen konnte. George entschied sich für West Bay, weil er bei zwei alten Freunden vorbeischauen wollte, Stanley und Helen Mugford, Opfer der Smallwoodschen Säuberungsaktion. Obwohl sie offiziell Bewohner der Metropole Cartwright (685 Einwohner) weiter unten an der Küste waren, kehrten sie jeden Sommer hierher zurück, um an der Küste zu fischen, und lebten in demselben ehemals weißen, inzwischen grauen Holzhaus, das in alten Zeiten das ganze Jahr über ihr Zuhause gewesen war.

Wir vertäuten das Boot und kletterten eine felsige Böschung zu dem Haus hinauf, wo uns die Mugfords begrüßten. Beide schienen zu gleichen Teilen aus trockenem Humor und der bei Fischern üblichen Reizbarkeit zu bestehen.

»Wir sin weggegang, mein Junge«, erklärte mir Stanley, »aber wir komm immer wieder her, um unsere Herzpumpen anzukurbeln.« Er war ein vierschrötiger, grauhaariger Mann, der selbstgedrehte Zigaretten rauchte und mir erklärte, er hätte so viel über die Gefahren des Rauchens gelesen, daß er das Lesen völlig aufgeben mußte. Er haßte Goose Bay, er haßte Cartwright, und auch West Bay mochte er nicht mehr so gern – zu viele Langleiner.

»Diese Langleiner«, mischte sich Helen ein, »die warten doch nur un schaun, wo Kerle wie Stanley rumtanzen, un dann komm se in Scharen an. Un Netze ham diese Dreckskerle, mehr als drei Meilen lang.«

Mit ihrer dunklen Haut, ihrem Doppelkinn und ihrer Schrankfigur erinnerte sie mich an ein irisches Kesselflickermädchen, das ich einmal traf und das in einen Faustkampf mit einem Polizisten geriet und den armen Kerl so verdrosch, daß er mit üblen Blessuren im Krankenhaus landete. Helens Vorfahren waren, wie sie mir stolz erzählte, Neufundländer, Eskimos, Frankokanadier und Schotten, und alle hatten sie irgendwelche Spuren bei ihr hinterlassen.

Die Mugfords boten uns braunes Brot und geröstetes Immergrün an, das sie schlicht als »Gekräusel« bezeichneten. »Bei Gott«, röhrte Helen, »kein Bonbon schmeckt so gut als wie Gekräusel!« Wir saßen auf Hockern um einen alten Blechherd, dessen Tür mit kleinen Drahtschlingen an einer Angel aus Draht befestigt war und einen Griff hatte, der auch nur aus einer größeren Schlinge bestand. Früher einmal pflegten Fallensteller ihre Schutzhütten mit solchen Herden auszurüsten. Sie erwärmten sich schnell und strahlten eine ganz beträchtliche Hitze ab, die sie freilich ebenso schnell wieder verloren; Helen wuchtete sich andauernd hoch und warf Birkenscheite und getrocknetes Fichtenholz hinein, um seinen anscheinend unersättlichen Appetit zu stillen. Bei einer dieser Gelegenheiten hielt sie inne und schaltete einen Kurzwellensender ein, der eindeutig vornehmere Zeiten gesehen hatte und jetzt nicht einmal mehr senden konnte, nur noch empfangen. Wir kamen in den Genuß einer Unterhaltung zwischen zwei Lastwagenfahrern, die außerhalb von New York City in einem Verkehrsstau steckten. (»Scheiße, Mann, Blue Devil. Jetz sitz ich doch glatt schon zwei Scheißstunden in dieser Scheißunterführung fest. Over und Scheißende.«) Die Mugfords, achtzehn Meilen von den nächsten Nachbarn entfernt, schienen solch zufällige Kontakte mit ihren Mitmenschen nie sattzubekommen. Erst letzte Woche hatten sie einen Mann in Michigan aufgestöbert, der erklärte, er habe sich in die Funkkontrolle einer fliegenden Untertasse eingeschaltet.

»Porcupine, was?« sagte Stanley und drehte sich eine Zigarette aus Tabak, den er auf dem Ofenrohr angewärmt hatte. »Hab gehört, daß die Wikinger mal da warn, aber die sin inzwischen rar geworn. Dafür gibt's jetz ziemlich viel Bären dort. Un überall Bärenhaufen. Mordshaufen, sag ich dir, mein Junge. Mein lieber Schwan, wenn's irgendein gashaltiges Tier gibt, dann diese Bären. Haste mal ein von den furzen hören? *Heiliger Moses!«*

Helen sagte: »Hab mal ein Mann gekannt, der eim Bären beigebracht hat, Rum ausse Flasche zu trinken. Onkel Bert Saunders war das. Erinnerste dich an Onkel Bert, Stanley? Is erfroren, der arme Kerl, der.«

»Erinner mich gut an ihn, Mädchen«, sagte Stanley und drehte sich die nächste Zigarette.

»Solang ich leb, werd ich diesen Rum saufenden Bären nie nich vergessen.«

Zähe, großzügige, barsche, elementare Menschen. Ich ließ Stanley das Buch über Bakunin da; vielleicht brachte es ihn auf ein paar anarchistische Ideen, mit denen er den städtischen Winter in Cartwright überstehen konnte. Als Gegengeschenk wollte er mir einen alten Überschlagfunkenmotor verehren, den ich bewundert hatte, aber ich erklärte ihm, er würde leider nicht in meinen Rucksack passen, so daß er mir statt dessen eine Tüte Gekräusel mitgab.

Sodann machten George und ich uns wieder auf den Weg zu dem mit Bärenkot übersäten Porcupine-Strand, folgten zunächst einem

Pfad hinter der Mugfordschen Hütte, der sich nach wenigen Metern verlor und dann in Gestalt von Lemmingspuren im Moos wieder auftauchte. Während wir weitergingen, hörten wir die lauten, bussardähnlichen Pfiffe von zwei Blauhähern und sahen dann, wie sie sich um einen toten Lemming zankten. Wenig später kamen wir an einen vom Feuer verwüsteten Wald – geborstene Stämme, die zum Himmel wiesen wie dürre Finger, unheimliche, langgezogene Stumpfgesichter, über das ganze Gelände verstreute verkohlte Trümmer. George hatte gerade erzählt, daß er einmal sechs Wochen als Gehilfe beim Lachsfischen in einem Fischercamp am Eagle River verbracht hatte, und sich bitter darüber beklagt. Nie wieder, sagte er. Doch angesichts dieser indirekten Erinnerung daran, daß Menschen und Bäume dieselben sterblichen Wurzeln besitzen, verstummte er – wir verstummten beide. Das einzige Geräusch, das auszumachen war, stammte von einem Specht, der ein Loch in einen toten Stumpf hämmerte.

Nach ein paar Meilen gelangten wir an eine sumpfige Ebene mit Hunderten von Kannenpflanzen, deren Borsten in ihre hungrigen Schlünde zeigten. Ich sah einer Biene zu, wie sie hineinkroch und verschwand. Ein Stück weiter kamen wir an einen Flecken Moltbeeren *(Rubus chamaemorus)*, und ich bückte mich, um ein paar von diesen orangefarbenen Beeren zu pflücken. Die kleinen Steinfrüchte schmecken angeblich nach Bratäpfeln, doch der leicht faulige Beigeschmack, den sie selbst dann haben, wenn sie noch nicht ganz reif sind, erinnert mich eher an schmackhafte, angegorene blutrote Kirschen.

Inzwischen hatte George einen Pfad aus Bärenspuren entdeckt, die sich an einem hohen, trockenen Grat entlang deutlich bis zu dem Fleckchen Moltbeeren abzeichneten. Bären sind faule Wanderer und folgen lieber ausgetretenen Pfaden (noch eine Ähnlichkeit mit dem Menschen?), als sich neue Wege zu bahnen. Auf diesem Pfad lagen zahlreiche Bärenhaufen voller Beerensamen und sahen für den oberflächlichen Betrachter aus wie ein Gemisch aus schwarzem und rotem Kaviar. George wirkte recht zufrieden, obwohl wir uns inzwischen in einer für seine Großwildjäger viel zu entlegenen Gegend befanden. Er bückte sich und hob einen angetrockneten Klumpen Bärenkot auf, betrachtete ihn eingehend und sagte: »Dieser Bär frißt auch Ameisen.« Während er mit dem Klumpen Scheiße in seiner ausgestreckten Hand dastand, wirkte er wie von einer merkwürdigen Harmonie beseelt, so als würde er plötzlich seine Verwandtschaft mit dem Bärenreich erneuern. Dann legte er den Haufen behutsam wieder auf die Erde.

Wir trotteten über ein Tundramoor voller Torfmoos und Riedgras, das sich nach Osten zum Meer hin ausdehnte, und dann endlich kamen wir am Porcupine-Strand heraus – ein bemerkenswerter Anblick! Der Strand erstreckte sich scheinbar endlos über die ganze Länge der löffelförmigen Landzunge von Cape Porcupine, Meile um Meile ehemaliger Fels, vom Eis an der Küste zu Sand zermahlen und dann an Land gewaschen, der vielleicht längste, verlassenste und auf atemberaubende Weise touristenleerste Strand der Welt. Gelbe Sandkörner blinkten und glitzerten, obwohl der Himmel dunkelgrau war. Nach den neutralen Farben des Tundramoors schmerzte meine Netzhaut von diesem Glitzern. Doch nachdem wir in soviel Moos eingesunken waren, bereitete es ein erhebliches Vergnügen, in Sand einzusinken.

Als George und ich den herrlichen Strand entlanggingen, entdeckte ich noch mehr Bärenkothaufen, außerdem mehrere tote Weißwale, die bei den Baren zweifellos als kulinarische Leckerbissen galten. Ich entdeckte auch Spieren und Planken von längst veralteten Segelschifftypen, außerdem die üblichen Aluminiumdosen, Spülmittelflaschen, Gummistiefel, Gummihandschuhe, zerrissenen Netze, zusammengeknüllten Plastiktüten und Synthetikseile. Zu meiner Bestürzung sah ich immer wieder auch klaffende Krater im Sand. Sie waren offensichtlich nicht wikingischer Herkunft – es sei denn, die Wikinger hätten Flugzeuge besessen, die schwere Geschütze transportieren konnten. Bald fand ich auch Blechreste, Bombenhülsen und verrostete Granatsplitter, die zum Teil an Autoersatzteile erinnerten, während andere eher wie zusammengekrümmte menschliche Körper aussahen. Ein wie ein Torpedo geformtes Stück sah besonders furchterregend, ja fast lebendig aus (meine Neugier reichte nicht aus, um herauszufinden, ob das zutraf).

Ich hatte keine Ahnung, woher dieser ganze militärische Schrott kam. Vielleicht stammte er von Kain. Es war schon schlimm genug, daß er seinen Bruder getötet hatte, doch als Gott ihm eine Art Bewährung gab und ihn nach Labrador verbannte, revanchierte er sich damit, daß er es zerstörte. Er hat den »herrlichen Strand« der Wikinger in ein ganz und gar unherrliches Schlachtfeld verwandelt, ein Anblick, mit dem man vielleicht in Vietnam, Libanon, Bull Run, an der Somme oder womöglich sogar in Narsarssuaq rechnen würde, nicht aber an einem Ort, der so weit von dem üblichen Gezänk der Menschen entfernt liegt wie dieser hier.

George hatte im Busch nordwestlich von Sheshashui schon überall Rauchbombenattrappen herumliegen sehen, so daß er auf dieses ganze Eisenzeug ziemlich gelassen reagierte. Er bückte sich und hob – Wunder über Wunder! eine Tamponhülse auf. Ich hatte meine Aufmerksamkeit so ausschließlich auf das andere Gerümpel gerichtet, daß ich gar nicht bemerkt hatte, daß diese Dinger überall auf dem Strand herumlagen, wenn auch nicht in solcher Dichte wie am River Beach unmittelbar nördlich von Boston (wo sie Junge zu kriegen scheinen). Es ließ sich nicht feststellen, woher diese hier stammten – Goose Bay? Montreal? Qaqortoq in Grönland? – oder wie lange sie auf der Suche nach einem geeigneten Landeplatz auf hoher See herumgehüpft waren; heutzutage schwemmt die Spezies Mensch so viele Abfälle ins Wasser, daß sich anhand der Meeresströmungen um kein Haar besser darauf schließen läßt, woher etwas stammt oder wo es landen wird, als anhand von Sternkarten.

»Wie heißen diese Dinger eigentlich bei euch?« fragte George.

»Strandstifte. Tamponhülsen.«

»Wir nennen sie die Birkenrinde des armen Mannes. Sie geben ein ausgezeichnetes Feuer. Im Regen brennt Plastik sehr viel besser als Holz.« Und dann ging er daran, einen ganzen Haufen davon zu sammeln, außerdem andere Plastikabfälle wie Benzinkanister und Reinigungsmittelflaschen; das alles mischte er mit ein paar verwitterten Treibholzstücken und hatte im Nu ein prasselndes, wenn auch etwas stechend riechendes Feuer. Wir setzten uns davor wie vor ein anheimelndes kleines Lagerfeuer, und George begann mir von seinem Sohn und dessen magerer Ausbeute an Bisamratten zu erzählen, die letztes Jahr von fünfundsiebzig auf zwanzig gesunken war, weil die NATO-Jets die Bisamratten dazu trieben, Selbstmord zu begehen.

»Selbstmord?«

»Ja. Sie legen sich einfach auf den Rücken und sterben.«

Nach etwa einer Stunde begann es zu regnen, ein kalter anhaltender Nieselregen, der von der grauen Labradorsee hereinrollte und unserem Tag am Strand ein vorzeitiges Ende bereitete.

Später in Goose Bay fragte ich Colonel Jonathan David vom Luftwaffenstützpunkt, ob er etwas über die Herkunft der Bomben am Porcupine-Strand wußte. Da er aus Ottawa stammte, wußte er gar nicht, wo der Porcupine-Strand lag, meinte aber, die Bomben seien möglicherweise von den Amerikanern in den alten Zeiten abgeworfen worden, in der Luftkriege noch mit strategischen Waffen geführt wurden. Für NATO-Flugzeuge sei die Küste tabu, behauptete er. Anschließend ging ich zum Hafenmeister, der glaubte, es könnte sich um alte Minen aus dem Zweiten Weltkrieg handeln, die vor langer Zeit an Land gespült worden waren. Aber sicher war er nicht, und das Vorhandensein des torpedoähnlichen Gegenstandes – ganz offensichtlich keine Mine –, den ich bei den anderen rostigen Geschützen hatte stecken sehen, konnte er mir auch nicht erklären. Niemand wußte etwas Genaues. Und so änderte ich nach einiger Zeit meine Meinung über Kain und entschied für mich, daß dieses ganze Eisenzeug einfach dort wuchs, genau wie die Wiener-Würstchen-Dosen: eine neue Spezies von Metallpflanzen, wie es sich für Kriegszeiten gehört.

13 Der einsamste einsame Ort

15. September. Wieder auf der *Sir Robert Bond*. Ein nebliger Tag. Wir fahren dieselbe Strecke, die ich mit George zurückgelegt habe: durch die Meerenge, in die Groswater Bay und dann die Küste hinunter. Sobald wir das offene Meer erreichen, treibt uns die kräftige, südversetzende Strömung des Labradorstroms, der den Golfstrom nach Island ablenkt, rasch voran. Eine Herde Pilotwale folgt uns, sammelt sich an Steuerbord, taucht unter und an Backbord wieder auf, taucht wieder unter und kommt an Steuerbord an die Oberfläche. Die älteren Tiere tauchen mit einem behäbigen *Wuusch* wieder auf; die jungen spritzen hoch wie Sektkorken. Einer von der Crew sagt mir, daß die Neufundländer diese Wale wegen ihrer Kopfform als »Topfköpfe« oder Pottwale bezeichnen, wobei es offensichtlich sei, daß diese Topfköpfe hier besoffen seien.

Wir legen kurz in Cartwright an, wo eine Familie an Bord kommt, deren Mitglieder – Vater, Mutter, Sohn und zwei Töchter – allesamt wie Abraham Lincoln aussehen. Ein anderer neuer Fahrgast, ein Mann aus Toronto, erzählt mir, er habe den Sex aufgegeben, weil er befürchte, von soviel Reibung Krebs zu bekommen. (Sein Ventil, erklärt er, sei Taekwondo). Als das Boot ablegt, bemerke ich eine Begräbnisprozession, die sich aus einem Kirchhof schlängelt, während sich eine zweite Prozession, lauter Kinder, aus einem trist aussehenden Schulgebäude aus Beton schlängelt.

Muddy Bay: Dort besaß der Nahrungsmittelmagnat Clarence Birdseye eine Fuchs- und Zobelfarm und wurde von einem Einheimischen namens Garland Lethbridge in die Geheimnisse des Tiefgefrierens eingeweiht (erst Fisch, dann Kohl). Später machte Birdseye mit diesen Geheimnissen ein Vermögen. Doch in Wirklichkeit ist Garland Lethbridge derjenige, dem die Liebhaber gefrorener Brokkoli, Frühlingsrollen und TV-Dinner Anerkennung schulden.

Eisiger Nebel. Mehr Topfköpfe. Vor der Küste auf Grund gelaufene Eisberge. Vor der Küste nicht auf Grund gelaufene Eisberge. Eisberge wie grandiose Himalajagipfel. Eisberge wie kleine irische Moränenhügel. Eisberge wie die Ausläufer der Rockies. Kein Wunder, daß diese Schiffsroute auch als Eisbergallee bezeichnet wird und eine ehemalige Küstenfähre, die *MV William Carson* sank, nachdem sie von einem massigen Alleebewohner gerammt worden war.

Verließ die *Bond* in St. Anthony (2900 Einwohner), »Hauptstadt« der großen Nordhalbinsel von Neufundland und Lambarene des Nordens. Hier richtete Sir Wilfred Grenfell zu Beginn unseres Jahrhunderts seine erste Missionsstation ein. Wie Albert Schweitzer heilte Grenfell die Kranken, machte Werbung für Christus und verbot den Alkohol. Und nicht nur den Alkohol; er versuchte auch das Spucken zu verbieten, in seinen Augen eine prophylaktische Maßnahme, mit der sich möglicherweise die hohe Tuberkulosequote verringern ließ. Er setzte saftige Prämien für Fußmattenhändler aus, auf deren Abstreifern statt des üblichen »Gott segne unser Haus« »Nicht spucken« stand. Heute ist St. Anthony die Heimat des Wikinger-Einkaufszentrums, des Wikinger-Waschsalons, der Wikinger-Bibliothek und des Vinland-Motels. Es ist außerdem die Endstation der Wikinger-Route (der ehemaligen Leif-Eriksson-Autobahn), von der Provinz eigens deshalb eingerichtet, um das Häufchen Seefahrer aus Grönland zu ehren, das vor langer Zeit an dieser Küste vor Anker gegangen war.

Die große Nordhalbinsel ragt aus dem restlichen Neufundland wie ein langer vorwurfsvoller Finger hervor, der in Richtung Norden nach Grönland weist. Hier tut sich der Labradorstrom mit den Landwinden zusammen und verwandelt die Halbinsel in eine Schlechtwetterregion, in der es zugeht wie in einer Schießbude; dazu kommen noch die Westwinde vom St.-Lorenz-Golf, die rauh über ihre ohnehin schon zernagte Oberfläche fegen; und die Long Range Mountains trennen sie von der restlichen Provinz ab. Die erste Straße, des Teufels Autobahn genannt, entstand in den sechziger Jahren und galt auf der Stelle als schlimmer als die vorher überhaupt nicht vorhandene Straße. Bis Mitte des letzten Jahrhunderts gab es auf der Halbinsel keine festen Ansiedlungen, sondern je nach Jahreszeit bestimmte Stützpunkte, die französische Fischer aus St. Brieuc, St. Malo und St. Jean-de-Luz errichteten. Dann gingen die Franzosen dazu über, einheimische »Gärtner« anzustellen, die sich im Winter um ihre Ausrüstung kümmerten; auf diese Weise entstanden die ersten schäbigen Dörfer auf der Halbinsel. Diese »Gärtner« waren zumeist vom selben Schlag wie die Männer, die sich im übrigen Neufundland niedergelassen hatten: Deserteure aus der britischen Marine, glücklose Fischer aus Devon und Cornwall, noch glücklosere Opfer der Kartoffelhungersnot und Männer, die vor dem Arm der Gerechtigkeit geflohen waren. Mit einem Wort: jene Sorte Menschen, die es fertigbrachten, ihre unerbittlichen Gene in diese unerbittliche Landschaft zu integrieren und so zu einer Art Harmonie zu gelangen. Ihre Nachkommen leben bis heute auf dieser Halbinsel, und nicht wenige von ihnen harren hier, mehr schlecht als recht, ohne Existenzangst am Rande der Gesellschaft aus, wo sie ihre Dorys, Boote von Nußschalenformat, durch die schneidenden Winde des zwanzigsten Jahrhunderts jagen.

In einen dieser kleinen Außenhäfen, L'Anse aux Meadows (eine englische Verballhornung von L'Anse aux Meduse – Quallenbucht) an der äußersten Nordspitze der Halbinsel verschlug es im Jahr 1960 den norwegischen Forscher Helge Ingstad, nachdem er auf der Suche nach Leif Erikssons Vinland bereits einen großen Teil der östlichen Meeresküste von Labrador bis Neuengland abgegrast hatte. In den Sagas wird Vinland als eine Gegend beschrieben, die vor allem wegen ihrer wildwachsenden Trauben und/oder Beeren bemerkenswert ist, je nachdem, wie man das Wort »vin« interpretiert. In der Vergangenheit war anscheinend jeder Witzbold, der in seinem Hinterhof irgendwelche Felsinschriften entdeckte, sowohl willens als auch in der Lage, Vinland für sich zu beanspruchen. Doch Ingstad ging bei seiner Suche nicht nur gründlicher, sondern auch mit größerem persönlichem Engagement vor (er hatte ein angestammtes Interesse an den Wikingern), und seine Denkweise war von den vielen Jahren, die er in Alaska und Ostgrönland zugebracht hatte, gut auf die Landschaften des Nordens eingestimmt. In L'Anse aux Meadows fand er genau die Grasdecke, die die Wikinger für ihre Schafe und Rinder gebraucht hätten. Er entdeckte Inseln, Flüsse und einen See, der ziemlich genau den Beschreibungen von Vinland in den Sagas entsprach. Und er tat einen Bauern und Fischer namens George Decker auf, der ihn in seinem kräftigen Newfie-Akzent mit Geschichten von Männern und Frauen in merkwürdigen, altmodischen Trachten beglückte, die plötzlich aus dem Nichts auftauchten und den Einheimischen beim Heuen halfen.

Einen Menschen, der eine gute Gespenstergeschichte erzählen kann, sollte man nie links liegen lassen. Und so befaßte sich Helge Ingstad mit George Decker, der ihn zu einer Anhäufung grasbewachsener Hügel (Decker nannte sie »Indianerlager«) führte, die auf einer elliptischen Fläche oberhalb von Wreck Bay lagen. Sie waren vielversprechender als andere grasbewachsene Buckel, die sich Ingstad entlang derselben Küste angesehen hatte. Und sie hielten, was sie versprachen. Zwischen 1961 und 1969 nahmen Helge und seine Frau Anne-Stine, eine Archäologin, auf dem Gelände von George Deckers Weideland Ausgrabungen vor, bei denen acht Lehmhäuser, eine alte Mantelnadel, eine Knochennadel, etwas versteinertes Brot und das Schwungrad einer Spindel zum Vorschein kamen, das den noch heute in Norwegen benutzten Schwungrädern glich. Spätere Ausgrabungen lieferten den Nachweis dafür, daß sich vor, nach und möglicherweise während der Zeit der Wikinger frühzeitliche Seefahrer und Beothuk-Indianer hier aufgehalten hatten. Vielleicht hatten im sechzehnten Jahrhundert sogar baskische Walfänger ihr Lager auf George Deckers Grund und Boden aufgeschlagen, zweifellos ein Gelände, auf dem längst vergangene Zeiten und ihre multinationalen Geister widerhallten. Im Jahr 1978 erklärte die UNESCO Deckers Grund und Boden samt Umgebung zum Welteigentum, eine Entscheidung, die zumindest bei einigen unerbittlichen Bewohnern von L'Anse aux Meadows dazu führte, daß sie sich weigerten, jemals wieder eine Münze in eine UNESCO-Büchse zu werfen. Ein Mann drückte das so aus: »Unsere Väter haben von jeher auf diesem Grund und Boden gejagt und Fallen aufgestellt. Wenn wir hier nicht weiterhin jagen und Fallen aufstellen dürfen, dann zum Teufel mit den Wikingern...« Kein Zweifel, daß die Wikinger ihnen recht gegeben hätten.

In St. Anthony mietete ich mir ein Auto (ein Schritt, den ich nur damit rechtfertigen kann, daß es verbeult war und ich mich zu diesem Zeitpunkt selbst etwas zerbeult fühlte) und fuhr fünfunddreißig Meilen in Richtung Norden nach L'Anse aux Meadows. Auf dem Weg kam ich durch Außenhäfen wie Gricquet, St. Lunaire, Gunner's Cove und Noddy Bay – Dörfer mit tapferen Schindelhäuschen und grauen Stellings (Holzgerüsten) zum Fischen, die regungslos über die Ränder kleiner Höhlen und die unablässig anrollende See herabhingen. In Gricquet beobachtete ich ein ziemlich junges Mädchen in einem leuchtendroten Kleid, das fröhlich den familieneigenen Lastwagen abschrubbte. In der Nähe von St. Lunaire machte ich zum Mittagessen in einem Restaurant halt, das »Three Coarse Meals« (drei derbe Menüs anstelle von »Three Course Meals« – dreigängige Menüs) anbot.

In Anbetracht meiner Vorliebe für schlechte Straßen war ich nicht gerade begeistert, als ich feststellte, daß man gerade dabei war, die klassischen Waschbrettfurchen und den zahnlockernden Schotter der Neufundland-Straße 81 zu befestigen. In Zukunft würde es keine Geschichten mehr von Autos geben, denen ein und derselbe hochspritzende Stein Windschutz- *und* Heckscheibe zerschlug; keine Geschichten mehr von Felsen, die sich durch Bodenbleche bohrten; keine Geschichten mehr von gebirgsähnlichen Rinnen, hinter denen abgrundtiefe Schlaglöcher lauerten, die die Einheimischen als *yes ma'ams* bezeichneten. Auf lange Sicht würden auch diese kleinen Außenhäfen vom Niedergang des Westens erfaßt werden. Sie würden eine andere Art der Neubesiedlung erleben, nämlich die, die Joey Smallwood erfunden hatte: von Spillar's Cove zum Wikinger-Einkaufszentrum in einem schnellen Rutsch (gute Straßen schaffen gute Einkaufszentren). Und es war nur ein kleiner Trost, daß es der zweitklassige Schotter, den die Planiermaschinen verwendeten, nach wie vor schaffte, einem Autogetriebe hart zuzusetzen.

Noch war der Asphaltbelag nicht bis L'Anse aux Meadows vorgedrungen, das ganz am Ende der Schotterstraße lag und aus einem kunterbunten Durcheinander kleiner weißer Häuser mit Tundra im Rücken bestand, die tapfer auf die Labradorsee hinausblickten. Kein Mensch wäre je auf die Idee gekommen, sich hier niederzulassen, hätte es nicht einen Schutzwall in Gestalt von Great Sacred Island und Little Sacred Island gegeben, der die Medée Bay vor den zornigen Improvisationen der Nordatlantikstürme abschirmte. Und bis zum Jahr 1870, in dem George Deckers Großvater hierherkam, lebte außer dem buntgemischten Geistervölkchen auch wirklich niemand hier.

Unten an einem der Stellings warteten mehrere Fischer, noch im Ölzeug und hüfthohen Stiefeln, auf die Käufer, die jeden Tag von Gricquet herüberkamen. Einer von ihnen hatte eine Nase, die mich an den Schnabel eines Papageitauchers erinnerte; ein anderer Hände, die durch den jahrzehntelangen Umgang mit Haken und scheuerndem Tauwerk ganz aufgerissen waren; ein dritter sah ein bißchen wie ein Chirurg aus, der zu einer Wüstenratte verkommen war. Sie widmeten sich der in Neufundland beliebtesten Freizeitbeschäftigung: Sie erzählten sich Newfie-Witze.

»Kommt ein Sozialarbeiter in unsere Gegend und klopft an eine Tür. Ein junges Mädchen macht auf. ›Kann ich deinen Vater sprechen?‹ fragt er. ›Der 's nicht daheim, der 's im Kittchen‹, sagt das Mädchen. ›Und wie steht's mit deiner Mutter?‹ – ›Die Mutter, die 's inna Klapsmühle.‹ – ›Hast du vielleicht Brüder?‹ – ›Ja, Sir, da hab ich drei. Tom, Dick und Harry.‹ – ›Kann ich vielleicht mal mit denen reden?‹ ›Also, dassis so: Tom, der 's wie der Vater, der hockt im Kittchen.‹ – ›Und wie steht's mit Dick?‹ – › Also Dick, der 's ganz wie die Mutter, der 's inna Klapsmühle.‹ – ›Und Harry?‹ – ›Mit dem könn's nicht reden, denn der Harry, der 's in Harvard.‹ – ›In Harvard!? Was studiert er denn?‹ ›Ach nee. Studiern tut der nicht – die studiern *ihn*...‹«

Sie lachten. Ich lachte. Die über dem Hafen kreisenden Dreizehenmöwen lachten. Sogar der kleine tote Hai, der auf dem Pier lag, schien zu lachen. Denn zurückgebliebene Leute (Newfies, Polacken, Kerrymen und Hafnarfjörðuraner) sind – sogar für sich selbst – die Hauptverdächtigen in einem Zeitalter, in dem die nationale Selbstachtung gerne an technischen Bravourstückchen im All gemessen wird. Kein Neufundländer ist jemals auf den Mond gefahren, es sei denn auf gesundem Weg – durch ein Übermaß an Alkohol.

In den Außenhäfen wie L'Anse aux Meadows fischen die Neufundländer, immer zwei in einem Dory, nach wie vor mit Reusen und Handangeln wie schon ihre Väter und Großväter und auch ihre Urahnen in irgendeiner ans Meer grenzenden Ecke des vorindustriellen Großbritannien. Die Armut des Meeres ist ihnen immer noch lieber als die Armseligkeit einer Fabrik in Toronto. Auch ein Newfie-Witz.

Ich stimmte der Wüstenratte zu. Sie hieß Billy Heddison. Billys Sprache war ein beeindruckendes Konglomerat aus Devon-Englisch, irischem Englisch, Kiefersperre und dem Meer; seine Rede war mit unverwüstlichen Wörtern aus der alten Heimat gewürzt, etwa »yaffle« (eine Menge Fisch), »curry« (Fischabfälle), »dukkish« (Dämmerung), »binickt« (schlecht gelaunt), »ballyrag« (Schindluder treiben), »flealugged« (spatzenhirnig) und »scrunker« (Ausländer), die anscheinend ähnlich wie die altnordischen Wörter auf Foula einfach nur dank der ihnen innewohnenden Drastik überlebt hatten. Als ich hörte, wie er sich über die mangelnde Nachfrage nach anderem Fisch als Kabeljau beschwerte, begriff ich, warum das *Dictionary of Newfoundland English* (das angeblich deshalb erarbeitet wurde, damit Neufundländer sich untereinander verständigen können) sechshundertfünfzig Seiten umfaßt. Und mir fiel ein, daß ich mich in Goose Bay mit einem alten Neufundländer unterhalten hatte, der über Schmerzen in seinem »polo« (Stock) geklagt hatte. Er sagte, die hübsche junge Krankenschwester aus Hamilton in Ontario sei ganz rot geworden – sie hatte keine Ahnung, daß er von seinem Hals sprach.

»Gehste zum Dorf vonne Wikinger, mein Junge?« fragte mich Billy. Dann deutete er mit seinem Daumen, der die Form einer Ginsterwurzel hatte, auf sich und erklärte mir, daß er auch ein Wikinger sei.

In gewisser Weise stimmte das. Sein Großvater war einer von mehreren Skandinaviern – Norwegern und Lappen –, die der Missionar Dr. Grenfell im Jahr 1908 hierher verfrachtete, damit sie seine Rentiere hüteten. Die Rentiere brachte Grenfell auch von der anderen Seite des Atlantik mit. Der kleine englische Doktor (unter seiner Polarkluft trug er stets Unterwäsche mit dem Emblem der Universität Oxford) war wild entschlossen, die Eskimoschlittenhunde von Neufundland und Labrador durch ein kosteneffektiveres Tier zu ersetzen. Rentiere konnte man schneller ans Geschirr gewöhnen als Hunde; ihr Fell gab einen schönen Schlafsack für kalte Witterung ab; wenn nötig, konnte der Mensch sein Transportmittel aufessen, und das Fleisch schmeckte besser als eine Hundekeule; die Milch der Rentierkuh war gut gegen Tuberkulose; die getrockneten Sehnen ließen sich zum Nähen verwenden; und Rentiere konnten sich endlos lange von Moos und Flechten ernähren und waren somit von menschlichen Almosen unabhängig. Doch die von Grenfell importierten Rentiere waren ein hoffnungsloser Fall. Entweder rasten sie mit ihren Kutschern davon, weil ihnen ein besonders üppiges Moospolster in die Nase stach, oder sie rasten davon in unwegsames Hügelgelände, weil sie annahmen, daß sich der Rest der Herde vielleicht dort versammeln würde. Dann bekamen die Lappen Heimweh und kehrten nach Lappland zurück, allerdings nicht ohne zuvor ein paar sehr derbe Bemerkungen über Grenfell (Bemerkungen, die bis vor einigen Jahren für die Heilige Schrift mittelalterlicher irischer Mönche gehalten wurden) in die Felsen von Gricquet zu ritzen. Ein gewisser Max Heddison jedoch blieb da und ließ sich in

Gricquet mit einer Frau aus Barnett nieder, die ihm zehn Kinder gebar. Eines dieser Kinder, Billys Vater, posierte auf einer berühmten, von Grenfell aufgenommenen Fotografie zusammen mit einem kleinen Colbourne-Mädchen aus L'Anse aux Meadows, beide in einem fadenscheinigen Pullover, der wie eine Staubhülle aussah – um den Schirmherren zukünftiger Missionsstationen zu demonstrieren, wie arm die Kinder auf der großen Nordhalbinsel Neufundlands waren. Und als Billys Vater erwachsen war, heiratete er das Colbourne-Mädchen, das sich den fadenscheinigen Pullover mit ihm geteilt hatte.

Als die Fischkäufer kamen, ging ich zu Billy zum Abendessen. Sein Haus war ein kastenförmiger Bungalow, den er dreimal abgerissen und wiederaufgebaut hatte, wobei er jedesmal die Nägel herausgezogen, gerade geklopft und die Köpfe wieder zurechtgebogen hatte, so daß sie, wie er behauptete, besser waren als brandneue Nägel aus dem Laden.

Von allen Erfindungen waren mir die Nägel stets am liebsten: so einfach, und doch würden ohne sie die komplexen Strukturen der meisten Bauwerke zusammenbrechen. Während ich Billys wiedergeborene Nägel bewunderte, wachte plötzlich ein großer Schäferhund auf (Neufundländer sieht man in Neufundland nie – die Leute halten sie für dumm), stürzte herbei und schnappte nach meinen Fersen und meinem Hinterteil. Irgendwie habe ich immer diese Wirkung auf Hunde. Vielleicht wissen sie, daß ich, wenn auch nur die geringste Möglichkeit bestünde, den Strick, der sie an ihr geruhsames häusliches Leben bindet, durchschneiden und sie ins wilde Leben hinauslaufen lassen würde, wo sie zum Wohl ihrer Spezies ein anständiges Tagwerk als Raubtiere verrichten würden. Wie dem auch sei. Dieser Hund hier änderte sein Verhalten, sobald er das Haus betrat, und versuchte wenig später, sich in entschlossenem Rhythmus an meinem linken Bein zu befriedigen.

Die Familie saß bereits beim Abendessen – vier muskulöse Söhne und eine muskulöse halbwüchsige Tochter. Zufällig war Billys Frau Nance die Cousine eines Fallenstellers, den ich in Northwest River getroffen hatte, und beide hatten dieselbe breite Stirn und dieselben Stachelbeeraugen. Ich setzte mich hin und bekam einen Teller mit dem Nationalgericht des neufundländischen Außenhafenbewohners: Fisch und Brühe, ein Gemisch aus gesalzenem Kabeljau, in Wasser eingeweichtem Schiffszwieback und knusprig gerösteter Schweineschwarte, das auf dem Kamineinsatz köchelte.

»Die Käufer warn heut spät dran, was?« sagte Nance. »War eh nur 'n verdammter Doppelzentner Fisch«, entgegnete Billy. »Ich hab 'n Elch aufm Schulhof gesehen«, sagte der jüngste Sohn. »Ich hab 'n halbes Dutzend Hasen geschossen«, sagte der zweite Sohn; er war dunkel wie ein Eskimo. »Ich hab 'n Schwung Dreizehenmöwen geschossen«, sagte der älteste Sohn. »Diese verdammten Schleppfischer mit ihrn verdammten Otternetzen ham das verdammte Meer fast leergeräumt«, sagte Billy. »Gib mal die Milch her«, sagte die Tochter. »Gib mal den Seehund her«, sagte der dritte Sohn und nahm sich von einer großen Platte ein Stuck Babysattelrobbe samt den kristallenen Knochen, die so zart waren, daß man sie mitessen konnte. »Sin Sie beim Straßenbau?« fragte mich der eskimofarbene Sohn. »Dieser Mann is 'n Schriftsteller aus 'n Boston-Staaten«, erklärte ihm Billy. »Das einzige Buch, wo sich zu lesen lohnt, ist *The Lure of the Labrador Wild«,* erklärte der älteste Sohn. »So 'n Buch sollten sie mal inna Schule durchnehm«, sagte der eskimofarbene Sohn. »Statt Algebra und Geometrie«, fügte der dritte Sohn hinzu. »Gib mal die Milch her«, sagte Nance. »Gib mal den Seehund her, mein Sohn«, sagte der jüngste Sohn zu mir. »Im Snappy's, da is 'n Mann«, bemerkte der älteste Sohn, »der verkauft den Japs Seehundpimmel.« – »Essen doch wirklich alles, diese Japs«, sagte Billy. »Die solln gut fürn Sex sein«, sagte der älteste Sohn. »Ham's wohl bitter nötig, diese Japs, was?« sagte Nance. »Aber erst mahln sie sie klein«, sagte der älteste Sohn. »Und diese verdammten Schlepper« sagte Billy, »die kriegen 'n bessern Preis für ihrn Fisch als wie der kleine Mann.« – »Ich glaub, ich geh mal los und schieß 'n paar Möwen«, sagte der eskimofarbene Sohn. »Ich glaub, ich schieß mal 'n Hasen oder zwei«, sagte der älteste Sohn. »Gib mal den Fisch her, mein Sohn«, sagte der dritte Sohn zu mir. »Gib mal die Milch her«, sagte die Tochter. »Warum kriegen die Schleppfischer eigentlich einen besseren Preis?« fragte ich Billy. »Weil die die Fischfabriken mit Arbeit versorgen, deshalb. Der kleine Mann mit dem Klacks, wo er fängt, der is für die Fischfabrik nich mal soviel wert wie zwei verdammte Knöpfe.« Darauf der jüngste Sohn: »Habt ihr schon von 'nem Newfie gehört, der wo seine Nase zerlegt hat, um zu sehn, wie sie funktioniert?«

In diesem Teil der Halbinsel erlitten dank Joey Smallwood nur ein paar Außenhäfen wie etwa Fortune, Lock's Harbour und Ireland Bight dasselbe Schicksal wie Ninive. In den sechziger Jahren war einmal kurz die Rede davon, die hundert Einwohner von L'Anse aux Meadows in das fünf Meilen entfernte Noddy Bay umzusiedeln – natürlich haßten sie Noddy Bay, verdammt scheußlicher Ort, eine Stunde weiter von den guten Fischgründen entfernt. Zum Glück wurde nie etwas daraus. Ich hatte den deutlichen Eindruck, wenn Smallwood wirklich versucht hätte, Billy und seine Familie aus ihrem dreimal aufgebauten Haus zu vertreiben, dann hätte er als Fischköder geendet (Billy über Smallwood: »Das Beste von diesem Mann is wohl die Beine von seiner Mutter runtergetropft«). Nun ist der Neufundland-Kabeljau ein unersättlicher Fisch, der so gut wie alles verschlingt, was ins Meer geworfen wird. Scheren, Messer, Schlüssel, Armbanduhren, Ölkannen, Bierdosen, Wasserstiefel, Ruderdollen, ganze Hummer, sogar Bibeln – alles hat man schon in seinem wenig wählerischen Magen gefunden. Doch man könnte sich durchaus vorstellen, daß so ein Kabeljau angesichts eines Brokkens von einem arroganten Politiker streikt.

Am nächsten Morgen wanderte ich an der Felsküste entlang zu der Wikingersiedlung. Einmal wäre ich beinahe über ein totes Schaf gestolpert, in dessen aufgerissenem Bauch es nicht etwa von Maden wimmelte, sondern von Dutzenden winziger hektischer, rotgetüpfelter Krabben. Über die Belle-Isle-Straße hinweg ragten pechschwarz die Klippen von Labrador empor. Nur ein paar Meilen entfernt erhob sich Great Sacred Island mit dem verrosteten Wrack des 5000-Tonnen-Frachters *SS Langlecrag,* das wie hindrapiert eine ganze Uferhälfte verdeckte und für die Fischer von L'Anse aux Meadows, die andauernd Eisen für ihre Anker brauchten, die Hauptversorgungsquelle darstellte.

Wenig später ging ich zwischen den mit Planken ausgelegten Wegen, den Holzbrücken und den ordentlich geflochtenen Weidezäunen des Areals umher, das Helge und Anne-Stine Ingstad ausgegraben hatten. Makellose Bronzeschilder bezeichneten die Funktion einer jeden Grasmulde entlang dem Black Duck Brook: Schmelzofen und Schmiede, Badehaus, Holzkohleherd, Werkstatt, Wohngebäude und Nebengebäude. Die Tundra war so kurz geschoren wie ein Vorstadtrasen, und das rekonstruierte wikingische Langhaus sah mindestens so bequem aus wie ein Reihenhaus in einem Wohnviertel. Irgendwie wirkten diese vornehmen Maniküre- und Renovierungsarbeiten der Kanadischen Parkverwaltung für die von Neugier getriebenen Abenteurer aus Grönland etwas befremdlich, ja geradezu exotisch. Irgendwie paßte diese ganze Symmetrie nicht zu ihrer kühlen, vom Meer geprägten Art. Ich glaube, es hätte nicht geschadet, wenn das Gelände etwas schlampiger gewesen wäre; man hätte eher gewußt, was es bedeutet, in einem offenen Boot der eisigen Labradorsee zu trotzen und dann zufällig auf einen Klumpen Land zu stoßen, der bis dahin auf keiner Landkarte verzeichnet war.

Gut gefielen mir die Beeren, die einen Großteil des Areals wie ein Teppich bedeckten. Preiselbeeren, Rebhuhnbeeren, schwarze Krähenbeeren und Tundra-Heidelbeeren. Vermutlich wuchsen sie um das Jahr 1000 herum schon genauso wie heute, und sicher wäre ein wikingischer Wanderer von ihrer Üppigkeit beeindruckt gewesen. Dieser Wanderer hätte sich einen schönen Vorrat an Château Vinlandia für seinen Weinkeller abfüllen und so manch frostige Winternacht damit verbringen können, auf den Mond zu fliegen, ohne seine grasbewachsene Behausung verlassen zu müssen. Ob nun aufgrund dieser Beeren feststeht, daß es sich bei dem Gelände der Ingstads um Vinland handelt, ist eine andere Frage. Es war zumindest ein Winterlager und möglicherweise eine Ausgangsbasis für die Erkundung weiter südlich gelegener Gebiete, aber schließlich ist es charakteristisch für die Sagas, daß sie in puncto Geographie vage bleiben; und die Wikinger, die hier den Winter verbrachten, ließen keine Straßenschilder zurück, die spätere Besucher in Vinland willkommen geheißen hätten. Selbst der Name Vinland entsprach vielleicht nur einem Wunschdenken, genau wie bei all diesen amerikanischen Betonstädten mit ihren lieblichen, ländlich klingenden Namen. Denn L'Anse aux Meadows ist, milde ausgedrückt, nicht gerade das Rhônetal und auch nicht das fruchtbare Burgund.

Als ich das Gelände verließ, begegnete ich George Deckers Sohn Lloyd, der mit der Sense einen Flecken Gras mähte. Er war ein großer, drahtiger Mann, dessen Gesicht aus einem komplizierten Geflecht hieroglyphenartiger Linien bestand; falls es stimmt, daß jeder Mensch über vierzig für sein Gesicht selbst verantwortlich ist, dann hat Lloyd ein gutes Stück Arbeit geleistet. Damals im Jahr 1961 hatte er die erste Erdscholle für Helge Ingstad umgegraben; später half er bei den Ausgrabungen. Da ich annahm, daß er als Ansiedler vielleicht einen gewissen Anspruch auf das Thema Vinland hätte, fragte ich ihn, ob seiner Meinung nach das Heideland seines Vaters das wikingische Shangri-La sei. »Na ja«, sagte er, zuckte die Achseln, stützte sich auf seine Sense und starrte hinunter auf das Meer von Beeren, »irgendwie vielleicht…«

Beredte Worte. Ich gab ihm vollkommen recht und ging der Frage auch nicht weiter nach, da ich ganz gerne ein paar geheimnisvolle »Irgendwies« um mich haben mag, einfach nur um meine Gedanken auf Trab zu halten und einen Grund zu haben, selbst über den festen, unerforschten Boden zu traben.

24. September. Abend. Ich liege zusammengerollt in meinem Schlafsack und lese Suetons *Über das Leben der Cäsaren,* als es, *tapp-tapp-tapp,* an mein Zelt klopft. Ein älterer Gentleman, leicht angesäuselt, möchte mir den guten Rat geben, doch lieber nicht auf diesem Fleckchen Tundra zu kampieren. Verstoße ich gegen irgendeine kommunale Verordnung? Nein, sagt er, nur würde ich zufällig ganz in der Nähe der Höhle des schrecklichen Schneemenschen kampieren, und kein Schrecken der Hölle sei schlimmer als ein erzürnter Schneemensch. Aber den schrecklichen Schneemenschen gibt es doch nur in ein paar entlegenen Regionen des Himalaja... Ach, das zeigt doch bloß wieder, wie beschränkt eure Yankee-Weisheit ist, denn wir hier in Neufundland haben auch schreckliche Schneemenschen. William Decker hat im Jahr 1897 Unseres Herrn einen erschossen, der drei Meter fünfzehn groß war. Und Todesfeen und Spukerscheinungen haben wir auch, sagt er, aber eines haben wir nicht, mein Sohn, das kann ich dir sagen, und das ist ein Markt für unsere Flundern und unseren Heilbutt. Bei Gott, den haben wir nicht, mein Sohn!

25. September. Früh am Morgen fahre ich mit Billy und seinem ältesten Sohn, Billy Junior, zu den Fischgründen vor Great Sacred Island. Um diese Jahreszeit platzt die Dämmerung nicht herein, sondern sie verwässert nur die Nacht. So bekommen wir wieder einen dieser typischen düsteren Tage, mit Lichtnadeln in den finsteren Wolken und dem blassen Enteneiblau des fernen Himmels jenseits der Belle-Isle-Straße. Billy wirft seine Langleinen aus dem Sechs-Meter-Dory, das er sich aus Fichtenholz gebaut hat, nachdem ein Nordost sein altes Dory (ebenfalls selbstgebaut) gepackt und mit der Breitseite gegen Tom Colbournes Fischstelling geschmettert hatte.

Eine Schar Kanadagänse auf dem Weg nach Süden fegt in spektakulärem Tempo vorbei und stößt in lautem Falsett ansteigende Zweitonschreie aus. Ein paar träge Schneeflocken sickern herab, und dann frischt der Wind auf und beginnt aus den Wellen Luftmaschen zu häkeln. *»Sturm?«* schreie ich Billy zu. *»Sturm!«* schreit er ebenso einsilbig zurück und zieht weiterhin Kabeljau herauf (schon beinahe so, als würde er Dreck heraufziehen), während Billy Junior an die leeren Haken Tintenfische als Köder steckt, sie ins Wasser wirft und gleichzeitig lautstark eine Dreizehenmöwe verscheucht, die nach den Ködern schnappt. »*Hier draußen sind wir frei mein Sohn*«, schreit Billy mehr dem Wind zu als mir.

Aber selbst die Freiheit hat ihre Grenzen, und so laufen wir bald Great Sacred Island an, um dort die volle Wucht des Sturms abzuwarten. Sobald die Mooringleinen festgemacht sind, klettern wir an diesem gottverlassenen Dutt aus Felsen, windgeriffelten Schlammtümpeln und dem allgegenwärtigen Labradortee an Land. Gut möglich, daß die Wikinger Great Sacred Island besuchten und es ohne viel Federlesens als eine Insel ohne jegliche Aussichten abtaten; das war freilich, bevor ein Sturm am 5. November 1947 die *Langlecrag* an ihrer Küste absetzte und damit eine perfekte Zuflucht schuf. Wir hocken gemütlich unter dem Achterschiff, und Billy verrät mir den Grund, warum die Beothuk Indianer in Neufundland nicht überlebt haben: Statt ihre Feuerwaffen zu benutzen, um ihre weißen Widersacher umzubringen, zerlegten sie sie und verwendeten die Einzelteile als Schmuck. Ich höre Geschichten von den Haigroßvätern vor Cape Bauld, die so alt sind wie das Meer, und von einem Karibu, das sich in eines von Jobe Andersons Lämmern verliebte. Und ich erfahre etwas über die besten Heilmittel gegen Rheumatismus (Umschläge aus geschmolzenen Quallen), gegen Blähungen (eine Mischung aus Milch und Ruß) und gegen Jucken (Schwefelflocken mit Schmalz gemischt); über den Eskimo Magishoe aus dem nahe gelegenen Magishoe-Sumpf, dem allerletzten Eskimo Neufundlands, der eines schönen Sommertages Mitte des letzten Jahrhunderts einfach verschwand (ob Feen ihn entführt haben?); und über Billys Tante Jessie, die vor fünfzig Jahren zum Beerenpflücken ging und von der man nie wieder etwas gehört hat. Durchaus möglich, daß diese verdammten Feen auch sie entführt haben...

Bis in den Oktober hinein blieb ich in L'Anse aux Meadows, las Sueton, genoß die Abwesenheit der Kriebelmücken und ließ mich von Billy Heddison über Heilmittel für unheilbare Wehwehchen belehren. Die Tage wurden merklich kürzer, obwohl sie gleichzeitig heller und leuchtender wurden. Lange Sonnenuntergänge, malvenfarben und rauchblau, entfalteten sich über den schroffen Klippen von Labrador. Der Altweibersommer machte einem Herbst Platz, der seinen Dunstschleier über Felsen und Meer breitete wie einen Segen. Ganze Abhänge, kahl wie Glatzen, verwandelten sich dank einer Fülle kleiner Beerensträucher und Labradortee in samtigen Purpur. Ausgefranste Vs aus Kanadagänsen trieben lose nach Süden wie Strähnen aus Spinnwebfäden in einer leichten Brise. Und ausnahmsweise herrschte wirklich eine leichte Brise anstelle der sonst üblichen tosenden Winde.

An einem Tag wanderte ich zehn Meilen weit landeinwärts ins Ödland. Einen Weg gab es nicht, denn in einem Fischereirevier lohnt es sich nur, an der Küste entlangzugehen; auf dieser Wanderung ins Landesinnere begegnete ich keinem einzigen Hinweis auf den Fortschritt der Menschheit, mit einer unerklärlichen Ausnahme, einem einzelnen Tennisschuh, der wie ein träger, verdrossener Fisch knapp unter der Oberfläche eines Sumpftümpels lauerte. Ich kletterte auf kahle Felshügel, vom Eis zerfurcht und nur von Flechten und den zart komponierten Farbflecken des purpurnen Steinbrechs bewohnt. Von der Kuppe eines steilen kleinen Hügels schaute ein alter Fuchsrüde auf mich herab, dessen Pelz sich kastanienbraun gefärbt und sich bereits für den Winter verdichtet hatte. Ich pflückte ein paar Beeren, als sich plötzlich jener sechste oder auch siebte Sinn regte, der einem Menschen meldet, daß sich ganz in seiner Nähe etwas Großes, Lebendiges befindet. Ich blickte auf. Keine sieben Meter vor mir stand ein weißer Elch – ein Albinobulle ruhig und gelassen zwischen ein paar Krüppelweiden; sein Geweih blinkte im nachmittäglichen Licht. Ich starrte ihn an, bis er mich entdeckte, und dann trottete er rasch quer über den Hang davon. Ich wußte genau, daß ich nie wieder einen weißen Elch zu Gesicht bekommen würde; er war eine außergewöhnliche Erscheinung, hervorgebracht von einem ebenso außergewöhnlichen Oktobertag.

Ein paar Tage später wurde ich Zeuge, wie der Asphaltbelag

L'Anse aux Meadows erreichte. Das ganze Dorf hatte sich zu diesem unbedeutenden Ereignis mit bedeutsamen Auswirkungen versammelt, ähnlich wie in Foula bei der Ankunft des ersten Wohnwagens. Die Hälfte der Leute feierte die neue Straße mit Bier und einer Art Erbsenschnaps; die andere Hälfte hielt diese neue Straße offenbar für eine schreckliche Sache und begoß das ebenfalls. Nachdem ich einen Schluck von dem Schnaps probiert hatte – er schmeckte wie Getriebeöl –, stieg ich in meinen Leihwagen und fuhr zum Außenhafen Quirpon (eine französische Verballhornung des englischen Wortes *harpoon*). Von der Abzweigung an wucherten auf der Straße wieder die Schlaglöcher, die ich an einsamen Orten kennen und lieben gelernt hatte. Straßen mit Schlaglöchern fördern die verlorengegangene Höflichkeit bei den Menschen; ein Mann, den ich in Quirpon nach dem Weg fragte, schenkte mir ein paar neue, handgestrickte Socken, mit der schlichten Begründung, daß er sie nicht brauchte (außerdem hatte ihm ein amerikanischer Matrose einmal in einem Bordell in Halifax in Neuschottland ein Mädchen spendiert, und dafür war er noch heute dankbar).

Quirpon war ein wildes Durcheinander aus Sperrholzhäusern und Fischstellings, einer katholischen Kirche und einer Kirche der Pfingstbewegung, einem Gebäude der Heilsarmee und einem Laden, alle knapp außerhalb der Reichweite des Meeres. Ähnlich wie L'Anse aux Meadows hatte es einst frühzeitliche Seefahrer und in der Fangsaison französische Fischer beherbergt. Jetzt beherbergt es nur noch steinalte Küstenfischer. Es war einer jener Orte, an denen ein berüchtigter Nazikriegsverbrecher ein für allemal untertauchen konnte und ihm niemand irgendwelche Fragen stellen würde außer der, ob er beim Fischen Tintenfische oder Heringe als Köder verwendete. Ich unterhielt mich mit einer Frau, die noch nie von Ronald Reagan gehört hatte, und einem Mann, der glaubte, der Papst residiere in Ottawa. Dann ging ich zu Fuß weiter nach Fortune, einem Ort, dessen Name eine hoffnungsvolle Möglichkeit beinhaltete, den jedoch ein ebenso unglückliches Schicksal ereilt hatte wie Hunderte anderer Außenhäfen mit Namen wie Gripe Point (Bauchweh-Spitze), Famish Gut (Hungriger Darm), Bad Bay (Schlechte Bucht), Empty Basket (Leerer Korb) und Bareneed (Das Allernötigste). Eines Tages vor fünfundzwanzig Jahren wurde Fortune durch ein Umsiedlungsprogramm überflüssig: Seine Geister bewohnen mit dem Riesenalk und dem Ungava-Grizzly die Gefilde ewiger Kameradschaft im Jenseits.

Wieder ein strahlender Herbsttag. Quirpon Island und Jacques Cartier Island lagen glänzend im Hafen, der Seetang an ihren Felsküsten glitzerte wie Brokat. Von Noble Cove aus kletterte ich auf einen kleinen Granithügel und dann auf einen größeren Granithügel, bewegte mich durch ein Gelände, das üppig und gleichzeitig unfruchtbar war wie das Tundragebiet von Labrador. Den üppigen Teil bildete eine Narbe aus Mollyfudge (der neufundländische Slangausdruck für weiches, elastisches Moos), Schafgarbe und Beerensträuchern; den unfruchtbaren Teil ein Meer kleiner Felsbrokken, die wie neugierige, kahle Köpfe aufragten. Auf einer Hügelkuppe entdeckte ich das geheime Versteck eines Fuchses, das, in Reih und Glied ausgerichtet, sechs Gänsefüße und ein Puppenbein aus Plastik enthielt. Mein Abstieg führte mich durch eine lange Erlenpromenade. Jeder, der schon einmal ein Handgemenge mit diesem Vertreter der Birkenfamilie ausgefochten hat, weiß, warum Jupiter die Schwestern des Phaeton in Erlen verwandelt hat: Kein Baum ist niederträchtiger – seine Zweige schnellen peitschend und knallend zurück – und kein dichtes Gestrüpp ablehnender gegenüber zudringlichen Menschen. Diese Erlen wuchsen in dichten Klumpen am Ufer eines Baches; sie machten jede Krümmung und Biegung des Wassers mit, aber da ich mich erkundigt hatte, wußte ich, daß ich mich auf dem richtigen Weg befand, einem Pfad an diesem Bach entlang. Die Erlen waren gewachsen, seit der letzte Bewohner von Fortune diesen Weg genommen hatte, um im Laden in Quirpon Angelhaken zu kaufen, oder der letzte Mensch aus Quirpon auf diesem Weg zu einem Tanzvergnügen in Fortune gegangen war.

Ich kam an einem schmalen Gezeitenflach zwischen zwei niedrigen Landzungen heraus. Fast eine Meile weit ging ich an einem steinigen, mit zerbrochenen Muschelschalen und »Hureneiern« (so heißen im neufundländischen Slang die Seeigel) übersäten Strand entlang. Wirre Knäuel aus Angelschnüren und ein paar Gummihandschuhe lagen herum, diesmal allerdings keine Bombensplitter. Schwärme von Trauerenten glitten über das Wasser. Eine Möwe mit schwarzem Rücken schwebte über meinen Kopf hinweg, machte sich, sobald sie mich erblickte, den leichten Aufwind vor den Klippen zunutze und schwenkte zum Land hin ab. Camel Island und Broize Point blockten das offene Wasser ab, so daß das Meer fast nur noch ein von ferne her anschwellender, geräuschloser Atem war, ein langsamer Pulsschlag, so leise, daß ich das zarte Platschen der Krebstiere hören konnte, die sich in den Felsen versteckt hielten. Ich sprang über eine Kette von Gezeitentümpeln.

Und dann kam ich nach Fortune: etwa ein Dutzend eingestürzte Holzhäuser, blinde Fensterscheiben, arg verwitterte Bretter, eine Kirche und ein Haufen grauer Holzbohlen, die einmal ein Haus oder ein Nebengebäude gewesen sein mochten; jetzt war es zu spät, das noch zu erkennen. Alles zusammen lag auf einem grasbewachsenen Hang, der stufenförmig zur Dorfstelling hin abfiel, auf der ich eine Reihe leerer Jamaika-Rumfässer entdeckte. Die Bewohner der Außenhäfen konnten es sich nicht leisten, echten Rum zu kaufen; statt dessen kauften sie die Fässer, weichten die Rumablagerungen mit Wasser auf und kippten das Zeug dann hinunter wie ihren selbstgebrannten Schnaps.

Ein oder zwei Häuser sahen aus, als könnten sie überleben, wenn man sie ein bißchen herrichtete, aber die meisten waren absolut irreparabel. Ich kam mir weniger wie ein Eindringling als wie ein Archäologe vor. Bodendielen hatten nachgegeben, Vorratskeller lagen offen zutage. In einem Haus ohne Dach gab es den gleichen alten Blechherd, wie ihn die Mugfords in West Bay hatten, aber irgend etwas (ein herabstürzender Balken? ein schrecklicher Schneemensch?) hatte ihn bis zur Unkenntlichkeit zerquetscht. In einer anderen Behausung hing an einer Schnur ein Ofenrohr, das hin und her schwang und schaurig gegen die Wand klapperte, sobald ein Wind ging. Auf dem Boden fand ich einen Kalender aus dem Jahr 1961, dessen altertümlich aussehende Blätter sich zu großen rostbraunen Kokons zusammengerollt hatten. Und daneben entdeckte ich unter einem Haufen Bodenbretter ein Sticktuch mit den Worten HOME, SWEET HOME – vielleicht der letzte Newfie-Witz. Die ganze Nordfassade der Kirche/Schule war sauber abrasiert wie von einer riesigen Säge; auf dem Boden stapelten sich blaue Bücher, Gebetbücher, Rechenbücher, Lesebücher und eine tote Bisamratte. Ich schlug ein blaues Buch auf und las: »Neufundland trat dem Staatenbund von Kanada 1949 als Provinz bei. Sein wichtigstes Erzeugnis ist der Fisch.« Und in einem anderen stand in großen kindlichen Blockbuchstaben: »Francie wohnt in einem hübschen weißen Haus am Meer.« Wieder ein anderes enthielt den offenbar für die Sonntagsschule geschriebenen Text: »... die eine unverzeihliche Sünde, die der Herr nicht vergibt, ist Zehebruch ...« Den Rest hatten Regen und Wetter zu einem unleserlichen Geschmier verwaschen.

Die eine unverzeihliche Sünde von Fortune bestand darin, zu weit ab vom Schuß zu liegen. Aber wovon eigentlich? In Straitsview, dem nächsten Außenhafen östlich von L'Anse aux Meadows, hatte ich mich mit einem Mann unterhalten, der mich fragte, wo ich wohnte. »Ein paar hundert Meilen weit weg«, sagte ich, »bei Boston.« – »Aber wie hältst du das aus, so weit weg zu wohnen?« fragte er, da er doch selbst an einem Ort lebte, der ein Fliegenschiß und gleichzeitig der Mittelpunkt des Universums war.

Ich war müde. Es war ein langer Weg gewesen, nicht nur von Noble Cove bis hierher, sondern von Bergen in Norwegen vor über vier Monaten bis hierher. Auf einem kantigen Bergrücken setzte ich mich zwischen wildem Senf und Vogelmieren nieder, ruhte mich aus und aß etwas von dem Brot, das ich aus Quirpon mitgebracht hatte. Hier an diesem allereinsamsten Ort, oder zumindest in der Nähe davon, berührt die Morgendämmerung die Neue Welt als erstes. Doch jetzt strichen allmählich die grauen Finger der Abenddämmerung über die Landschaft, ihre Häuser verblaßten, ihre Gespenster erloschen. Und während ich auf meinem Brot herumkaute und auf die verfallenen Häuser hinabblickte, erinnerte ich mich an etwas, was Billy Heddison gesagt hatte: »Bei Gott, in Fortune gab's schon 'n paar verdammt tolle Feste, mein Sohn.«

14 Heimkehr

Ende Oktober, kurz nachdem die Bäume ihre Blätterfülle eingebüßt hatten, kehrte ich an den heimischen Herd in Cambridge, Massachusetts, zurück. Neuengland war verwelkt und verwirrt, stellte sich auf die skeletthaften Vignetten des Winters ein. In den ersten paar Tagen erwartete ich beim Aufwachen, daß sich über meinem Kopf ein anmutiges Zelt spannte; offenbar hatte ich den Autopilot eingeschaltet und folgte meinem eigenen, inneren Atlas.

Die Menschen in ihrer Gesamtheit beunruhigten mich ein bißchen. Es waren einfach zu viele. Wo ich herkam, hatte es nur wenige gegeben, und die Natur hatte, pedantisch und virtuos zugleich, den Taktstock geschwungen.

Hier war die Situation umgekehrt. Die Natur wurde ständig gezwungen, sich dem Expansionsdrang der Menschen zu unterwerfen: *mehr* Einkaufszentren, *mehr* Eigentumswohnanlagen, *mehr* verstopfte Betonarterien. Jedermanns Lebensrhythmus schien atemlos und hektisch, eine Reihe blitzgestarteter Hypothalami, die – einige erfolgreich, die meisten nicht – mit den Anforderungen des städtischen Lebens kämpften. Ich hatte das Gefühl, als würde ich in die Erdatmosphäre zurückkehren, nachdem mich ein gütiges Ufo auf einen rückschrittlichen Planeten entführt hatte. Ich hustete, schnaubte, beschwerte mich, haderte, litt an Dekompressionsstörungen und... paßte mich an.

Eines Tages ging ich den Memorial Drive in der Nähe des Mount-Auburn-Krankenhauses entlang, als mir eine Tafel zu Ehren von Leif Erikssons angeblichem Besuch auffiel (»An dieser Stelle baute im Jahr 1000 Leif Eriksson sein Haus in Vinland«). Offenbar war ein Harvard-Absolvent, Chemiker und Gentleman-Historiker aus dem neunzehnten Jahrhundert namens Eben Norton Horsford so fest davon überzeugt, daß diese »Stelle« – ehemals Gerry's Landing

– Vinland war, daß er dieses Schild in Auftrag gegeben und persönlich dafür gesorgt hatte, daß es angebracht wurde.

Ich wußte seit einiger Zeit von dieser ziemlich ausgefallenen Wikingerstätte am Ufer des Charles River. Ich hatte sie nie aufgesucht, in erster Linie deshalb nicht, weil ich es vermeide, dort zu gehen, wo Autos und ihren Bedürfnissen Vorrang eingeräumt wird. Und vor allem vermeide ich es, dort zu gehen, wo diese Autos offenbar entschlossen sind, es Labradortieffliegern gleichzutun, indem sie mit absurder Geschwindigkeit dahinrasen, als hätten sie tatsächlich irgendein Ziel. Aber jetzt war ich hier und warf ein weitgereistes Auge auf diesen wenn auch noch so unwahrscheinlichen letzten Fleck wikingischen Grund und Bodens. Das Gras war braun, kurzgeschoren und von Schadstoffen dauerhaft verfärbt. Der Charles floß träge dahin, verfärbt, wenn auch vielleicht nicht auf Dauer, von noch mehr Schadstoffen; an seinem Ufer hockte ein zweifarbiges Entenpärchen – zwei Plastikschwimmenten. Es gelang mir nicht, in Gedanken ein wikingisches Langschiff auf dem Fluß schwimmen zu lassen, weil mir ständig die Stakkähne der Rudermannschaften von Harvard in die Quere kamen. Und in der Luft hing ein samtiger Smog, der das Atmen beschwerlich machte. Leif Eriksson hätte in dieser Luft einen raschen Atemzug getan und wäre dann zu einem angenehmeren Ankerplatz weitergezogen.

Ich hustete, schnaubte, haderte und – klinkte mich aus. Mein Bewußtsein rebellierte gegen diese ungute Szenerie, und ich begann meine nächste Reise zu planen. Ich brauchte ein Paar neue Wanderschuhe, denn ich würde viele extrem rauhe Landschaften durchqueren. Ich brauchte einen neuen Packen Landkarten und frische handliche Textverarbeitungsgeräte, außerdem einen Sprachführer mit Standardsätzen, der mir dabei helfen würde, mich im obskuren Dialekt der Einheimischen zu verständigen. Wo das sein würde, wußte niemand, auch ich nicht. Ich wußte nur, es würde irgendwo hinter dem letzten Mauthäuschen am letzten Stückchen Schlaglochstraße ganz am Ende der Schnellstraße sein …

Danksagungen

Das breite Band des Nordatlantik ist so gewaltig und einschüchternd, daß meine Reise ohne die Hilfe einer beträchtlichen Anzahl von Leuten und Organisationen nicht annähernd so erfolgreich verlaufen wäre. Die folgenden Fluggesellschaften lasen mich auf, wann immer meine Füße streikten: SAS Scandinavian Airlines, Icelandair (William Connors, Sigurdur Helgason senior), Greenlandair (Ole Oxholm), Air Nova (Paul Lannon, Bruce MacLellan), Air Canada (Dave Crisman) und Lab Airways. Folgende Touristenorganisationen waren ganz besonders hilfreich, obwohl sie meinen angeborenen Widerwillen gegen den Tourismus gespürt haben müssen: Danish Tourist Board, New York (David Swindell); Rogaland Tourist Association, Stavanger, Norwegen (Pelle Nielsen); British Tourist Authority, New York (Bedford Pace); Faeroe Islands Tourist Office, Tórshavn, Färöer (Jakob Veyhe); Iceland Tourist Board, Reykjavík, Island (Birgit Thorgilsen); Narssaq Turistkontoret, Narssaq, Grönland (Henrik Grum); Newfoundland-Labrador Department of Tourism and Development (Shirley Letto, Joe Goudie); und die Tourismusabteilung des Kanadischen Konsulats in Boston (Janet Aiton Ralph Johansen). Außerdem genoß ich die Gastfreundschaft von: Hotel Hafnia, Tórshavn, Färöer; Royal Inn, Goose Bay, Labrador; Deer Lake Motel, Deer Lake, Neufundland; und Shallow Bay Cabins, Cow Head, Neufundland. Die Smyril Steamship Company, die mich von Norwegen auf die Shetlandinseln und von dort auf die Färöer verfrachtete, behandelte mich mit einer Zuvorkommenheit, die ich nie erwartet hätte. Ich bedanke mich bei Dominic Capezza dafür, daß er mich an einer seiner Grönlandkreuzfahrten teilnehmen ließ, obwohl ich seinen Gästen als Gegenleistung nicht mehr anzubieten hatte als einen Abend mit skatologischen Volkssagen. Ich bedanke mich auch bei Peter Andersen aus Angmagssalik,

Ostgrönland, der mir den Zugang zu einem wilden, aber übernatürlich schönen Teil seiner Insel erleichtert hat. Thorgeir Thorgeirsson und Vilborg Dagbjartsdottir aus Reykjavík, Island, retteten mich so häufig vor dem Ansturm der Elemente, daß ich ihr Zuhause schließlich als das meine betrachtete. Ragnar Ragnar und seine charmante Frau Siga öffneten mir die Türen ihres Hauses in Ísafjörður, und Jóhann Pétursson öffnete mir wohlwollend die Tür seines Leuchtturms in Hornbjarg auf Island. Gladys Anderson, Max Anderson, Job Anderson und Bill Bartlett erwiesen sich als reichhaltige Informationsquellen in Bezug auf das verworrene Durcheinander von Lebensgeschichten und Genealogien auf der großen Nordhalbinsel von Neufundland. Eastern Mountain Sports und die Rockport Company stellten mir die Ausrüstung für meine Reise zur Verfügung; alles, was sich am Ende auflöste, vergammelte oder in Stücke fiel, ging auf mein Konto, nicht auf ihres. Richard P. McDonough schenkte meinen langatmigen Erzählungen freundlich Gehör und versäumte es selten, hilfreiche Kommentare dazu abzugeben. Tess Zimmerman, Stephen Loring und David Belknap beantworteten meine bibliographischen Anfragen – die zum Teil ziemlich grausam waren – mit unerschütterlicher Freundlichkeit. Als letztes möchte ich auch noch meine Dankbarkeit gegenüber der John Simon Guggenheim Foundation zum Ausdruck bringen, die mich während der Entstehung dieses Buches großzügig unterstützt hat. Nein, nicht als letztes. *Als letztes* möchte ich den tapferen Einwohnern jener einsamen Orte Dank sagen, die mich bewirtet, unterhalten und in jeder Beziehung trunken gemacht haben.

Einige Kapitel aus diesem Buch sind in etwas veränderter Form in *Pequod* und *Margin* erschienen. Das Kapitel »Der Revolutionär der Hundstage« stützt sich in erster Linie auf J. F. Hogans *The Convict King*, Rhys Davies' *Sea Urchin* und Thorsteinn Jónssons *Jørgen Jørgensens Líf*.

Lawrence Millman
Cambridge, Massachusetts
Januar 1986

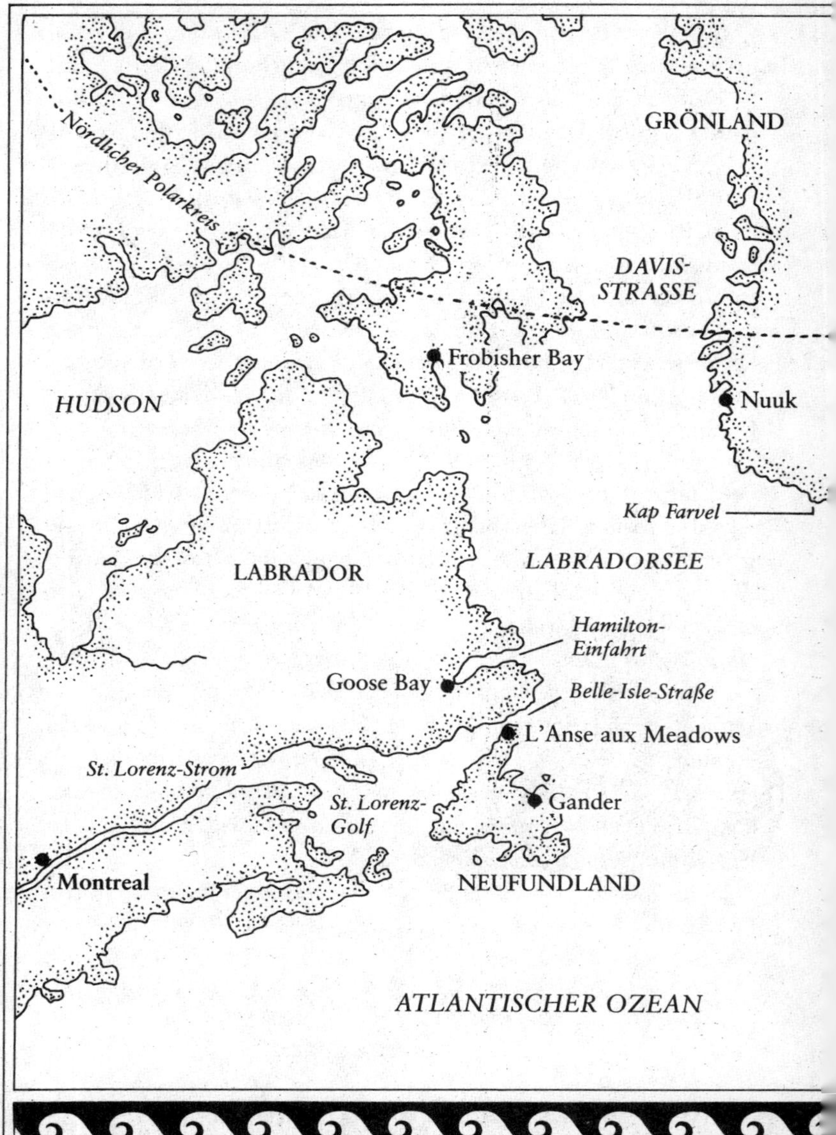
Nördlicher Polarkreis
GRÖNLAND
DAVIS-
STRASSE
Frobisher Bay
Nuuk
HUDSON
Kap Farvel
LABRADORSEE
LABRADOR
Hamilton-
Einfahrt
Goose Bay
Belle-Isle-Straße
L'Anse aux Meadows
St. Lorenz-Strom
Gander
St. Lorenz-
Golf
Montreal
NEUFUNDLAND
ATLANTISCHER OZEAN

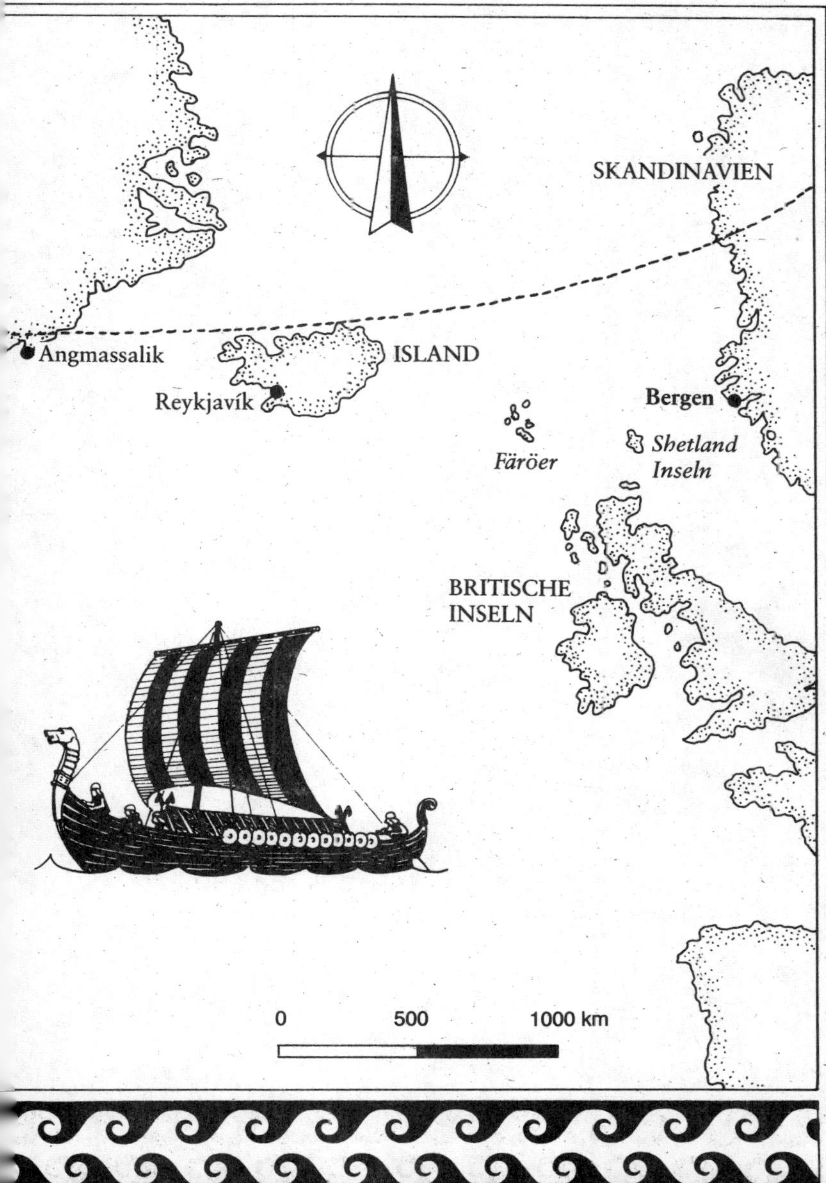
SKANDINAVIEN
Angmassalik
ISLAND
Reykjavík
Bergen
Färöer
Shetland
Inseln
BRITISCHE
INSELN
0
500
1000 km